江苏大学国家级一流专业“英语”专业建设成果
本书受江苏大学重点教材出版项目基金资助

RESEARCH ON ACADEMIC ENGLISH ABILITY AND ITS STANDARD CONSTRUCTION

学术英语能力及其标准建设研究

钟兰凤 编著

东南大学出版社
SOUTHEAST UNIVERSITY PRESS
·南京·

内容提要

本书收录学术论文14篇，旨在通过对英文学术话语进行分析，兼采用实验法和调查法，探讨学术英语能力标准建设的主要构件：学术英语能力表现、学术英语能力培养的路径及影响因素、学术英语能力标准建设的基本路径和设计原则。本研究成果可以直接应用于英语专业必修课“英语学术论文写作”的课程内容改革及教学方法改革。

图书在版编目(CIP)数据

学术英语能力及其标准建设研究 / 钟兰凤编著.
南京：东南大学出版社，2024. 11. -- ISBN 978-7
-5766-1677-4

Ⅰ. H319.3

中国国家版本馆CIP数据核字第20246JU725号

责任编辑：刘　坚(liu-jian@seu.edu.cn)　　**责任校对**：张万莹
封面设计：王　玥　　**责任印制**：周荣虎

学术英语能力及其标准建设研究

Xueshu Yingyu Nengli Jiqi Biaozhun Jianshe Yanjiu

编　　著　钟兰凤
出版发行　东南大学出版社
出 版 人　白云飞
社　　址　南京市四牌楼2号　邮编：210096
经　　销　全国各地新华书店
印　　刷　广东虎彩云印刷有限公司
开　　本　787 mm×1092 mm　1/16
印　　张　13.25
字　　数　250千字
版　　次　2024年11月第1版
印　　次　2024年11月第1次印刷
书　　号　ISBN 978-7-5766-1677-4
定　　价　78.00元

总序
FOREWORD

江苏大学是2001年8月经教育部批准，由原江苏理工大学、镇江医学院、镇江师范专科学校合并组建的重点综合性大学，是江苏省人民政府和教育部、农业农村部共建高校，也是首批江苏省高水平大学建设高校。

江苏大学英语专业的起源可追溯到1958年原南京师范学院镇江分院（镇江师范专科学校前身）开设的英语教育（专科）专业和原江苏工学院1984年开设的英语师资班。历经几十年的建设，以英语语种为主体的外国语言文学学科已获得了长足的发展：2003年获批“外国语言学及应用语言学”二级学科硕士学位点，2018年获批“外国语言文学”一级学科硕士学位点，2021年获批“MTI英语笔译”专业硕士学位点；在近三年（2020年、2021年、2022年）“软科中国最好学科排名”中，江苏大学外国语言文学学科稳居江苏省内高校前六位；得益于外国语言文学学科的有力支撑，近年来，江苏大学英语专业“四级”和“八级”一次性通过率远超全国平均水平；近三年来，本科毕业生考研录取率达35%；毕业生专业教学满意度在全校30多个文管类专业中连续多年位居前列；英语专业特色鲜明，专业建设成绩显著，2021年获批“国家级一流专业建设点”。

目前，江苏大学英语专业师资力量雄厚。近30位教师中，有教授10人、副教授10人。师资队伍中，除了有多位英语语言文学博士外，还有传播学博士、外交学博士和逻辑学博士各1人。师资结构有力支撑了英语专业“国际事务与沟通”特色方向的建设。在新文科建设背景下，英语专业教师结合自己的教学及研究专长，紧扣一流专业建设目标，在教师发展研究、课程教材资源开发、教育教学研究等方面取得了一系列成果，现以专著或教材的形式由东南大学出版社出版。《社会文化理论视角下高校英语教师学习叙事案例研究》（李霞著）基于社会文化理论，对高校英语教师的学习经历、学习过程及学习影响因素进行深入系统的探讨，为推动高校英语教师发展提供参考和建议。该研究成果有助于增进学界对高校英语教师学习的了解，激发教师反思自身学习，优化教学实践，实现科学、高效、持久的专业发展，从而进一步推进一流本科英语专业内涵建设及人才培养的高质量发展。

英美文学教材《文学与科学：英美文学选读》（毛卫强主编）吸纳英语文学跨学科研究方面的成果，在介绍英语文学如何表征、传播甚至参与建构自然科学领域的研究及发现的同时，结合第一手文献资料和具体案例，培养英语专业学生利用自然科学领域相关知识来批判性解读英语文学作品的能力，发展学生的跨学科意识，拓展学生的科学人文素养。

英文教材《翻译简史》（李崇月、张璘主编）从中国学者的视角，以翻译文本类型（如宗教、科技、文学、社科等）和翻译的方向（译入、译出）为经，以历史上有影响的翻译事件和翻译思想为纬，勾勒中外翻译实践和翻译思想的发展脉络，在中外参照对比中突出中国丰富的翻译实践及其对中国文化发展的贡献。教材从总体框架设计、具体史料选择及对翻译事实的解读上都做到了宏观与微观结合、史实与史识相融，囊括了翻译史的主要内容，为我国翻译史的研究和教学提供了新视角。

《世界经典寓言童话故事选读》（叶富莲编著）的选材来自世界经典寓言童话作家的作品，教材从题材、人物、结构、修辞、主题、语言、同类比较等方面对寓言和童话进行了系统化的说明和阐释，各单元包括文本、注解、练习、讨论和写作等内容。本教材一方面可以提高英语专业学生的语言实践能力，另一方面可以引导学生利用相关语言材料进行英语语言教学的模拟实践。

《如何清晰、理性地思维：逻辑与批判性思维能力培养教程》（闫林琼编著）提供了适合中国高校尤其是理工科院校英语专业学生、融合思政要素并且难易度适中的逻辑与批判性思维能力培养教材。教材包括英语专业学生逻辑与批判性思维能力培养的紧迫性，如何提问，如何论证，如何在多种课程教学中培养逻辑与批判性思维能力等内容，有利于弥补英语专业学生逻辑思辨能力的不足。

《中国参与联合国大会人权议程设置的论辩话语研究》（候璐莎著）从中国参与联合国大会人权治理进程的不同阶段出发，考察中国参与联合国大会人权议程设置多边谈判之中影响论辩策略的因素，阐明了中国运用论辩策略来提高谈判说服力、议程设置能力以及国际人权话语权的研究路径。本书有助于培养英语专业学生的批判性思维、国际沟通与应变能力，增强学生用英语合理且有效地表达自己观点的论辩与谈判能力，有助于使其成为具有全球视野、跨文化交际能力的一专多能复合型英语人才。

《镇江文化外宣》（万雪梅编著）体现英语一流专业建设的地方特色，致力于讲好江苏大学所在地镇江的故事。本书提炼镇江文化的精神标识和精髓，从镇江历史、山水、文物、教育、文学、艺术、科技、饮食、对外人文交流等方面展开，呈现可信、可爱、可敬的镇江形象，助推中华文化更好地走向世界。

《唐宋诗撷英新译》（万雪梅、弗雷德里克·特纳编译）选译了李白、杜甫、王维、范仲淹、苏轼等53位唐宋诗人的148首诗作。所选作品皆为唐宋诗中的经典之作，既有哲学意蕴，又有诗学之美。且诗中体现的儒释道情感与精神能够激发起读者和译者的共鸣，对中华优秀传统文化的阐释和传播颇有裨益。

《学术英语能力及其标准建设研究》（钟兰凤编著）收录

学术论文14篇，旨在通过对英文学术话语进行分析，兼采用实验法和调查法，探讨学术英语能力标准建设的主要构件：学术英语能力表现研究、学术英语能力培养的路径及影响因素、学术英语能力标准建设的基本路径和设计原则。本研究成果可以直接应用于英语专业必修课“英语学术论文写作”的课程内容改革及教学方法改革。

以上是即将出版的英语专业建设成果，这些成果为江苏大学国家级一流专业“英语”的专业建设作出了极大贡献。我代表江苏大学外国语学院衷心感谢付出辛勤劳动的、从事英语专业教学的同事们，也要感谢教育部外国语言文学类专业教学指导委员会和英语专业教学指导分委员会多位委员长期以来对江苏大学英语专业建设的关心和指导，感谢江苏大学校领导和教务处对英语专业建设的关心和支持，感谢东南大学出版社刘坚老师编辑团队的默默付出。

江苏大学国家级一流专业“英语”专业点建设负责人

李崇月

2023年7月1日

前言
PREFACE

本书是江苏大学外国语学院十多年来关于学术英语能力研究及其标准建设研究方面的成果的总结,分成以下四个部分:基于语类的学术英语能力表现研究、学术英语能力培养研究、学术英语能力发展影响因素研究和学术英语能力标准建设研究。

首先,有必要简单介绍书中所涉及的几个基本概念。

语类是指话语类型或语篇类型,是个复杂而历史悠久的概念,是多学科研究的热门话题,如文学、修辞学、语言学、语言教学。从亚里士多德开始,人们就开始对话语分类感兴趣。每个研究领域都从各自的研究视角给出了定义和解释,本文在此不一一赘述。本文采用专门用途英语教学研究领域的学者 Swales 对语类的界定,"语类是指具有共同交际目的的一类言语交际事件"(1990)[58]。共同的交际目的是识别语类的关键,因此,教材、各类提案、期刊论文、会议论文、学位论文、学术演讲、投稿附信和致谢都可以被界定为一个语类,这些语类都是完整的语篇语类。构成完整期刊论文语篇的摘要、引言、实验或方法、研究结果、讨论、总结或结束语也具有特定的交际目的,也构成了特定的语类。本文把此类语类称为构成语类,与完整的语篇语类相对。本论文集中分析的语篇类型既有语篇语类,也有构成语类。

话语(discourse)在学术界的用法中是个颇为混乱的术语。有的学者认为语篇(text)是话语的同义词,还有的学者用话语来指代口语、用语篇指代书面语,但多数研究是把话语作为语言学范畴的概念。Schiffrin(1994)[23-41] 归纳了语言学范畴内话语的三个含义:(1)话语是指句子以上的语言(language above the sentence);(2)话语是指实际使用中的语言(language in use);(3)话语就是说话(utterance)。本文使用的话语是指第二个含义,包括书面语和口语。

学术英语是指在学术交流领域中使用的各种样式的英语,包括口语和书面语。Halliday(2004)认为,学术英语并不是另外一种英语,而是现代英语的功能或语域变体。这个变体是一簇相关联的、有共现倾向的特征。就像方言一样,这个变体在任何焦点精密阶(delicacy of focus)都可以被识别。Halliday(2004)用历史的方法考察了过去4~6个世纪的物理科学语言,发现科学话语为了满足科学方法、科学论证和科学理论的需求而不断演变,形成了不同于日常话语的学术英语特征。这些特征满足了专家的需求,但同时给学术新手或学习者造成了困难。他认为,学科学等同于学科学语言,学生在掌握这些困难的同时也掌握了科学概念和原理。因而,学术英语要通过专门的学习或者训练才可以获得,即便是英语母语者也是如此,更不用说是英语二语或者外语者了。Halliday对科技英语的本体研究和发现为在学校开设学术英语教学提供了理论依据和实践基础。

话语活动是一种社会实践活动。在此实践中,语言起着建构的作用。也就是说,这种实践依赖语言才能完成。与普通话语实践不同的是,学术话语是特定团体——科研机构以及高校从事科学研究致力于成为科学家的团体所从事的专门社会活动。这种特定团体被Swales(1990)[23-24]称作话语社团(discourse community)。Swales(1990)[23-24]认为,话语社团主要以劝说、培训和相关资质形成,这显然与主要以出生形成的言语社团(speech community)不同。话语社团有共同而公开的目标,成员内部进行交流、提供信息与反馈,拥有并使用多个语类(genre)和一些特殊词汇,设有门槛,拥有一定的相关知识和话语专业知识的人才能作为学徒进入该社团。此外,话语社团的生存依赖新手与专家的合理比例(Swales,

1990)[24-27]。

这个特殊社团的话语实践吸引了各国理论语言学者和应用语言学者的眼球，他们的研究经历了从早期的关注词汇句法（Huddleston，1971）的研究，到近期的对该话语社团使用的语篇类型的研究（Swales，1990，2004）以及对有助于知识建构、学术身份建构的复杂的语言项目的研究，如引用与知识建构（Hyland，1999）、隐喻与技术性（Halliday，1998）、合理化语码理论与知识建构（Maton，2011；于晖等，2017；于晖，2018）、立场标记语与身份建构（Hyland，2005；徐昉，2015）等等。这些聚焦学术英语实践的本体研究为学术英语能力的内涵界定奠定了翔实而坚实的基础。

学术英语能力是指学术话语社团使用本学科领域内的语篇类型（语类）、专业词汇、英语语篇项目（discursive item）和话语策略进行学术交流的能力。与以社会交往能力为主的通用英语能力不同的是，学术英语能力是学科/专业能力素养的构件之一，在国际交流中起着举足轻重的作用，也是一个国家软实力的体现。因而各国的高等教育都非常重视学术英语能力的培养，并致力于建设和制定学术英语能力标准，以为学术英语教学目标的设定与学术英语能力的测量提供参照或依据。

语言能力标准，又称语言能力量表，“是对语言使用者运用某种语言能力的一系列描述”（韩宝成，2006）[443]。不同于通用外语能力标准的是，学术英语能力标准是特定话语社团的外语能力标准，社团成员已基本具备了通用英语的能力，即已基本具备用英语进行社会交际的能力。并且，学术英语能力的检验方式是是否能得到话语社团的认可，因而本研究提出的学术英语能力标准不需要设定等级。通常的问卷、访谈等调查方法只能得到话语社团期待中的需求数据，依据期待中的需求数据建立的学术英语能力标准因缺乏对学术新手实际的学术话语表现数据的分析，所以无法为学术英语教学提供有效的服务。因而，问卷、访谈调查法已无法完全满足学术英语能力标准建设的需求,我们需要摸索其他道路建设符合我国国情的专门用途英语语言能力标准。

以下将简要介绍每一部分的主要内容。

第一部分“基于语类的学术英语能力表现研究”立足于建设为学术英语教学与能力测量服务的学术英语能力标准,把高影响因子国际期刊上的话语表现作为话语社团对学术新生期待的话语能力表现,把学术新手撰写的英语学术论文初稿作为他们的实际话语能力的表现,对比分析期待中的话语能力与实际表现出来的话语能力,并用科学统计方法测量两者之间的距离。距离言说了学术新手的实际话语能力与期待中的话语能力的差距,即言说了学术新手所缺乏的能力。

此部分收录的五篇文章,采用了共同的研究范式,即对比分析学生作者和发表作者在英语研究论文部分典型而复杂的学术英语语言项目方面的能力表现:隐喻、引用、评价性语言、方法论及引言部分的语类,以发表作者为规范性标准,采用定量定性的方法考量学生作者在这些话语项目上的实际表现行为,测量其在该学术话语项目方面的需求程度,尤其是缺乏程度。常见的学术英语能力的需求分析一般采用访谈法和问卷调查法,这两个方法收集资料的方式一般是采用自我报告的方式,得到的数据反映的是报告人认知的或期待的需求。这种认识到的以及对学术话语的期待需求和报告人实际表现(performance)出来的行为不一定一致,更何况还有可能遗漏没有认识到的学术英语语言项目。我们采用的话语分析的对比研究范式可以弥补上述两个研究方法的不足,是对它们的有效补充。

第二部分“学术英语能力培养:模式、方法与路径”收录了四篇文章,聚焦学术英语课堂课外活动,采用实验法、问卷调查法和文献法,并利用现代教育技术及语料库技术探究、摸索、验证如何有效地开展课堂课外活动,培养学术英语能力,主要是学术英语阅读能力、写作能力和口语能力培养的可能方法与路径,并评估学术话语能力培养过程中使用的教学资源的适用性。

第三部分“学术英语能力发展影响因素”收录了三篇文章,分别从实践和理论层面探索影响学术话语能力发展的可能因素。研究采用问卷调查法和文献法探讨影响学术话语能力发展的可能因素,主要涉及以下因素:焦虑、学习风格和学术身份的选择与建构。

第一、二、三部分的研究成果已基本上构成了学术英语能力标准的基本构件:能力框架的搭建、能力构成维度的界定、期待中的和实际表现出来的能力水平的描述以及能力发展机制的开发。

第四部分“学术英语能力标准建设研究”收录了两篇文章,就如何建立能力标准、能力标准设计原则及呈现能力标准模式展开了讨论。研究提出,基于语类的学术英语能力表现研究是建立能力标准的基本路径,这与基于向往需求分析的既有研究完全不同,并建议能力标准设计应遵守以下原则:问题意识、关系意识、层级意识和开放意识,构建了直观易懂的树形结构图呈现能力标准,主要包括:(1) 语类能力,是指话语社团交流活动功能的达成能力,主要由社团历史形成的具有规约性的各种语篇类型实现;(2) 学科知识构建能力,主要由引用、学科技术性词汇、语法隐喻和概念隐喻等话语项目实现;(3) 评价、判定、鉴赏能力,主要由情态、评价性语言等话语项目实现;(4) 语用学术身份建构能力,主要由自我提及语、“行话”等话语项目实现;(5) 指引读者能力,主要由框架标记语、内指标记语和语码注释语等话语项目实现;(6) 语篇构建能力,主要由衔接手段和逻辑手段实现。这些话语项目是实现能力的入选条件,如果不具备这些相关话语项目的知识,话语能力就成了无源之水、无本之木。话语项目是能力达成的入选条件的论断解决了我国当前外语能力标准建设中是以知识标准为主要内容还是以能力标准为主要内容之争。

以下将逐一介绍书中的主要研究成果。

《学术英语隐喻产出能力研究》运用语料库研究手段，调查高校学生研究者英语学术论文中的概念隐喻和语法隐喻的使用情况。结果显示：研究对象概念隐喻模式单一，只会使用拟人化隐喻认知模式；语法隐喻中，名词化语法隐喻使用频率最高，种类齐全；情态语法隐喻使用频率最低，种类单一，基本上是低值概率类的显性客观情态表达；动词化语法隐喻使用频率居中，且主要使用把因果关系看作过程的动词化隐喻。这表明，研究对象名词化语法隐喻能力最强，概念隐喻能力、动词化语法隐喻能力和情态语法隐喻能力相对较弱。这表明，学生作者使用概念隐喻构建学科知识的能力和使用情态语法隐喻协商意义的能力都有待加强。

《学生作者英语研究论文中的引用与转述互文能力研究》认为，引用与转述是学术话语的基本特征，也是体现互文性的重要而直接的手段，能够帮助作者呈现他人的研究课题、方法、结果等内容，并借助其他研究者的成果来证明自己研究课题的创新性、研究方法的正确性以及研究结果的科学可靠性。研究发现，学生作者已经具有较高的引用意识，但其对于非融入式引用、引用内容中的研究方法、引用功能中的指引、构建、归功、支持功能的使用仍有待提高；在转述中，学生已基本掌握通过不同的转述动词来表达不同的实践活动，但是仍未熟练掌握不同转述动词的评价意义。该研究结果有助于学生认识到自己在引用与转述使用上存在的差距，从而有针对性地弥补自己的不足；同时，本研究也为学术英语写作课程的教师在引用与转述动词的教学过程中提供教学重点。这一研究发现为使引用与转述语言资源成为学术英语能力量表及学术英语课程教学的内容提供了依据。

《学生作者英语研究论文中的评价资源使用能力研究》指出，评价是语义系统，传达人际意义。本研究选择某高校学生参加国际学术研讨会的 14 篇论文和国际知名期刊的 14 篇公开发表论文自建两个小型语料库，对比分析学生作者与公开发表者在评价资源的使用上是否存在差异。通过研读 Halliday、Martin 和 Hunston 对评价性语言的研究,笔者发现他们的研究存在重合与互补,并以此为基础创建了学术语篇评价资源分析框架,即从情感、判定、鉴赏和关联四个维度分析学术语篇中评价资源的使用及分布。研究表明:学术语篇作者甚少直接表达情感,因此教师应提醒学生谨慎使用情感;与已发表研究论文相比,学生作者运用韧性和适切性判定、组成鉴赏以及关联评价的能力有待提高,因此学术英语写作教学需要注重培养学生了解并运用韧性判定、适切性判定、组成鉴赏和关联评价。此外,学生作者在论文摘要和引言部分使用的评价资源缺乏多样性,对方法的韧性判定和适切性判定有所欠缺,呈现与解释结果时组织性不强,但在结论部分已基本能充分运用评价,因此学术写作教学可以将重心放在培养学生多样化的使用评价上,有针对性地提高学生在方法论部分运用韧性和适切性判定的能力、在结果与分析部分的组织衔接能力,从而提高学生的学术英语写作水平。

《学生作者英语学术论文方法论部分语类能力研究》在积累前人语类理论研究和实验部分语类结构研究的基础上,提出三个语步、八个步骤的语类结构分析框架,对比分析学生作者与发表作者研究论文方法论部分的语类结构及其语言实现形式的异同。研究发现:(1) 学生作者已掌握科学研究论文方法论部分主要步骤的基本写作形式,但在步骤功能的实现上,发表作者要更灵活;(2) 在科学研究论文方法论部分的写作中,学生作者普遍缺乏论证意识;(3) 学生作者已基本掌握方法论部分的语言资源使用方法。

《理工科英语科研论文"引言部分"研究空间构建对比研究》通过对比分析学生作者与发表作者在科技论文引言中构建研究空间语步及其语言实现形式的异同,发现:(1) 学生作者论文引言语类结构的完整性和语步循环性远不及专家作者,并且缺失构建研究空间的核心结构"回顾前期研究"和"指出差距"步骤;(2) 学生作者倾向使用嵌入式转述语和表积极立场的转述动词,专家作者倾向使用非嵌入式转述语和表中立或否定立场的转述动词;(3) 学生作者倾向使用对前期研究挑战性弱的语言实现形式,专家作者则相反。这表明学生作者对“引言”这个交流活动的功能的认识不足,无法达成其交流功能。

《混合式EAP阅读BREAD教学模式设计及有效性研究》建构了学术英语阅读能力培养线上线下混合模式BREAD(Blending Reading English Academic Discourse),并实验验证该模式的有效性。研究发现,材料开发、互动学习、网络学习和信息获取四种学习任务与学术英语阅读能力显著相关。该模式能有效建构学习者的学术语篇知识,培养其学术批判能力,提升其EAP深度阅读能力。

《实施“流利领先法”,培养理工科硕士研究生学术英语能力——以报刊、学术杂志文章为课程材料》采用实验法,检验了“流利领先法”在培养学术英语阅读能力、写作能力和促进学术身份建构方面的有效性,同时评估了报刊文章和学术论文作为课堂教学资源的适用性。

《研究性英语论文写作共享模式建构研究》基于对人工智能、生态语言学以及英语写作教育中相关概念的解读,尝试构建研究性英语论文写作共享(Research English Article Writing Shared,REAWS)模式理论框架,分析REAWS的内涵,探究蕴含“共享教育”理念的REAWS生态教学模式的框架和建构路径,促进学习者REAWS课程资源建设和共享,提高我国学习者研究性英语学术论文写作能力,部分地解决了人工智能给研究性英语论文写作教学带来的挑战。

《学术英语智能写作评估的新研究——评〈基于语类的二语研究论文智能写作评估:从设计、评估到优化〉》介绍了自然语言处理和人工智能发展在学术英语写作领域的应用成果——《基于语类的二语研究论文智能写作评估:从设计、评估到优化》一书。该书从理论、操作到应用层面展示了智能写作助手对二语研究性写作的教学成效,探究了智能写作评估的交互性、迭代性、及时性、个性化和证据化反馈。该成果的人机互动功能具有示范性和参与性特点,能为后续研究奠定基础。智能写作助手重新解构了语言本质,推动了智能写作评估的发展。

《学术英语焦虑现状及影响因素研究》通过调查 228 名理工科硕士研究生的学术英语焦虑情况,发现英语口语自我评价越高,学术英语焦虑程度就越低;通用英语水平越高,学术英语焦虑程度就越低。这表明,学生话语能力的发展可能受到焦虑的影响。

《不同学习风格学习者学术英语语言技能需求分析》调查不同学习风格学习者的学术英语语言技能学习需求。调查结果表明:不同学习风格学习者的学术英语语言技能学习需求存在显著差异性,学习者的学习风格与学术英语写作、阅读和口语需求存在显著关联。这表明,学习风格在很大程度上影响学术英语能力的发展。笔者建议,在培养学术话语能力和建设学术话语能力标准的过程中,我们要关注中国不同学习风格学习者的不同学习偏好。

《新时代学术英语语用身份建构研究》提出语用身份的选择和建构会对研究生学术交流产生不同程度的影响。文章在对学术英语语用身份内涵阐释的基础上,以后现代建构主义语用身份理论为分析框架论证了新时代研究生学术英语语用身份建构的重要性,梳理了国内外学术英语语用身份研究的现状、模式及路径,并以学术写作、身份选择、话语选择、学术英语语用身份建构为主线构建新时代研究生学术英语语用身份框架,讨论研究生学术语用身份建构的路径,以期对新时代研究生学术英语语用身份构建及学术写作能力提升有所启发。

《学术英语能力标准建设的基本路径》认为,目前国内外的英语语言能力标准主要为通用英语教学和评估服务,忽视了日益增长的特殊话语社团——科学研究人员对英语的需求。

语言学研究发现，真实交际情景中语言的使用习惯随着情景的变化而有所变异，这为制定专门用途英语语言能力标准提供了可能性。但大多数语言能力标准建设基本上采用问卷、访谈等自我报告式的方法收集数据，缺少对特殊团体语言使用的分析。这种路径已无法满足制定专门用途英语语言能力标准的要求。基于语类的学术话语能力表现研究刚好弥补这一不足，是建设英文科技学术话语能力标准的基本路径。

《学术英语能力标准设计原则及模式》认为，国内外语言能力标准建设研究多注重向往需求分析和内容描述的讨论，缺乏对语言能力标准设计原则与模式的探讨。该研究提出了建设英文科技学术话语能力标准的设计原则，即问题意识、关系意识、层级意识和开放意识，并在这四个原则的指导下，构建了树形图设计模式，可视化英文科技学术话语能力标准结构。树形图能使科技英语教学目标明确、教学内容清晰，并展示了教学内容和培养目标之间的关系是体现关系，更好地为科技英语教学服务。

需要指出的是，本书中涉及的语料库相对来说比较小，因为我们是对话语的功能开展研究，无法用计算机技术自动标注，所有的标注都必须采用人工标注。人工标注耗时耗力，无法在短时间内标注大量语料。但毕竟任何一个话语实践都可以被看作是一个社团的话语实践的缩影，我们的研究能够管中窥豹，能在一定程度上揭示学生作者的学术英语水平，能部分解决学术英语能力标准应该包括哪些项目的问题以及学术英语课堂教学应该教什么的问题，并为它们提供有效的数据支撑。

还需要指出的是，本书中提及的学生作者及调查对象均来自某理工科特色的省属重点大学。该大学生源的入学综合水平在全国属于中等水平。因此，学生作者的学术英语话语能力及对学术英语的各种体悟具有一定的代表性，能在一定程度上反映我国目前学生作者的学术英语能力。

参考文献

韩宝成,2006.国外语言能力量表述评[J].外语教学与研究(6):443-450.

徐昉,2015.二语学术语篇中的作者立场标记研究[J].外语与外语教学(5):5-7.

于晖,2018.基于语义密度的教育语篇累积性知识建构分析[J].中国外语,15(3):21-30.

于晖,于婷婷,2017.不同学科教育语篇知识结构的对比研究[J].北京科技大学学报(社会科学版)(2):1-7.

HALLIDAY M A K, 1998. Things and relations: Regrammaticalizing experience as technical knowledge [M]//MARTIN J R, VEEL R. Reading Science: Critical and Functional Perspective on the Discourse of Science. London: Routledge: 68-82.

HALLIDAY M A K, 2004. On the language of physical science [M]//WEBSTER. The language of science. London: Continuum: 140-158.

HUDDLESTON R D, 1971. The sentence in written English: A syntactic study based on an analysis of scientific texts [M]. Cambridge: Cambridge University Press.

HYLAND K, 1999. Academic attribution: Citation and the construction of disciplinary knowledge [J]. Applied Linguistics, 20(3): 341-367.

HYLAND K, 2005. Stance and engagement: A model of interaction in academic discourse [J]. Discourse Studies (2): 173-192.

MATON K, 2011. Theories and things: The semantics of disciplinarity [M]//CHRISTIE F, MATON K. Disciplinary: Functional linguistic and sociological perspective. London: Continuum: 62-84.

SCHIFFRIN D, 1994. Approaches to discourse analysis [M]. Cambridge: Blackwell Publishers.

SWALES J M, 1990. Genre analysis: English in academic settings[M]. Cambridge: Cambridge University Press.

SWALES J M, 2004. Research genres: Exploration and applications[M]. Cambridge: Cambridge University Press.

目录
CONTENTS

第一部分　基于语类的学术英语能力表现研究

第二部分　学术英语能力培养：模式、方法与路径

第三部分　学术英语能力发展影响因素

第四部分　学术英语能力标准建设研究

第一部分

基于语类的学术英语能力表现研究

学术英语隐喻产出能力研究[①]

钟兰凤　陈希卉

1　引言

自 Flahive 等(1977)首次提出“隐喻能力”这一概念以来,国内外学者就隐喻能力开展大量研究,内容涉及隐喻能力的内涵及发展模式(Danesi,1992),隐喻能力与语言水平、交际能力的互动(Littlemore et al.,2006),语法隐喻能力与语言发展(Derewianka,1995)、外语教学中隐喻能力的培养(陈朗,2010),文化与隐喻能力的发展(Taki,2011)等通用母语/外语学习中隐喻能力的研究。然而,随着专门用途英语(English for Specific Purposes,ESP)的兴起,ESP 学者意识到隐喻具有把专业以外的词汇引入专业内的巨大潜势(Lindstromberg,1991),而这一与学科相关的潜势亦成为 ESP 教学的巨大挑战。因此,增强隐喻意识、培养隐喻能力成为 ESP 课堂教学的主要活动之一(Boers,2000;Caballero,2003)。Low(1999)发现,英文研究性论文中拟人化隐喻认知模式非常盛行,并就其可接受性及是否可以作为学术论文写作的授课内容展开研究。但 ESP 隐喻能力培养的结果如何,至今仍少有学者问津。作为 ESP 教学与研究中明显占有主导地位的学术英语(English for Academic Purpose,EAP),对其非母语使用者的隐喻产出能力的研究几乎没有。

学术英语是科学交流最主要的形式。科学有自己的语法(Halliday,2004a;Reeves,2005),概念隐喻和语法隐喻是科学话语的“全球性特征(global features)”(Reeves,2005)[73],是其主要语法。考查学生研究者 EAP 中的隐喻使用能如实反映他们的隐喻能力,能在很大程度上揭示他们现有的 EAP 修辞水平,以帮助他们认识到自己在 EAP 修辞方面存在的优势与不足,便于他们有的放矢地自主提高 EAP 修辞能力。

尽管隐喻能力研究取得了令人瞩目的成就,但仍有待完善之处。通过文献考察,我们发现,目前关于隐喻能力的研究仍存在以下不足:第一,过多关注概念隐喻能力,对语法隐喻能力关注不够;第二,大多数隐喻能力研究以测试手段获取诱导性数据为主,缺乏对 TEFL 使用者实际使用的语言的研究;第三,隐喻能力包括识别、理解和产出隐喻的能

---

① 原载《现代外语》2015 年第 3 期。

力，不少学者调查 EFL 学习者的隐喻识别、理解能力，而对其隐喻产出能力的研究相对比较薄弱。为弥补以上不足，我们以我国某高校学生研究者为参加国际学术会议撰写的英语学术论文为研究语料，探讨其隐喻产出能力现状。

2 研究设计

2.1 研究问题

本文总的研究问题是：高校学生研究者学术英语隐喻产出能力的总体趋势如何？这一趋势揭示了什么？什么原因可能导致这一趋势？本文具体从以下三方面探讨：第一，概念隐喻实例出现的频次及使用特征；第二，名词化语法隐喻和动词化语法隐喻出现的频次、分布及使用特征；第三，情态语法隐喻出现的频次及使用特征。

2.2 语料描述

本研究语料由参加第 19 届“三国三校”国际学术研讨会的某大学学生撰写的 14 篇研究论文组成，并附有相应的中文，是该校各相关学科的学术专家从众多的论文中选拔出来并准备在大会上宣读的优秀论文，代表了该校学生研究者 EAP 最高水平。英文语料总计 29 757 个形符，涉及机械、材料、环境、经济、化工 5 个学科。其作者都是第一次用英语撰写学术论文，属于 EAP 新手。

2.3 研究工具

本研究主要使用网络免费提供的索引软件 AntConc 3. 2. 4。下载地址是：http://www. antlab. sci. waseda. ac. jp/software. html。AntConc 软件的使用有助于我们精确而快速地处理数据，提升本研究的科学性和可靠性。

2.4 研究过程

第一步：手工标注概念隐喻实例和各类语法隐喻；第二步：将标注好的语料依据论文结构分成摘要、引言、方法、结果、讨论、结论 6 部分；第三步：将文件格式从 word 文本转化为 txt 文本，按照分类依次导入 AntConc 索引工具，检索语法隐喻和概念隐喻实例，统计出现频数；第四步：根据所得数据，回归语料，深入分析隐喻实例。

2.4.1 识别语法隐喻

系统功能语言学派认为，语言是一个由音系层、词汇语法层和话语意义层构成的三层次符号系统，它们之间是体现和被体现的关系，这种关系存在一致式与非一致式之分。一致式是指，表达表层意义的词汇语法层和表达深层意义的话语意义层在范畴意义上相同；非一致式是指，表达表层意义的词汇语法层和表达深层意义的话语意义层彼此在范畴意义上不相同。语法隐喻是指范畴意义上的非一致式表达。

语法隐喻有概念语法隐喻和人际语法隐喻之分（Halliday，1994）。概念语法隐喻主要有名词化隐喻和动词化隐喻之分（朱永生，2006），前者主要把过程、特征和评价看作事物，后者主要把时间关系、因果关系、条件关系和让步关系看作过程。我们主要依据朱永生（2006）的研究识别名词化隐喻和动词化隐喻。

人际语法隐喻分为语气隐喻和情态隐喻，前者表现为语气与言语功能之间的不匹配，后者指由小句或名物化结构体现的情态意义。我们主要依据 Halliday（1994）[354-367] 的研究识别情态隐喻和语气隐喻。

2.4.2 识别概念隐喻

概念隐喻的实质是“用一种事物来理解和经验另一种事物”（Lakoff et al.，1980）[6]，即概念隐喻能使我们用较熟悉的、具体的概念去理解和感知抽象的、难以直接理解的概念。其方式是把源域（source domain）的结构映射到目标域（target domain），而且映射发生在两个不同的认知域。语法隐喻产生于不同语法范畴之间的转换，而概念隐喻则产生于不同认知域之间的映射（mapping）。因此，虽然这两个概念都含有“隐喻”一词，但其运作机制却迥异。Halliday（1994，2004c）也很关注语法隐喻和概念隐喻之间的关系。他指出，语法隐喻是自上而下的运作，即一个语义可以有不同的表达模式，其中，表达表层意义的词汇语法层和表达深层意义的话语意义层彼此在范畴意义上不相同的表达模式是语法隐喻式表达；概念隐喻是自下而上的运作，即一个语言形式可以表达不同的语义，其中，一个语义是另一个语义在不同认知域中的映射。

隐喻性语言是概念隐喻的体现，研究概念隐喻就不得不按照统一的标准标注隐喻性语言。本研究采用“隐喻识别途径”（Metaphor Identification Procedure，缩写成 MIP）来辨认具体的隐喻性实例（Pragglejaz Group，2007；钟兰凤 等，2013），然后从中抽象出概念隐喻。MIP 只辨认两种意义：基义与隐喻义，操作简单。该方法强调以其他语境为参照，而可供参照的最佳选择就是参照权威词典中的释义来确定基义，这一做法增加了该识别方法的信度与效度。这个模式对隐喻的理解也更广泛，涵盖了我们传统修辞学所说的暗喻、明喻、转喻及拟人用法。这些优点使得 MIP 较其他方法更具有操作性(钟兰凤 等,2013)。

3 结果与讨论

表 1 显示语法隐喻出现的频数是 568 次,远远高于概念隐喻实例出现的频数(43 次)。以下我们将分别讨论概念隐喻和语法隐喻使用的具体情况,以揭示学生研究者 EAP 隐喻产出能力。

表 1 隐喻分类统计总表

<table>
<tr><td colspan="3">语法隐喻(568)</td><td>概念隐喻实例</td></tr>
<tr><td colspan="2">概念语法隐喻(561)</td><td>人际语法隐喻</td><td rowspan="3">43</td></tr>
<tr><td>名词化隐喻</td><td>动词化隐喻</td><td rowspan="2">7</td></tr>
<tr><td>519</td><td>42</td></tr>
</table>

3.1 概念隐喻

样本中出现频率最高的概念隐喻是“文章即人”(AN ESSAY IS A PERSON)。43 个概念隐喻实例中,“文章即人”的隐喻实例出现 27 次。在这一隐喻系统中,“文章”具有了生命体征,可以和 discuss、analyze、review、attempt、build 等心理动词搭配。剩下的 16 个概念隐喻实例虽然目标域各式各样,但有一个共同特征:均以“PERSON”为源域。例如,the environmental problems sweep the earth,这句话原本要表达的意思是环境问题在全球都出现了,但这里的 sweep 一词将环境问题拟人化;而在 hunger breeds discontent 中,饥饿像“人”一样具有情感,也可以“不满”。43 个概念隐喻实例无一例外地把“PERSON”作为源域,这表明学生研究者的隐喻认知模式非常单一,尤其缺乏应用与其学科相关的概念隐喻的能力。

样本语料无一例外地把“人”作为源域,把各种没有生命体征的事物拟人化,这反映出调查对象熟悉拟人化概念认知模式,并能在英语学术论文写作中熟练地表征这种认知模式。学术论文中的拟人化现象存在两种解释(Low,1999):一种解释认为这种拟人的目的是再现“文章”的“人性化”,此种情形下的语言使用属于隐喻的范畴;另一种解释认为拟人的目的是避免降低心理动词与第一人称代词共现所造成的“主观性”,此种情形下的语言使用属于转喻的范畴,即用产品代替生产者或用结果代替行为者。但无论哪种解释，拟人化的认知模式都属于概念隐喻认知模式。我们认为，拟人化的认知模式具有普遍性，很容易从母语语境迁移至目标语语境，导致调查对象频繁使用拟人化隐喻模式。

概念隐喻能力在科学思维及实践中占有核心地位（Reeves，2005）[23]。化学家 Brown（2003）[15] 明确指出，没有隐喻，科学家就无法表达新实验中发现的真知灼见，就无法对他们的观察进行启发式的解释，就无法把这些观点和结果传递给他人。这与我们的发现恰好相反：学生研究者无一人使用新颖隐喻来表述他们的观察、发现和结果。这可能是因为调查对象还是学术新手，处于学术话语发展阶段，还没有进入其所在学科研究的话语社团，也没有掌握该话语社团的概念隐喻认知模式。所以，他们没有发现其他隐喻认知模式也就不足为奇。此外，Mohan 等（1985）认为，影响学生二语写作能力的因素主要有两个：一是母语语言能力，二是受教育的程度。由此，我们推断，被调查者的英语概念隐喻使用有可能受其母语隐喻能力的制约。但我们深入研究中文文本发现，调查对象的中文隐喻能力并不弱。例如：某位作者在其中文稿中写道，“它（轻小型移动式喷灌机组）已发展成为我国喷灌发展的主力军”，此句把喷灌机组喻为主力军，而英文中他却回避使用 main force，“It has evolved as one of the major irrigation machines”。这可能是由于 EAP 使用者对英语中的概念隐喻模式没有把握，为避免错误，采用直译的方式规避使用概念隐喻，但这种规避却直接影响概念隐喻实例的使用频数和多样性。这一发现与 Ellis（1994）的考察一致：二语使用者为了保证表达的正确性，常规避复杂的或拿不准的语言表达，选择直白式表达，忽略其表达的修辞效果。Mansourizadeh 等（2011）指出，学术新手要想得到其所在学科话语社团的认同并成为其中一员，首先要清楚地意识到其社团的话语期待。概念隐喻是科学话语社团所期待的话语之一，但以上分析表明，我国高校学生研究者并没有满足其所在的国际话语社团的期待。

3.2 语法隐喻

在 568 个语法隐喻实例中（见表 1），有 561 个是概念语法隐喻，占语法隐喻总数的 98.77%。其中，名词化隐喻使用占绝大多数，出现 519 次，动词化隐喻出现 42 次。人际语法隐喻仅出现 7 次，占语法隐喻总数的 1.23%。7 例人际语法隐喻均为情态隐喻，没有一例是语气隐喻。这可能是受分析样本书面体裁的限制，语气隐喻主要出现在对话语篇中。因此，关于人际语法隐喻能力的调查，我们就只能深入探讨情态隐喻能力。

表 2 显示名词化隐喻在摘要部分出现的频率最高。因此，关于概念语法隐喻的使用情况，我们就具体考察摘要中的名词化隐喻和所有的动词化隐喻。

表 2 名词化隐喻与动词化隐喻的分布

	摘要	引言	方法	结果	讨论	结论	合计
名词化隐喻频数	59	129	44	108	155	24	519
动词化隐喻频数	4	8	7	8	14	1	42
合计	63	137	51	116	169	25	561
形符	2053	5094	7005	5902	6929	2774	29 757
名词化隐喻与形符百分比	2.87	2.53	0.63	1.83	2.24	0.87	1.74
动词化隐喻与形符百分比	0.19	0.16	0.10	0.14	0.20	0.04	0.14

3.2.1 摘要中的名词化语法隐喻

名词化是指把过程或特征看作事物，通过词性转换实现。摘要中的 63 个概念语法隐喻实例中，有 59 个是名词化隐喻，涵盖了二类名词化隐喻①：把过程看作事物，如句(1)和把特征看作事物，如句(2)。名词化是生成语法隐喻最强有力的资源(Halliday，2004a)[102-134]。科学话语通过大量使用名物化表达，创造了一个可以观察、分析、测量的科学世界。正是在这个意义上，语法隐喻具有构建理性、技术性的功能，构建了另一类世界观(Halliday，2004b)[181-198]。统计数据显示，被调查的学生研究者有能力完成 Halliday 所说的用名词化隐喻创造一个可以观察、分析、测量的科学世界的目标。名词化隐喻发生在形式层——词汇-语法层，较概念隐喻相对容易为学生研究者掌握。

此外，学术论文摘要是介绍研究成果的有效途径，是学术论文的浓缩，其特殊的语类结构特征需要一定数量的名词化隐喻来实现，这也可能增加名词化隐喻使用的几率。例如：

(1) This paper, taking Jiangsu Province—a typical urban with rapid economic development as an example, based on calculation of the long time series of ED from 1985 to 2009, established an index system of social-economic system and built an ED dynamic prediction model by using the conjunction of STIRAPT model, VIP value and the partial least square regression (PLS).

① 根据朱永生(2006)的分类标准，名词化隐喻有三类：把过程看作事物、把特征看作事物和把评价看作事物。把评价看作事物是指评价意义的情态动词和情态副词由名词来体现。为避免重复统计，我们把具有评价意义的名词化实例纳入情态隐喻统计。

(2) Small-scale Movable Sprinkler Irrigation Machine (SMSIM), featured by its low cost, homogeneity, mobility and good adaptability to different topographies and crops, is widely applied in hilly lands, arid regions as well as industrial crop irrigation districts.

句(1)中出现4个名词化隐喻:development、calculation、prediction、conjunction。这些名词化隐喻的使用使原本需要用4个小句表达的意思[(3)a、(3)b、(3)c、(3)d]被打包成句(1),增加了摘要语篇的信息量,即语义负荷。

(3)a Economy developed rapidly in Jiangsu Province.

(3)b The long time series of ED was calculated from 1985 to 2009.

(3)c This paper conjoined STIRAPT model, VIP value and the partial least square regression (PLS) to build an ED model which could predict dynamically.

(3)d This paper established an index system of social-economic system.

除以上功能外,学术论文中名词化隐喻的使用还能够淡化、隐藏或删除动作的参与者,如:such improvements in material strength are examined in the treated pure titanium 中,improvement 的使用隐藏了动作的执行者“我(I)”,避免了学术话语社团“忌讳”的主观性表达。

以上实例分析表明学生研究者谙知名词化语法隐喻的形式及其功能,并在学术写作中熟练地运用此语言形式以达到科学话语的部分修辞效果:客观的,不带个人色彩的(Halliday,2004b)[181-182]。名词化隐喻不再是“精英的特权”,学生研究者也没有完全被科学话语“拒之门外”。

3.2.2 动词化语法隐喻

通过对42例动词化隐喻做进一步观察,我们发现把因果关系看作过程的实例最多,共出现31例,占动词化隐喻总数的73.81%,其次分别是把条件关系看作过程(8例)以及把时间关系看作过程(3例)。我们没有发现把让步关系看作过程的实例。表达因果关系的动词是 cause、induce、bring about、lead to、result in,表达条件关系的动词是 determine、depend on、generate,表达时间关系的动词是 follow、accompany。

学术研究最主要的目的是弄清楚变量之间的因果关系,或变量发生变化的因果关系或条件。把因果关系看作过程的语言资源恰好满足了这一需求,因而其在学术话语中出现的几率相对于其他三类动词化隐喻来说要高得多。动词化隐喻把原来一致式的由两个或两个以上主从小句所包含的信息打包成一个小句,不但扩大了非一致式小句的信息容量,而且取得了逻辑关系动态化的效果(朱永生,2006),这与科学研究的事实相一致。仅有的动词化隐喻实例至少表明学生研究者已意识到动词化隐喻在学术话语中的特殊修辞功能,并竭力使用这一修辞手段。42 例动词化隐喻实例中,除一处“result into”搭配错误和句(4)a 的因果关系表述模糊外,其他句子中的动词化隐喻的使用还是达到了预期的修辞效果。

(4)a The experiments indicate that HCPEB irradiation plays a significant role in inducing severe plastic deformation in the surface layer, and forming the typical lamellar martensitic structures.

(4)b Because HCPEB irradiates the surface layer, the layer is severely deformed and the typical lamellar martensitic structures are formed in it.

事实上,句(4)a 想要表达的是句(4)b 表达的意义,但句(4)a 却在表达因果关系的动词“induce”前使用了“play a significant role in”,以表明作者对因果关系的不确定,但事实上却没能达到这个效果,反而使读者更加迷惑不解,不能确定作者对实验结果的确定程度,从而影响了科学发现的交流。我们认为,这一特例是学生研究者成长中的特殊情况,是其向学术话语过渡中出现的不当措辞。

3.2.3 情态语法隐喻

情态是“讲话者对自己讲的命题的成功性和有效性所做的判断,或在命令中要求对方承担的义务,或在提议中要表达的个人意愿”(胡壮麟 等,2005)[145],是实现人际意义的主要语言资源之一。依据情态取向,情态被区分为显性主观、隐性主观、隐性客观和显性客观类情态,显性主观和显性客观类都是由小句表达,因而被界定为情态隐喻(Halliday,2004c)[615]。

统计数据显示,调查文本中情态表达共出现 386 次。其中,情态隐喻仅出现 7 次,仅占情态表达总数的 1.8%。这说明高校 EFL 使用者在英语学术论文写作中更倾向于直接使用情态动词和情态副词,即“一致式”的隐性情态表达,而较少使用“非一致式”的显性情态表达,即情态隐喻。

作为科学研究的专业话语,学术论文是“科学文化的集体价值与运作的产物”(Reeves,2005)[99]。这一“集体价值”在很大程度上导致作者策略性地尽可能避免使用诸如“ I (we) think”、“I (we) believe”、“I (we) want”之类的显性主观情态表达,而倾向于选择隐性主观、隐性客观类情态表达,以去主观化。显然,学生研究者已洞悉了这一科学话语社团的集体价值观,因而他们的作品中没有出现一例显性主观情态表达。

但是,显性客观情态表达并不受这一特殊话语社团的"集体价值观"的制约,相反,其使用能在形式上彰显客观性,理论上说,其出现频率应该很高。但在调查文本中,显性客观情态表达却少之又少,我们仅找到7句。其中,1句是表达"意愿(inclination)"的情态隐喻,6句是表达"概率(probability)"的情态隐喻,而其他类型的情态隐喻,如表达"频率(usuality)"和表达"义务(obligation)"的,则没有一例,这表明情态隐喻使用种类单一。此外,7句中只有1句使用了中值情态隐喻,其他6句均是低值情态隐喻,这表明说话者对所说命题或提议的确定性最低。Hunston认为,对命题或提议的确定/不确定评价不仅引起作者与读者的互动,而且还会引发"好(good)"与"坏(bad)"的联想:确定性评价以丰富的知识为基础,因而与"好"相联系;不确定性评价与知识的匮乏有关,因而与"坏"相联系。Hunston的结论是在观察专家公开发表的科学论文的基础上得出的,不适合用来评价学术新手的情态隐喻能力。单一的、低值情态隐喻的使用特征恰好反映了学生研究者这一特殊的学术身份,是他们向专家型研究者发展过程中语言使用的特定阶段,即在广度上和深度上都没有熟练掌握其学科知识和技能的阶段。

4 结语

在向专家型研究者发展的过程中,学生研究者不可能在短时间内完全习得使用具有"全球性特征"的语言资源的能力,此能力的培养是个循序渐进的过程。我们的研究结果表明:研究对象较少使用概念隐喻表达学术思想,且其隐喻认知模式单一,只会使用拟人化认知隐喻模式,这说明他们的EAP概念隐喻产出能力很低,进一步提升的空间很大,尤其在使用与学科相关的概念隐喻认知模式方面的提升空间很大;虽然形式化的语法隐喻较概念隐喻更容易被学术新手掌握,但他们也只是对词汇层面的名词化语法隐喻手段非常熟悉,能熟练应用名物化结构发挥学术话语的部分修辞功能;动词化语法隐喻使用频次虽然相对较低,但学生研究者却努力使用这一手段,尤其努力尝试使用把因果关系看作过程的手段,以发挥动词化隐喻在学术话语中的特殊修辞功能;情态语法隐喻使用频次最低且种类单一,学生研究者能避免使用显性主观情态以实现去"主观化"的科学意识形态,但却不能主动使用显性客观情态以达到彰显"客观化"的科学意识形态的目的,更不敢使用高值情态隐喻表达自己对命题的确定程度。

以上结论启发我们:在学术英语写作教学中,首先,我们应该注重对学生英语隐喻思维的培养和锻炼,使其充分接触相关学术领域的概念隐喻实例,以增强其识别、理解和创造概念隐喻的能力;其次,我们可以把关于语法隐喻及概念隐喻的理论研究成果应用到学术英语写作实践中，有意识地培养学生的语法隐喻能力和概念隐喻能力；最后，培养学生研究者英语隐喻思维能力及隐喻性语言使用能力的关键是让其充分接触所在学科领域的英语语言实例，我们建议学生研究者在动手写作之前，应大量阅读其相关学术领域的专家学者撰写并公开发表的英语学术论文。但以上想法实现的前提是如何深入浅出地把概念隐喻理论和语法隐喻理论传授给学术新手。因此，我们呼吁更多的应用语言学者关注或参与制订应用这两个理论研究成果的切实有效的操作方案，以便学术新手能快速有效地理解、掌握这两个概念，并将其成功应用到英语学术交流活动中，增强他们用英语进行学术交流的能力。

虽然本研究只是勘探式的描述性统计分析，但在研究视角上一改以往以问卷调查、访谈或分析诱导性数据研究外语使用者的语言能力的范式，以实际使用的语言为分析语料。其研究发现有助于学生研究者意识到自己在学术英语修辞方面的需求与不足，尤其在具体的语言项目选择及思维模式培养方面的不足与需求，能有效指导高校学术英语写作教学实践。

参考文献

陈朗，2010. 二语教学中的隐喻能力培养[J]. 外语学刊(5)：47-49.

胡壮麟，朱永生，张德禄，等，2005. 系统功能语言学概论[M]. 北京：北京大学出版社.

钟兰凤，陈希卉，2013. 隐喻识别研究现状述评[J]. 外语研究(5)：40-44.

朱永生，2006. 名词化、动词化与语法隐喻[J]. 外语教学与研究(2)：83-90.

BOERS F, 2000. Enhancing metaphorica awareness in specialised reading[J]. English for Specific Purposes, 19(2): 137-147.

BROWN T L, 2003. Making truth: Metaphor in science[M]. Urbana: University of Illinois Press.

CABALLERO RODRIGUEZ M D R, 2003. How to talk shop through metaphor: Bringing metaphor research to the ESP classroom[J]. English for Specific Purposes, 22(2): 177-194.

DANESI M, 1992. Metaphorical competence in second language acquisition and second language teaching: The neglected dimension[M]//JAMES E A. Language communication and social meaning. Washington DC: Georgetown University Round

Table on Language and Linguistics:489-500.

DEREWIANKA B,1995. Language development in the transition from childhood to adolescence:The role of grammatical metaphor[M]. Sydney:Macquarie University.

ELLIS R, 1994. The study of second language acquisition[M]. Oxford: Oxford University Press.

FLAHIVE D E, CARRELL P L, 1997. Lexical expansion and the acquisition of metaphoric competence [P]. Presented at 11th Annual Mid-America Linguistics Conference. Columbia:University of Missouri.

HALLIDAY M A K, 1994. An introduction to functional grammar[M]. 2nd ed. London:Edward Arnold.

HALLIDAY M A K,2004a. The grammatical construction of scientific knowledge: The framing of the English clause[M]//WEBATER J J. The language of science. London:Continuum:102-134.

HALLIDAY M A K, 2004b. On the grammar of scientific English [M]// WEBSTER J J. The language of science. London:Continuum:181-198.

HALLIDAY M A K,2004c. An introduction to functional grammar[M]. 3rd ed. London:Edward Arnold.

LAKOFF G,JOHNSON M,1980. Metaphors we live by[M]. Chicago:University of Chicago Press.

LINDSTROMBERG S,1991. Metaphor and ESP: A ghost in the machine? [J]. English for Specific Purposes,10(3):207-225.

LITTLEMORE J, LOW G, 2006. Metaphoric competence, second language learning, and communicative language ability[J]. Applied Linguistics,27(2):268-294.

LOW G, 1999. "This paper thinks...": Investigating the acceptability of the metaphor an essay is a person[M]//CAMERON L,LOW G. Researching and applying metaphor. New York:Cambridge University Press:221-248.

MANSOURIZADEH K,AHMAD U K,2011. Citation practices among non-native expert and novice scientific writers[J]. Journal of English for Academic Purposes,10(3):152-161.

MOHAN B A,LO W A Y,1985. Academic writing and Chinese students:Transfer and developmental factors[J]. TESOL Quarterly,19(3):515-534.

PRAGGLEJAZ Group, 2007. MIP: A method for identifying metaphorically used words in discourse[J]. Metaphor and Symbol, 22(1): 1-39.

REEVES C, 2005. The language of science[M]. New York: Routledge.

HUNSTON S, 1989. Evaluation in experimental research articles[D]. Birmingham: The University of Birmingham.

TAKI S, 2011. Cross-cultural communication and metaphorical competence[J]. International Journal of Language Studies, 5(1): 47-62.

WEBSTER J J, 2004. The language of science[M]. London: Continuum.

学生作者英语研究论文中的引用与转述互文能力研究

赵梦娟　丁　建　钟兰凤

1　引言

互文性是由法国学者朱丽娅·克里斯蒂娃在19世纪60年代将巴赫金的多声理论引荐到法国学术界的时候提出的，她描述道，“所有话语都取决于或调用其他话语，没有话语本身是单一的，所有的话语都贯穿着竞争和冲突的声音”(Allen，2000)[27]。这个术语不仅在文学和文化理论中使用，在语篇分析中也被广泛接受和不断发展(Fairclough，1992)。学术话语的互文性分析侧重于有明显标志的语言形式，例如括号和数值标注的形式，这些将作者本人的研究观点和引用其他研究者的表达区别开来。

在学术话语(例如研究型论文)中，作者不仅需要呈现他们的研究成果，还需要使读者能够信服他们的观点(Swales，1990；Hyland，1999)。为了获得特定学术群体对他们研究成果的认可，作者需要引用或转述该学术领域中其他研究者类似的观点，借鉴前人的研究方法、步骤、结果以支持自己的研究结果，而引用和转述正是研究型论文中两种最主要的互文性实现方式(唐青叶，2004；黄小平，2014)。除了支持作用，很多相关调查发现，融入其他研究也可以用来创建一个研究突破口，以此来展示作者的论点及其研究的新颖性(Hyland，1999；李冲，2013)。因此，互文性，即引用和转述，在说服读者以及获取学术圈的认可方面扮演着重要的角色。

引用和转述是研究型论文写作成功的重要因素。学生研究型论文中的互文性研究相对有限，这可能导致教师忽视学生在引用和转述方面的不足。以往关于引用和转述的研究，大部分只研究了一两个特定的方面，如引用方式(Swales，1986；Thompson et al.，2001；徐昉，2012)和转述动词的类别(Thompson et al.，1991；Hyland，1999；Thomas et al.，1994)，鲜少关注学生研究型论文中的互文性现象或学生撰写的与已发表的英语学术论文中互文手段的对比。本研究旨在从整体上探索学生撰写的和已公开发表的英语研究型文章中的引用在密度、模式、语义内容和功能这四个方面的特定用法，以及其中的转述动词在指示意义、评价意义以及三种不同时态选择上的基本情况，对比分析学生撰写的与已公开发表的英语学术论文中引用和转述动词的使用情况，帮助学生作者认识到自己在这两方面与专家之间存在的差距，从而借鉴此研究结果，有意识地来弥补自己的不足。另外，本研究也对比分析了学生撰写的与已公开发表的英语研究型文章中观点和立场的建构，以期帮助学生作者意识到不同转述动词所蕴含的立场表达以及引用中所包含的观点，并以公开发表的英语研究型文章中的观点和立场建构为示范，指导学生使用不同的引用方式和转述动词来表明自己的态度。

2 研究设计

2.1 研究问题

此研究对比分析学生撰写的与已发表的理工科英语学术论文中引用和转述动词的使用情况，以期发现两种语料在互文性资源使用上的异同点以及这些语言形式所表达的立场和观点。本研究旨在回答以下三个问题：

(1) 学生撰写的与已发表的理工科英语学术论文中使用了哪些具体类别的引用和转述动词？

(2) 两种语料在引用和转述动词的使用上存在哪些异同点？

(3) 引用和转述动词是如何构建不同的立场和观点的？

2.2 语料收集

构建学生撰写的和已发表的理工科英语学术论文的语料库。从 Science Direct 语料库中收集了来自医学、材料科学、生物化学工程、流体机械工程、食品与生物工程这些学科的已发表的英语研究型文章，总共 15 篇，主体部分共 60178 形符。

所选取的学生英语研究型论文都是由参加过江苏大学校内外研讨会的学生所写。我们选取了相同学科中的 30 篇学生撰写的英语研究型文章，主体为 57014 形符。

正如 Hyland (1999) 和 Paul(2001) 的研究中所提到的，不同学科在引用和转述动词的使用上存在差异，最大的差异存在于自然科学和人文社会科学的研究型文章之间。学习自然科学的学生更需要语言正确使用上的指导，尤其是英语学术写作上的指导。本研究选取自然科学如材料科学和生物化学工程学科的研究型文章作为研究语料，文章中的引用都是数值风格的，这在自然科学研究型文章中被广泛使用，使得研究结果更加科学可信。

2.3 数据处理与标记

对于引用，从最简单的模式到语义内容，再到不同的功能，我们都进行了标记。标记<i>和<ni>用来区分融入式引用与非融入式引用。语义内容通过使用特定的内容标签来识别，如<subject>、<concept>、<theory>、<method>、<result>和<view>。引用的功能通过标签<sign>、<cons>、<cre>、<sup>、<pla>分别标识出来，分别代表指引、构建、归功、支持和规划的功能。同篇文章中的不同部分可以使用同一个参考文献，因此引用的总数与参考文献的总数并不相符，而是依据引用在文中出现的总次数。转述动词都以同样的方式来标记，以<res>、<cog>和<disc>来代表不同的指示类别，<fac>、<nonf>和<counterf>代表三种不同的评价意义，<present>、<past>和<perfect>代表不同的时态。

研究的过程分为以下四个步骤：第一，由两位已经接受过如何识别不同引用和转述动词训练的研究生担任评判员，分别独立对研究语料进行标记。第二，利用方程 $k=P_0-P_c/1-P_c$(Cohen，1960)计算两位评判员给出的原始数据，对相互标注的可靠性进行评估。通过证明两位评判员标记结果的可靠性来证明研究结果是科学可信的。第三，对于评判员标记中出现的分歧，由一名专家帮助他们，以便标记达成统一的结果。第四，通过 SPSS 软件测试学生撰写的与已发表的文章在互文性语言形式上是否存在明显差异，分析导致这两种语料在引用和转述动词使用上出现异同可能存在的原因。在这项研究中，AntConc 软件用于计算不同类别的引用和转述动词。考虑到两种语料的不同篇幅，每篇文章中所有类别的频率都转换成标准化的每 10000 个单词的出现频率，以便于对比分析。

2.4 研究框架

为了帮助学生意识到他们在使用互文性语言资源(如引用和转述动词)方面的不足，本对比研究根据以下研究框架展开。

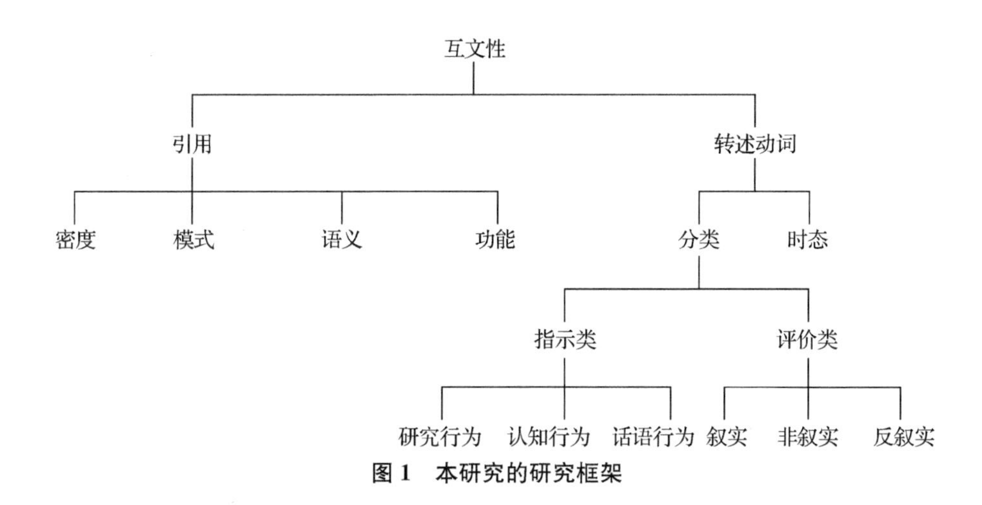

图 1　本研究的研究框架

2.4.1　引用的使用

对于引用，我们从密度、话语模式、语义内容和功能四个方面来分析。

第一，引用密度在学术写作中是一个重要的指标。本研究所选取的所有已发表的文章已经刊登在与学科相关的国际期刊上，这些文章中引用的密度可以视为学生英语学术论文写作的一个标准。

第二，Swales (1986)基于引用模式将引用分为两种类型：融入式引用与非融入式引用。前者是指将作者名字包含在句子结构中，如(1)所示；后者是指将引用文献的所有信息都放在括号中或使用上标/下标符号，并没有将作者的名字融合在句子中，如(2)所示。

(1) Steen[6] proposed an FE-method with specific considerations for the keyhole mode of laser welding...

(2) These heat source models and some simplified models have been widely used in welding simulation for prediction of the distortions and residual stresses[2,3 and 10].

第三，在语义内容上，本研究对徐昉(2012)提出的将引用分成六个语义类别的研究框架进行了修改，去除了“理论/模型引用”这一类别，并且将“理论”归类到“定义/概念引用”中，将“模型”归类到“方法类引用”中。原先的框架中，“理论/模型引用”这一类别与“定义/概念引用”重叠了，因为一个理论的引用一般涉及其中某个特定术语或概念的使用。或者，“理论/模型引用”这一类别与“研究方法引用”重叠了，因为“模型”可以看作是进行一项研究的方法。因此，在语义方面，引用分为五种类别。

第一种“研究课题引用”是指引用前人研究的话题或内容，如句(3)所示：

(3) Jeong and Niihara[12] studied the effect of SiCnano size addictives on an Al_2O_3-

based composite which resulted in a similar strength value with the sample obtained using the hot pressing method.

第二种是定义/概念引用，指引用先前研究中所提出的概念、术语或理论，如下所示：

(4) The limit of detection for the method was defined[23] as…

第三种是研究方法引用，指写作者引用其他研究型文章中的设计、模型和方法，如以下示例所示：

(5) Sample preparation was based on the method proposed by Cao et al.[22].

第四种是研究结果引用，是指写作者在自己的研究报告中融合了其他研究者的一个或多个结果以作为引用，如句(6)所示：

(6) Aderikha et al.[6] found that friction of PTFE Carbon Black composites depends on changes in morphology and degree of crystallinity and on the ratio of adhesive activity of the filler surface and rigidity of composite.

第五种观点/解释类型是指引用其他研究者对某个特定研究课题的看法或者是对他们自己的研究结果的解释，如下所示：

(7) It is assumed that when two rough surfaces contact with each other under the application of a normal load, actual contact occurs at the contact plateaus of the rough surfaces[29].

第四，在引用功能上，Harwood(2009)基于对不同学科专家和富有经验的学术写作者进行采访，将引用的功能分为 11 种。但是，有些功能之间相互重叠。例如，推广功能是想通过引用的使用来提高所引用人的影响力，聚焦功能使得写作者能够显示出他/她的研究值得展开调查，这些是最基本的能够支持写作者的论点，因此在他/她的研究中被划分到支持功能行列。为了避免 Harwood(2009)提出的 11 种功能之间出现重叠，这 11 种功能又被重新划分为 5 种功能，包括指引功能、构建功能、归功功能、支持功能和规划功能。这里，所保留的 4 种功能的定义也基于 Harwood(2009)的分析。指明功能的引用是用来引导读者查阅所引用的文本以获得更详尽的介绍或者是对一项研究的具体解释，这样写作者能够留有更多的篇幅来介绍自己的研究。构建功能的引用是用来呈现写作者的立场和定位的，尤其是创建研究突破口。归功功能的引用一方面显示出写作者对所引用作者的成就表示感激，另一方面也避免了承担失误可能带来的责任，因为失误可能是由研究者所提出的研究方法或模型所造成的。规划功能的引用从字面意思来说，是指为未来研究制订计划。

2.4.2 转述动词的使用

转述动词的研究一般集中分析学生所撰写的与已发表的文章中不同类别及不同时态转述动词的使用频率。本研究所采用的是基于 Hyland(1999)所提出的但有所简化的研究框架,转述动词被分为指示类和评价类。指示类别包括三个子类别:研究行为(与研究发现和步骤有关),认知行为(与心理活动相关)和话语行为(涉及言语表达)。在评价范畴中,写作者将自己对于所转述内容的评价表述为真实的(叙实的)或虚假的(反事实的)或不确定的(非事实的)。

在时态部分,根据先前其他学者的研究(Paul,2001;唐青叶,2004;陈崇崇,2010),英语研究型文章中转述动词最常使用的三种时态是一般现在时、现在完成时和一般过去时。本研究中关于转述动词的对比研究也选取了这三种时态作为研究的焦点。

3 结果与讨论

3.1 相互标注可靠性的测试

引用和转述动词的分类可能会受评判员主观因素的影响,如其不同的文本分析能力和不同的学科背景。因此,如何在分类中减少由评判员所造成的误差同样是本研究的一个关键点。Harwood (2009)为了避免评判员造成失误,让写作者本人对他们学术论文中的引用进行分类。本研究请两位评判员对互文性语言形式进行分类,并利用 Cohen 的 k 值,即 $k=P_0-P_c/1-P_c$(Cohen,1960)对互相标注的可靠性进行检测。系数 k 在心理学领域经常使用,来确定名义量表判断结果的可靠程度。P_0 代表的是两位评判员标记一致的比例,P_c 是指偶然标记一致的比例(Cohen,1960)[39]。因此,比例系数 k 是"标记一致的比例减去偶然标记一致的比例,然后再除以 1 减去偶然标记一致的比例所得到的概率"(Cohen,1960)[40],它也可以表示成频率 $k=f_0-f_c/N-f_c$。比例系数 k 在 0~1 之间变动。当 k 位于 0~0.40 之间时,则可靠性较低;位于 0.40~0.59 之间时,可靠性一般;位于 0.60~0.74 之间时,可靠性良好;大于 0.75 时,可靠性较高。Kanoksilapatham (2005)在语步分析中运用 k 值,以显示标注员经过语步分析的培训和锻炼能够在识别上达成一致。在本研究中,互相标注的可靠性同样用来测试两位评判员的分类结果是否可信。

由于根据引用和转述动词的形式能够区分出引用的模式和转述动词的不同时态,所以本研究只区分了引用不同的语义内容和功能以及不同类型的转述动词。从以下表格中我们能够看到,k 值分别为 0.92、0.88、0.89、0.86,均大于 0.75,即表示尽管两位评判员在分类上存在分歧，但他们对引用语义内容和功能的识别以及转述动词的分类结果还是值得信赖的，分类的数据可以作为此研究的一个基础。

表 1　引用语义内容标注结果可靠性分析

类别	评价员 A	评价员 B	一致数据	P_0	P_c	k 值
课题	331	345	326	0.39	0.17	0.92
定义	38	34	32	0.04	0.00	
方法	105	110	98	0.12	0.02	
结果	260	248	235	0.28	0.09	
观点	95	92	90	0.11	0.01	
总和	829	829	781	0.94	0.29	

表 2　引用功能标注结果可靠性分析

类别	评价员 A	评价员 B	一致数据	P_0	P_c	k 值
指引	348	331	321	0.39	0.17	0.88
归功	89	109	84	0.10	0.01	
支持	322	298	289	0.35	0.14	
构建	67	86	63	0.08	0.01	
规划	3	5	3	0.00	0.00	
总和	829	829	760	0.92	0.33	

表 3　转述动词标注结果可靠性分析

类别	评价员 A	评价员 B	一致数据	P_0	P_c	k 值
研究行为	272	289	269	0.61	0.40	0.89
认知行为	45	36	33	0.07	0.01	
话语行为	124	116	115	0.26	0.07	
总和	441	441	417	0.94	0.48	
叙实	43	58	49	0.11	0.01	0.86
反叙实	3	0	0	0.00	0.00	
非叙实	395	383	379	0.86	0.78	
总和	441	441	428	0.97	0.79	

正如研究步骤中所提到的，对两位评判员互相标注的可靠性进行测试之后，本研究将寻求拥有自然科学学术背景、在国际期刊上发表过英语研究型文章、经验丰富的专家学者的帮助，进行协商讨论，对标注不同的引用和转述动词进行再标注。接下来，有关学生撰写的与已发表的论文中互文性语言形式的对比研究都将基于这场讨论所得到的所有数据。

3.2 运用引用构建观点

学生撰写的与已发表的论文中引用的对比研究包括以下四个方面，即密度、模式、语义内容和功能。在每个方面，本研究首先给出标准化的频率（每10000个单词出现的频率），然后列出每个独立样本的分析结果，以显示学生撰写的与已发表的论文在特定语言形式使用上是否存在显著差异。在描述定量分析结果以及初步分析可能导致这些差异的原因之后，本研究将具体讨论两种语料是如何通过不同的引用来构建不同观点的。

3.2.1 两组语料中的引用密度

表4 学生撰写的与已发表的论文中的引用密度

学生撰写的研究型论文																
编号	1	2	3	4	5	6	7	8	9	10	11	12	13	14	15	平均值
标准化密度	33	80	144	57	55	56	48	38	61	107	234	136	110	32	61	67
编号	16	17	18	19	20	21	22	23	24	25	26	27	28	29	30	
标准化密度	36	39	40	45	108	54	67	70	36	67	35	40	33	52	26	
已发表的研究型论文																
编号	1	2	3	4	5	6	7	8	9	10	11	12	13	14	15	平均值
标准化密度	112	123	85	81	123	91	56	63	50	95	48	108	73	51	83	83

从表4中我们可以看出，已发表的论文中引用的平均密度较高（83>67）。这就是说，在总体上，学生撰写的学术论文中引用使用得相对较少。但是，独立测试样本的密度分析结果（$p=0.201>0.05$）显示，两种语料之间在引用的使用上不存在显著差异。这就是说，尽管已发表的论文中引用的使用密度较高，但并不比学生的论文超出很多。

表5 独立测试样本的密度

<table>
<tr><td colspan="2" rowspan="3">类别</td><td colspan="2">方差齐性检验</td><td colspan="7">均值相等 T 检验</td></tr>
<tr><td rowspan="2">F 值</td><td rowspan="2">显著性</td><td rowspan="2">t 值</td><td rowspan="2">自由度</td><td rowspan="2">显著性（双尾）</td><td rowspan="2">平均值方差</td><td rowspan="2">标准值方差</td><td colspan="2">差值的 95% 置信空间</td></tr>
<tr><td>上限</td><td>下限</td></tr>
<tr><td rowspan="2">密度</td><td>假设方差相等</td><td>1.195</td><td>0.280</td><td>1.300</td><td>43</td><td>0.201</td><td>16.133</td><td>12.413</td><td>−8.900</td><td>41.166</td></tr>
<tr><td>假设方差不相等</td><td></td><td></td><td>1.536</td><td>41.711</td><td>0.132</td><td>16.133</td><td>10.502</td><td>−5.064</td><td>37.331</td></tr>
</table>

关于引用密度的定量分析表明，学生与公开发表文章的作者之间在引用密度上持相似水平。引用同样也融合了其他研究者的观点，可以看作是维护写作者自身观点的一种说服策略。观点包括个人、社会和观点之间的对话三个方面。考虑到先前研究者的观点和读者可能产生的反应，本研究所分析的文章中，观点的构建不仅包括个人和社会方面，也包括观点的对话方面（Hyland，2005）。为了赢得更多读者的支持，写作者通过引用广泛认可的方法和理论在他们所属的学科团体中表明自己的立场。因此，本研究中引用密度上相似的使用情况，也显示出学生通过融入学术团体中权威性成员的观点来确定自己的定位，从而增强了说服力。

这个结果不同于其他研究者的研究结果。例如，Mansourizadeh 等（2011）从他们的研究中得出结论，新手研究者的学术论文中的引用密度低于已发表的学术论文。但是，如今许多大学已经开设了英语学术论文写作课程，通过指导，可以提高学生在学术论文中使用引用的意识。

然而，意识到使用引用是一回事，知道如何正确使用引用又是另外一回事。一些写作者可能在他们的文章中故意使用一些不相关的引用以增加引用的数量（闻浩 等，2013；张立茵，2015），这样会降低作者论点的说服力以及研究型文章的质量。此外，也有研究发现，尽管一些新手或学生研究者使用引用的密度高，但它们都属于同一种类型（闻浩 等，2013）。引用密度相似并不意味着使用质量的相似。我们需要更进一步的研究来探索学生撰写的与已发表的论文之间使用引用的差异，学生也能够由此做出相应的改善。接下来，我们将会详细分析学生撰写的与已发表的论文所使用的引用在模式、语义内容和功能各部分的具体情况。

3.2.2　两组语料中的引用模式

表 6　引用模式的分布统计

类别		融入式引用	非融入式引用	总和
学生撰写的研究型论文	标准化频率	832	1169	2001
	比例	41.6%	58.4%	100%
已发表的研究性论文	标准化频率	173	1069	1242
	比例	13.9%	86.1%	100%

表 7　独立测试引用模式的分布统计

类别		方差齐性检验		均值相等 T 检验						
		F 值	显著性	*t* 值	自由度	显著性（双尾）	平均值方差	标准值方差	差值的 95% 置信空间	
									上限	下限
融入式引用	假设方差相等	4.555	0.039	−2.492	43	0.017	−16.133	6.473	−29.187	−3.079
	假设方差不相等			−2.966	42.062	0.005	−16.133	5.439	−27.110	−5.157
非融入式引用	假设方差相等	3.638	0.063	2.435	43	0.019	32. 267	13.250	5.546	58.987
	假设方差不相等			3.034	42.930	0.004	32.267	10.634	10.820	53.713

表 6 显示了学生撰写的与已发表的论文中融入式引用与非融入式引用的分布情况。从中可以发现，本研究中两种语料均比较倾向于使用非融入式引用，每个测试样本中非融入式引用的分布均高于融入式引用。但是，数据也明显地显示出，尽管两种语料非融入式引用的出现频率均比较高，但两者的频率并不相近。已发表论文中非融入式引用的出现比例高于学生作者所写的论文（86.1%>58.4%），而融入式引用的比例低于学生撰

写的论文(13.9%<41.6%)。另外,独立测试样本的结果($p=0.005, 0.019<0.05$)表明,学生的论文与已发表的论文在融入式引用与非融入式引用的使用上均存在显著差异。换句话说,与理工科学生所写的英语研究型论文相比,已发表的理工科研究型论文明显使用更多的非融入式引用,而使用更少的融入式引用。

本研究关于两种语料融入式引用与非融入式引用的定量分析结果与 Mansourizadeh 等(2011)所发现的研究结果相符,即在学术写作中,学生使用的非融入式引用较多,融入式引用较少。

学生的论文与已发表的论文在两种引用模式使用上的不同可能是由多种因素造成的。根据 Paul(2001)和 Hyland(1999)的研究,这两种不同的引用模式在形式上分别具有不同的作用,如以下两个例子所示:

(8) Hu et. al.[12] found that H2S level is markedly decreased in the substantia nigra and the striatum, with 6-OHDA-induced and rotenone-induced PD rat model.

(9) Pre-polymerization systems have been simulated using molecular dynamics simulations[16], which have previously been used to probe causes of MIP binding site heterogeneity[17] and to correlate pre-polymerization properties with memory effects in the polymer subsequently created[18].

句(8)选自学生论文语料库,句(9)选自已发表的论文。首先,句(8)中的融入式引用在句子结构上相对简单,作者的名字做主语,由一个转述动词揭示作者的研究发现。句(9)采用非融入式引用,同一主题的不同研究以更复杂的句子结构融合到一个复杂句中。学生在英语学术写作方面的能力有限,在学术论文中采用融入式引用来介绍其他研究者的成果是一种简单的方式,由此他们文章中融入式引用的频率相对较高。

其次,与融入式引用相比,非融入式引用将各种文献合并到一个简单句中,包含的信息更多,这对于学生的学术论文写作是个不小的挑战。缺乏对学科的系统认知,尤其是不了解特定研究领域的不同成果,有可能导致学生无法将不同的研究方法、发现和观点融入到非融入式引用中,也有可能导致他们的研究型文章中出现更多的融入式引用。

最后,以上所列出的两者引用的不同点不仅在于融入式与非融入式的模式,还在于观点表达上。在句(8)所示的融入式引用中,焦点在于作者的名字,其作为一个语法成分包含在句中,蕴藏着作者及其权威的观点比所引用的信息内容更重要的含义(Paul, 2001)。引用也是不同观点的集合,融入式引用通过将所引用作者的名字摆在句首强调了先前研究者的观点。因此,对于学生来说,将先前研究者的观点以融入式引用的方式呈现出来是合理的。一方面,因为大多数学生在他们的学术研究领域还算新手,使用融入式引用强调先前研究者的名字可以表示尊敬(徐昉,2012);另一方面,学生可以引用有权威性专家的观点来为自己的论点和研究作辩护,增强他们研究成果的说服力。相反地,句(9)中的非融入式引用将所引用作者的名字放在句子结构之外,并没有着重强调所引用的作者,而是将重点放在所引用的信息内容上。这种引用模式表明写作者在引入以及融合其他研究人员的研究成果时,持相对客观的立场(徐昉,2012)。换句话说,已发表文章的写作者并不那么依赖于前人研究的权威性,所以他们文章中使用的融入式引用相对较少。

3.2.3 两组语料中的引用语义

表 8 语义的分布统计

类别		课题	定义	方法	结果	观点	总和
已发表的研究型论文	标准化频率	408	76	199	413	146	1242
	比例	32.9%	6.1%	16.0%	33.2%	11.8%	100%
学生撰写的研究型论文	标准化频率	1009	67	130	582	213	2001
	比例	50.4%	3.3%	6.5%	29.1%	10.7%	100%

表 9 独立测试样本中语义的分布

<table>
<tr><th colspan="2" rowspan="3">类别</th><th colspan="2">方差齐性检验</th><th colspan="7">均值相等 T 检验</th></tr>
<tr><th rowspan="2">F 值</th><th rowspan="2">显著性</th><th rowspan="2">t 值</th><th rowspan="2">自由度</th><th rowspan="2">显著性(双尾)</th><th rowspan="2">平均值方差</th><th rowspan="2">标准值方差</th><th colspan="2">差值的 95% 置信空间</th></tr>
<tr><th>上限</th><th>下限</th></tr>
<tr><td rowspan="2">课题</td><td>假设方差相等</td><td>1.726</td><td>0.196</td><td>−1.189</td><td>43</td><td>0.241</td><td>−6.400</td><td>5.385</td><td>−17.259</td><td>4.459</td></tr>
<tr><td>假设方差不相等</td><td></td><td></td><td>−1.326</td><td>37.375</td><td>0.193</td><td>−6.400</td><td>4.827</td><td>−16.177</td><td>3.377</td></tr>
</table>

续表 9

类别		方差齐性检验		均值相等 T 检验						
		F 值	显著性	t 值	自由度	显著性（双尾）	平均值方差	标准值方差	差值的 95% 置信空间	
									上限	下限
定义	假设方差相等	1.222	0.275	1.262	43	0.214	2.833	2.246	−1.695	7.362
	假设方差不相等			1.018	17.407	0.322	2.833	2.782	−3.026	8.693
方法	假设方差相等	9.591	0.003	4.303	43	0.000	8.967	2.084	4.764	13.169
	假设方差不相等			3.579	18.403	0.002	8.967	2.505	3.712	14.221
结果	假设方差相等	0.387	0.537	1.223	43	0.228	8.233	6.733	−5.344	21.811
	假设方差不相等			1.372	37.863	0.178	8.233	6.001	−3.917	20.383
观点	假设方差相等	0.256	0.616	0.532	43	0.598	2.633	4.951	−7.351	12.618
	假设方差不相等			0.677	42.253	0.502	2.633	3.891	−5.217	10.484

以上两个表格展现了学生撰写的与已发表的文章中引用在语义内容上的使用情况。从表 8 中我们可以看出，已发表的文章在语义内容上，研究课题引用（32.9%）和结果引用（33.2%）最常使用，方法引用（16.0%）和观点引用（11.8%）仅次于这两种，定义引用（6.1%）使用得最少。在学生所写的文章中，有关研究课题的引用以多于 50%的比例使

用得最多，紧接着的是 29.1%的研究结果引用，但与研究课题引用使用的比例相距甚远。学生语料中，使用最多的这两种语义内容与已发表的论文分析结果一样。有关定义、方法和观点的引用在学生的论文中极少使用。但是，独立样本的测试结果显示，两种语料在引用上的最大区别在于有关方法的引用($p=0.002<0.05$)，因为其他四类的 Sig. 值明显高于 0.05($p=0.241, 0.214, 0.228, 0.598>0.05$)。这就是说，在学生的论文中，除了方法引用使用得较少外，其他的 4 项与已发表文章中出现的差不多，只是比例不一样。

结合两种语料中方法引用的标准频率，学生的论文中使用的方法引用明显少于已发表的论文。通过对学生学术论文的进一步研究，我们发现有些情况下，选自其他研究论文中的引用并没有用序号明显标注出来以说明这些并不是写作者本人所创造的，如：

(10) The electrochemical Seebeck Effect was first demonstrated over 100 years ago. For a hypothetical redox system B $\Leftrightarrow$ ne－＋A, the Seebeck coefficient, S, can be expressed as $S=\frac{\partial V}{\partial T}=\frac{\Delta S_{BA}}{nf}$.

句(10)中，该研究对所使用的方程并没有进行详细解释，这意味着这个方程并不是由写作者所提出的。但是，这个方程也没有用序号标注出来是引用的，这可能导致读者误解成这个方程就是写作者本人的(刘伟伟，2010)。这种没有标注引用的不当行为，一方面可能导致学生论文中方法类的引用数量减少，另一方面，如果有太多引用没有标注，可能导致抄袭的嫌疑。因此，有必要提高学生正确使用引用的意识，通过学术写作的指导，使他们对引用使用的标准有个完整的认识。

研究型论文被称为与同一研究领域研究人员对话的一种重要方式，它们在争取特定学术团体的认可中也很关键。一篇成功的学术论文中，研究方法的选择决定了研究发现的说服力度(Kwan et al.，2014)。因此，经验丰富的研究人员倾向于在他们的研究中采用广泛认可的研究方法，并且以引用的形式显示出来，从而能够借助其他研究人员的观点，说服更多的读者接受他们的研究发现。本研究中发现的学生论文中方法类引用的不足，有可能降低其研究的说服力度。因此，在学术论文写作课程中，教师需要将重点放在方法类引用的指导上。

五种语义内容的分布也同样值得引起关注。如上所述，在已发表的论文中，有关研究结果的引用使用得最多，随后依次为研究课题、方法和观点引用，定义引用使用得最少。但是，在学生的研究型论文中，有一半以上的引用都与课题相关，明显多于使用频率居于第二的研究结果引用，这两种类别的引用比例将近达到 80%。换句话说，已发表论文的写作者能够使用不同语义内容的引用来为他们的论点辩护，以增强他们文章的说服力，而学生主要使用两种语义内容的引用来支持他们的研究发现。需要指出的是，不同语义内容引用的熟练运用是基于对相关文献的全面了解的，正如已发表论文中所展现的那样。因此，学生论文中研究课题的单独引用可能是由他们对文献来源的认识不足所导致的。换句话说，除了克服引用方法上存在的不足，学生还需要提高对相关文献的理解，以便在理工科学术论文写作中使用更多类型的引用。

3.2.4 两组语料中的引用功能

表 10 五种功能引用的分布情况

类别		指引	构建	归功	支持	规划	总和
学生撰写的研究型论文	标准化频率	1300	65	119	517	0	2001
	比例	65.0%	3.2%	5.9%	25.9%	0%	100%
已发表的研究型论文	标准化频率	350	146	206	534	6	1242
	比例	28.2%	11.8%	16.5%	43.0%	0.5%	100%

表 11 独立测试样本中五种功能引用的分布情况统计

<table>
<tr><th colspan="2" rowspan="3">类别</th><th colspan="2">方差齐性检验</th><th colspan="7">均值相等 T 检验</th></tr>
<tr><th rowspan="2">F 值</th><th rowspan="2">显著性</th><th rowspan="2">t 值</th><th rowspan="2">自由度</th><th rowspan="2">显著性（双尾）</th><th rowspan="2">平均值方差</th><th rowspan="2">标准值方差</th><th colspan="2">差值的 95% 置信空间</th></tr>
<tr><th>上限</th><th>下限</th></tr>
<tr><td rowspan="2">指引</td><td>假设方差相等</td><td>3.894</td><td>0.055</td><td>−2.069</td><td>43</td><td>0.045</td><td>−19.833</td><td>9.588</td><td>−39.169</td><td>−0.498</td></tr>
<tr><td>假设方差不相等</td><td></td><td></td><td>−2.664</td><td>41.550</td><td>0.011</td><td>−19.833</td><td>7.446</td><td>−34.865</td><td>−4.801</td></tr>
<tr><td rowspan="2">构建</td><td>假设方差相等</td><td>2.155</td><td>0.149</td><td>5.104</td><td>43</td><td>0.000</td><td>7.567</td><td>1.483</td><td>4.577</td><td>10.556</td></tr>
<tr><td>假设方差不相等</td><td></td><td></td><td>4.463</td><td>20.349</td><td>0.000</td><td>7.567</td><td>1.695</td><td>4.034</td><td>11.099</td></tr>
</table>

续表 11

类别		方差齐性检验		均值相等 T 检验						
		F 值	显著性	t 值	自由度	显著性（双尾）	平均值方差	标准值方差	差值的 95% 置信空间	
									上限	下限
归功	假设方差相等	8.984	0.005	3.353	43	0.002	9.733	2.903	3.879	15.587
	假设方差不相等			2.513	15.417	0.024	9.733	3.874	1.496	17.971
支持	假设方差相等	0.045	0.834	3.775	43	0.000	18.300	4.847	8.525	28.075
	假设方差不相等			3.859	29.803	0.001	18.300	4.742	8.613	27.987
规划	假设方差相等	12.612	0.001	1.707	43	0.095	0.400	0.234	−0.072	0.872
	假设方差不相等			1.193	14.000	0.253	0.400	0.335	−0.319	1.119

在功能方面，表 10 展示了学生的论文与已发表的论文中五种不同功能引用的分布情况。我们可以得出结论，指引和提供支持的引用在这两种语料中使用得最多，且具有规划功能的引用在这两种语料中使用得最少。每种功能的引用在比例上存在差别。已发表的论文中，提供支持的引用使用的频率最高，达到 43%；具有规划功能的引用使用得最少，只有 0.5%；另外，指引、归功和构建功能的引用在已发表的文章中都有作为说服策略而使用。在学生的学术论文中，超过一半的引用都是指引类的，如引导读者参阅原始文献。在其他四种功能的引用中，有三种都是极少甚至不使用的，归功功能的引用只达到 5.9%，构建功能的引用达到 3.2%，而规划类引用一个都没有。根据表 11 所示的独立样本的测试结果，学生的论文与已发表的论文在指引、构建、归功和提供支持这四种功

能引用的使用上存在显著差别($p=0.045, 0.000, 0.002, 0.000<0.05$)。在这两种语料中,只有规划类的引用使用情况相似,两者都很少使用。

关于引用功能的定量分析结果显示,学生的论文与已发表的论文在指引、构建、归功和提供支持这四种功能引用的使用上存在显著差异。通过参考不同功能引用的标准频率和百分比,我们可以得出一个更具体的结论:学生很少使用构建、归功和提供支持的引用,而比较多地使用指引类引用,几乎有三分之二的引用都发挥指引的功能。因为指引类引用能够轻易地指明读者查阅所引用信息的来源,所以对学生学术写作来说,使用相对容易一些(Petric,2007)。但是在已发表的文章中,指引类引用排在提供支持的引用之后。并没有像学生论文中指引功能的引用独占鳌头的现象,而是将四种功能的引用都结合起来使用了。换句话说,已发表论文中的引用不仅仅是用来维护研究课题、支持写作者观点、指明读者查阅最初文献的,而且能够以一个新的研究突破口建构写作者自身的立场,表示出其对先前研究者的尊敬以及避免承担失误可能带来的责任。

此外,学生撰写的与已发表的论文在规划类引用上并不存在明显差异。两种语料中规划功能引用的标准频率表明,学生和已公开发表论文的写作者都很少使用这种功能的引用。这可能是由学术论文在为深入研究提供建议部分的学术规范所造成的,因为一般都会鼓励写作者基于他们自己的研究经验提供一些创新性的观点,所以导致了这一部分的引用很少。本研究的研究语料有限,也有可能导致规划的引用极少。

Mansourizadeh 等(2011)也进行了有关不同功能引用的研究。通过对比分析化学化工领域的专家和新手作家所写的 14 篇研究型论文中引用的使用情况,他们发现,新手作家文章中的大多数引用都是用来指明所引用文献来源的,与本研究中指引功能的引用相似。而经验丰富的写作者则倾向于使用不同功能的引用来为他们自身的论点辩护。在本研究中,我们可以在学生的论文和已发表的论文中找到相似作用的引用,如以下两个示例:

(11) Earlier application of GAs in the irrigation was centered on the irrigation regime and scheduling, the rotation irrigation channel distribution, or the pipe work layout. Jose Fernando et al.[6] set up an irrigation scheduling model which gained the optimum irrigation water volume of different crops using binary encoding genetic algorithms. Songbai Song et al.[7] discussed the space-time canal discharge distribution of the rotation irrigation with GAs and found it returned better results than conventional model. Rongmin Zhou et al.[8] demonstrated that the optimization of the tree pipe network layout through single parent genetic algorithm (SPGA) was effective

with quick convergence.

(12) In this work, the BPA pre-polymerization system has been characterized by physical and theoretical means. Pre-polymerization systems have been simulated using molecular dynamics simulations[16], which have previously been used to probe causes of MIP binding site heterogeneity[17] and to correlate pre-polymerization properties with memory effects in the polymer subsequently created[18].

以上两个示例分别选自学生撰写的和已发表的论文。从句(11)中学生所采用的引用来看,我们可以发现,这三个引用是用来介绍先前有关遗传算法三个不同方面的研究的。读者可以通过深入阅读,从这三个引用中发现这一方面更多的研究成果。因此,这三个引用都具有指引功能。句(12)也以三个引用介绍了 BPA 前聚合系统,但是是以不同的方式。基于引用[17]对前聚合系统模拟操作的初步介绍,另外两个引用通过引用先前的研究来具体介绍这个系统。也就是说,这篇文章除了具有指引功能的引用[17],也采用了提供支持的引用来证明研究方法选择的合理性。另外,在句子结构方面,学生论文中三个引用的关联性不够紧密,三个不同的名字放在每个句中作为主位;而已发表的文章将三个引用综合到一个句子当中,句子结构更为复杂,信息密度也更高。但对于学生来说,因为仍处于英语学术论文写作的提高阶段,将不同功能的引用和信息综合到一个引用当中还是相当有难度的。

除了学术写作上能力有限,闻浩等(2013)也研究了学生的研究型论文中引用使用不当的情况,并提出他们文章中对引用的滥用、误用可能是由于他们对引用缺乏了解而造成的。另外,英语学术写作课程对于引用的指导主要集中在使用不同模式的引用上,很少关注不同语义内容和功能的引用。因此,缺乏对语义内容和引用功能的系统了解,导致学生在学术写作中对引用的使用不当。今后的英语学术论文写作课程需要将引用具有构建、归功和提供支持的功能纳入指导之中。

3.3 运用转述动词说服读者

学术写作中,转述也是各种观点的集合,转述动词在两个方面扮演着重要的角色。一方面,不同类型的转述动词的选择可以包含其他学者的观点以及他们的学术活动;另一方面,不同评价意义及不同时态的转述动词的使用可以解读出写作者们对所转述内容的态度,从而彰显他们自身的立场。因此,在对比学生撰写的与已发表的英语研究型文章中,我们也应该关注不同类型以及不同时态的转述动词的使用,以发现两者在互文性语言形式使用上的差异,最终帮助更多的学生掌握在学术论文中如何正确使用转述动词。

3.3.1 两组语料中的转述动词及其功能

在研究型文章中，我们不仅可以通过引用来增强说服力，也可以通过转述动词的使用来增强说服效度，因为它们可以将所转述的内容和写作者自己的立场结合起来，以显示出写作者是否认可所转述的内容（Hyland，1999）。为了研究这两组语料中转述动词的使用情况，本小节主要对比分析这两组语料中转述动词的6种类型和3种常用时态的分布情况，以及分析造成这种使用特征的潜在原因。

表12 学生论文与已发表论文中转述动词的使用

指示	学生撰写的研究型论文		已发表的研究型论文	
	标准化频率	比例/%	标准化频率	比例/%
研究行为	23.5	67.3	24.6	61.2
认知行为	3.9	11.2	2.7	6.6
话语行为	7.5	21.5	13.0	32.2
总和	34.9	100	40.2	100
评价	学生撰写的研究型论文		已发表的研究型论文	
	标准化频率	比例/%	标准化频率	比例/%
叙实	2.6	7.4	6.5	16.2
反叙实	0	0	0	0
非叙实	32.3	92.6	33.7	83.8
总和	34.9	100	40.2	100

表12展示了对不同转述动词定量分析的结果。从表格中我们可以看出，学生论文与已发表论文在六种类型转述动词的分布上情况相似，都倾向于使用指示范畴下的研究动词和评价意义中的非事实动词，但两者之间也存在差异。与已发表论文中转述动词的使用频率相比，学生论文中转述动词使用的频率相对较低，这表明学生在使用转述动词介绍相关研究成果或观点方面仍有不足之处。从这六种类型转述动词的定量分析结果上来看，我们可以发现，学生在指示类别中，使用的研究和话语动词较多，而认知动词较少；在评价范畴，使用的非事实动词较多，叙实动词较少。

这里需要提到的是，这部分并没有进行独立样本测试，因为转述动词的使用并不是显示写作者对所转述内容立场和态度的唯一方式。一些评价性形容词和写作者对某个观点评价的副词也能够彰显出写作者对所转述内容的立场（陈崇崇，2010）。由于这一部分主要集中于转述动词的立场表达，其他有关立场表达的语言形式并没有被包括在这一研究中。所以，本研究在有关转述动词立场表达这一方面的发现，与其说是学生英语学术写作的一个标准，不如说是一种趋势和建议。

根据 Hyland(1999)所说，学术论文中有关转述动词的分析应该包括指示和评价两个维度。指示范畴可以根据研究活动的类型将转述动词细分为研究、认知和话语动词，评价范畴可以细分为叙实的、反事实的以及非事实的动词。根据以上对转述动词的定量研究我们发现，学生撰写的与已发表的论文对转述动词的主要使用存在相似性，这与现实活动相关。这一发现与自然科学客观的学科特点是相符的，因为这一学科的研究型论文主要与实验的描述、研究过程相关(Paul，2001)。在评价范畴上，三种子类型的转述动词在分布上具有相似性。在两种语料中，非事实性的转述动词占据主要比例，而反事实动词一次都没有使用过。

这些类别的转述动词在比例上存在差异。比如，在指示类别中，学生论文中研究动词的比例高于已发表论文中的比例。研究动词一般会归类到非事实性动词之中，并不隐射任何对所转述内容的态度。这种类别动词的频繁使用显示出学生在确定立场时有所调整。这种假设是根据学生论文中非事实的评价性转述动词的使用频率高于 90%这一数据所提出的，这一数据明显高于已发表文章中非事实动词的使用频率。此外，两种语料中都没有使用反事实动词，与 Hyland(1999)的研究发现一致。Hyland(1999)发现，只有在科学哲学和社会学等轻科学学科领域，反事实动词才被使用。在某种程度上，这些学科的知识是在驳斥其他研究者观点的基础上构建的。这种学科差异也可以用来解释指示范畴中认知动词使用较少的现象，因为自然科学学科一般被视为是科学的，是有关科学实验活动的描述，因此它们的语言表达是客观的(唐青叶，2004)。最后，学生在他们的研究型论文中使用对所转述内容持积极性态度的叙实性动词较少，表明他们的立场并不明确，这可能是因为学生对转述动词的评价意义并不了解，所以并不知道叙实性动词的使用可以增强他们论点的说服力(娄宝翠，2013)。

转述动词的使用，可以明显表达出写作者对所引用内容的态度，这对于一篇具有说服力的学术论文来说十分重要，因为写作者的评价能够影响读者对某个特定论点的可接受程度(Hyland et al.，2012)。因此，学术写作的指导不仅应该培养学生使用转述动词以表明自己研究立场的意识，也应该指导学生认识不同转述动词所具有的评价意义，从而有助于学生理解不同转述动词所表达的立场以及学会如何正确使用转述动词为他们的论点辩护。

3.3.2 学生引用中对过去式的误用

表 13 三种时态转述动词的分布情况

类别	已发表的研究型论文		学生撰写的研究型论文	
	频率	比例/%	频率	比例/%
一般现在时	68	28.1	86	43.2
过去时	105	43.4	90	45.2
现在完成时	69	28.5	23	11.6
总和	242	100	199	100

以上表格呈现了转述动词最常使用的三种时态的分布比例。我们可以很明显地看出，在已发表的论文中，过去时的转述动词使用最多(43.4%)，一般现在时和现在完成时的使用频率非常接近(一般现在时使用比例为 28.1%，现在完成时使用比例为 28.5%)。然而，在学生论文所转述的内容中，一般现在时和过去时的使用比例加起来将近 90%，一般现在时的使用比例明显高于已发表的论文。总体上来说，学生在他们的文章中使用一般现在时和过去时较多，使用现在完成时较少。

学术写作中，不同时态转述动词的选择不仅由语法规则显示出来，也由写作者在这些时态中的立场显示出来。比如，在对不同时态转述动词的研究中，我们发现已发表论文中的句(13)和学生撰写论文中的句(14)，如下所示：

(13) However, recent studies dealing with complex systems, including this work, show that a low friction coefficient and a good wear protection are not simply correlated[6,8,44].

(14) The previous works[8,9] indicate that HCPEB provides an effective technique to optimize material performance.

这两个例子在描述先前研究时都使用了一般现在时，这与英语语言使用上的语法规则不符。这是因为转述动词的时态也与不同的态度相融合，以表明写作者对所转述内容的立场(Swales,1990)。从以上两个例子对一般现在时的使用我们可以推断出，写作者对所转述的研究持积极态度，并且认为这些研究发现适用于现在及将来所有的情况，因为一般现在时表明了普遍性和主观性，并没有时间限制(Oster,1981;陈崇崇,2010)。另外，现在完成时也显示出了写作者对所转述内容的积极态度，因为现在完成时体现了写作者与所转述作品之间的暂时亲密的关系，暗示作者认为目前为止所转述的内容是真实的。但是，过去时的使用在时间维度上造成了写作者与所转述内容之间的距离，因此也表明了写作者的消极立场，因为这些转述内容并不适用于现在的情况(Swales，1990)。

根据以上定量分析的结果我们可以得出结论：已发表的文章与学生撰写的文章中使用过去时的比例相当接近，但学生使用的一般现在时相对较多，使用的现在完成时相对较少。正如以上所指出的，不同时态的使用可以用作写作者构建自身立场的一种修辞策略，也可以用来说服读者接受写作者的研究发现。因此，学生应该掌握不同时态转述动词的正确用法，这应该包含在英语学术写作课程的指导中。这一定量分析的结果与陈崇崇(2010)的研究发现不同。陈崇崇(2010)发现，一般现在时使用的频率最高，其次相继为过去时和现在完成时。陈崇崇(2010)的研究基于应用语言学的研究型论文，而本研究中调查的是理工科的学术论文，从而导致研究发现存在分歧。

除了三种时态转述动词的分布情况，我们还可以发现学生论文中一些不同时态的特定用法，这些在定量分析中并不能显示出来。

(15) Since 1970s, some valuable results have been attained in the research of low-specific speed centrifugal pumps with splitter blades in China. Wang[2] presented a study on a centrifugal pump whose specific speed is 36… Zhou[3] revealed that the head of the pump was significantly increased when the distributional diameter of short blades was between 65% and 75% of the impeller outlet diameter. Yuan[4] conducted tests by L9 (34) orthogonal table to study the influence of splitter blade geometric parameters and its layout mode on the performance of low-specific speed centrifugal pump, and obtained consistent results with theoretical analysis.

(16) Also, no significant synergistic lubrication between free HA and LUB has been observed in the model systems[8,25] … A study conducted with chemically grafted and cross-linked HA layers on model mica surfaces asserted the importance of immobilizing HA, which provided excellent wear protection up to a pressure of ~2 MPa[6,7]. In real joints, where there is no chemical grafting, a mechanism has been proposed where HA could be mechanically trapped inside the constricted pores of the cartilage and become immobilized for effective wear protection[3]. A recent study showed that immobilized HA layers on model mica surfaces act synergistically with lubricin, giving both excellent wear protection and a low friction coefficient due to the formation of a gel layer induced by a strong interaction between LUB and HA[8].

句(15)选自学生所撰写的论文。从“valuable results”这个短语中我们可以推断出，这篇文章中所转述的作品是为了证明这一研究课题是个热点话题，该领域中有许多相关的研究。因此，作者通过使用一般现在时和现在完成时对这些转述作品持积极的态度。但是，这里所转述的研究都是使用的一般过去时。换句话说，学生并不熟悉过去时所蕴含的评价意义或潜在立场，只是单纯地用其来介绍先前所进行的各项研究。

然而，在已发表的论文中，转述动词的选择基于它们的评价意义以及写作者想要在转述表达中坚持的立场。例如，在(16)这个片段中，呈现一个话题相关成果的普遍性或研究发现时，使用的是现在完成时，而在介绍一些次要的、没有深入调查的研究时，使用的是一般过去时。

此外，对两种语料的细致研究也显示出两者在一般现在时使用上的差异。已发表的文章，不仅在介绍特定领域的主要作品时使用一般现在时来表明这些研究发现的普遍性，在描述研究步骤时也使用的一般现在时。但是，学生论文中的一般现在时主要集中于方法论部分使用，用来解释实验及调查的后续结果。这种对一般现在时的局部使用现象也显示出学生并不完全了解不同时态的评价意义。因此，学生有必要首先充实对时态评价意义这一方面的了解，然后通过不断的练习提高对不同评价意义时态的使用，从而使转述中所选用的时态能够与自身想要表达的立场相符。

4 结论

4.1 关于引用的研究发现

首先，根据独立样本的测试结果，学生的论文与已发表的论文在引用密度上不存在明显差异，表明了学生引用意识的增强，以及通过引用来构建观点的能力的提高。由于英语学术写作课程的广泛开展，许多学生已经提高了引用意识，能够通过引用来论证自己的观点。

其次，在模式方面，与已发表的论文相比，学生的论文中使用的融入式引用较多，使用的非融入式引用较少。两种模式之间的差异在于，融入式引用更关注所引用的作者及其权威性的观点，一个引用中包含的信息相对较少，而非融入式引用将更多的重点放在信息上，浓缩了更多相关的研究作品，需要更多的专业知识和更高的英语写作水平。因此，学生的论文中非融入式引用使用较少可能是由于学生对学科知识了解不全面以及对融入式引用中权威性观点的依赖性所造成的。

再次，在语义内容上，最显著的区别体现在方法类引用的使用上。这是因为一些学生采用其他研究者的方法或模式，但并没有明显标记出为引用，从而导致方法引用的使用频率最低，产生抄袭的嫌疑。另外，五种语义内容的分布情况显示出，已发表的论文将不同的语义内容如研究课题、研究发现和观点结合在一起，而学生的论文中最主要使用的是研究课题这一种类的引用。由于对不同语义内容的熟练运用是基于全面理解文献的，所以学生论文中方法、定义和观点的引用相对较少，这可能是由他们对学术论文中所引用的相关研究作品并不完全熟悉所造成的。因此，今后除了要在英语学术写作中指导不同语义内容引用的使用，学生自己还需要在学术阅读理解上花更多的精力。

最后，在功能方面，学生热衷于使用指引类的引用，导致他们论文中其他功能的引用使用频率较低。与其他功能的引用相比，指引类的引用使用更简单，能够帮助指引读者找到所引用内容的信息来源，它的使用频率较高。另外，英语学术写作的指导主要集中于培养引用使用的意识，很少解释引用的不同功能以及其各自的不同用法。两种语料之间的明显区别体现在其他四种功能的引用上。在规划类的引用上，两者存在相似性，都很少使用这种功能的引用。这也许是因为学术写作规范性的制约，在深入研究部分，需要有创新性的想法。

4.2 有关转述动词的研究发现

在指示类别中，已发表的论文和学生撰写的论文中都是研究动词使用最多，认知动词使用最少，这可能是由学科特点造成的，因为理工科与各种不同的实验相关，导致这一学科的研究型文章中都是客观性的描述。

在评价类别中，学生的论文与已发表的论文都主要使用非事实性的动词，均不使用反事实性的转述动词，因为重科学或自然科学很少将他们的研究建立在对其他研究的反驳上。除了这些相似性之外，两者都通过不同转述动词的使用来构建自身的立场。与已发表论文的作者相比，学生对于所转述内容的态度更保守，他们使用更多的非事实性转述动词，而使用的叙实性动词相对较少，体现出写作者模棱两可的立场态度。但是，学生自身以及英语学术写作教学并没有密切关注转述动词的指示性和评价性两个维度，从而导致学生表达不同立场时在转述动词的选择上存在不足。

在时态方面，学生的论文中使用的一般现在时多于已发表的论文，学生使用的现在完成时较少。即使两种语料中使用的过去时频率接近，通过对这些文章的细致研究我们发现，学生的论文中过去时几乎都是在介绍先前研究时使用，尽管所想达到的修辞效果与想要表达的立场之间并不匹配。因此，虽然两者在过去时的使用频率上相似，但学生在不同时态转述动词的使用上仍需加强指导，以期正确表达对所转述内容的立场。

5 结语

研究发现，在引用上，两种语料的引用密度相似，这表明学生已经意识到通过引用将其他研究人员的成果融入到自己的文章中来。另外，学生也了解到与研究课题、定义、研究结果、观点和规划未来相关的引用用法。但是，学生在不同模式、研究方法以及构建、归功、提供支持三种不同功能的引用使用上还存在不足。因此，本研究建议执教英语学术论文写作的教师在指导中可以将重点放在需要提高的相关方面。至于学生已掌握的引用，只要简单介绍即可。对于那些还没有完全掌握的引用，需要向学生详细介绍它们各自不同的用法。

在转述动词方面，学生已经掌握用研究动词来展现不同的研究活动，用认知动词来描述心理活动，以及用话语动词来形容指示类别中的言语活动。但是，在评价范畴中，过度使用非事实性动词而极少使用叙实性动词，显示出学生在对转述动词评价意义的认识上存在不足。因此，教师在英语学术写作中需要加强转述动词评价意义的指导，以帮助学生使用不同评价意义的转述动词来增强他们论点的说服力。

最后，引用和转述动词这两种互文性手段也是不同观点和立场的体现，可以在维护写作者论点以及说服读者时使用。因此，分析不同观点如何融入到融入式引用和非融入式引用中以及讨论如何选择不同转述动词来表达写作者的立场，都能够培养学生使用引用和转述动词来构建立场和观点的意识。

尽管本研究对学生撰写的与已发表的理工科研究型论文中引用和转述动词这两种互文性手段进行了对比分析，但不可避免地还存在些不足。在这项对比研究中，由于学生的英语研究型论文数量有限，为了便于比较，所选择的已发表的论文在数量上也因此受限，导致这一研究获得的研究成果只适用于一个有限的范围。在今后的研究中，我们应该收集更多的研究语料，以确保研究结果适用的广泛性。本研究的研究语料是由五个不同学科的研究型论文组合而成的，学生撰写的与已发表的论文在引用和转述动词使用上的异同点也许是由学科特征差异所造成的。此外，基于这些语料的研究发现所提供的指导只是相对于整体而言的，并不与某个特定学科相关。因此，还可进一步探索特定学科中引用和转述动词的使用规范。在对研究语料进行处理的过程中我们发现，不同语义内容和不同功能的引用与文章的不同部分存在某种联系，如引言、文献综述、方法论、结果与讨论以及结论这些部分。因此，今后还可以深入对比研究学生撰写的与已发表的论文中不同部分引用和转述动词的使用情况。

参考文献

陈崇崇,2010.英语学术论文中转述动词的时态形式及其意义[J].外国语言文学(2):8-91.

黄小平,2014.学术论文与参考文献的互文性研究:以新闻类学术论文为例[J].平顶山学院学报(1):108-116.

刘伟伟,2010.论“引用”修辞方式的语篇功能[D].上海:复旦大学.

李冲,2013.引文分析的本质与学术评价功能的条件性[J].科学学研究,31(8):1121-1127.

娄宝翠,2013.中英大学生学术论文中转述动词及立场表达对比分析[J].山东外语教学,34(2):50-55.

唐青叶,2004.学术语篇中的转述现象[J].外语与外语教学(2):3-6.

闻浩,鲁立,2013.引用矮化:论参考文献的不当引用[J].中国科技期刊研究,24(6):1129-1131.

徐昉,2012.实证类英语学术研究话语中的文献引用特征[J].外国语(上海外国语大学学报),35(6):60-68.

张立茵,2015.中国学习者学术写作中的文献引用问题:基于近十年国内外相关研究成果分析[J].外语与外语教学(5):22-28.

ALLEN G,2000. Intertextuality[M]. London:Routledge.

COHEN J,1960. A coefficient of agreement for nominal scales[J]. Educational and Psychological Measurement,20(1):37-46.

FAIRCLOUGH N, 1992. Discourse and social change[M]. Cambridge: Polity Press.

HARWOOD N, 2009. An interview-based study of the functions of citations in academic writing across two disciplines[J]. Journal of Pragmatics,41(3):497-518.

HYLAND K, 1999. Academic attribution: Citation and the construction of disciplinary knowledge[J]. Applied Linguistics,20(3):341-367.

HYLAND K, 2005. Stance and engagement: A model of interaction in academic discourse[J]. Discourse Studies,7(2):173-191.

HYLAND K, GUINDA C S, 2012. Stance and voice in written academic genres

[M]. London: Palgrave Macmillan.

KANOKSILAPATHAM B, 2005. Rhetorical structure of biochemistry research articles[J]. English for Specific Purposes, 24(3): 269-292.

KWAN B S C, CHAN H, 2014. An investigation of source use in the results and the closing sections of empirical articles in Information Systems: In search of a functional-semantic citation typology for pedagogical purposes[J]. Journal of English for Academic Purposes, 14: 29-47.

MANSOURIZADEH K, AHMAD U K, 2011. Citation practices among non-native expert and novice scientific writers[J]. Journal of English for Academic Purposes, 10(3): 152-161.

OSTER S, 1981. The use of tenses in "reporting past literature" in EST[M]// SELINKER L, TARONE E, ANZELI V. English for academic and technical purposes. Rowley: Newbury House: 76-90.

PAUL T, 2001. A Pedagogically-motivated Corpus-based Examination of PhD Theses: Macrostructure, Citation Practices and Uses of Modal Verbs[D]. Reading: University of Reading.

PETRIC B, 2007. Rhetorical functions of citations in high- and low-rated master's theses[J]. Journal of English for Academic Purposes, 6(3): 238-253.

SWALES J, 1986. Citation analysis and discourse analysis[J]. Applied Linguistics, 7(1): 39-56.

SWALES J M, 1990. Genre analysis: English in academic and research settings[M]. Cambridge: Cambridge University Press.

THOMAS S, HAWES T P, 1994. Reporting verbs in medical journal articles[J]. English for Specific Purposes, 13(2): 129-148.

THOMPSON G, YE Y Y, 1991. Evaluation in the reporting verbs used in academic papers[J]. Applied Linguistics, 12(4): 365-382.

THOMPSON P, TRIBBLE C, 2001. Looking at citations: Using corpora in English for academic purposes[J]. Language Learning & Technology, 5: 91-105.

学生作者英语研究论文中的评价资源使用能力研究

葛　琴　丁　建　钟兰凤

1　引言

英语学术论文的文体是英语语言学学者、学术英语教师关注的焦点，也备受努力用英语呈现实验和研究结果的研究人员的关注。学术论文，尤其是科学类文章，偏好或要求使用“客观”表达，避免使用显示作者主观倾向的表达。然而，作者需要批判性回顾以往的研究文献，评论其贡献，这势必又带有主观色彩。从这个角度来看，学术论文作者需要同时保持客观和批判性，这似乎自相矛盾。解决这个问题的方法是达到客观性与“我们如何在与知识的互动中定位自己”之间的平衡（Hood，2010）[1]。达到平衡的关键涉及评价性语言的使用。但如何在学术英语实践上实现这个平衡不仅成了学术话语研究的重点，也给学术新手，尤其是学生作者的学术论文创作带来了极大的挑战。

本文以评价性语言研究为基础，改编了 Hunston（1989）和 Martin（2000）关于评价性语言分析的框架，分析学生作者和公开发表者英语研究型文章中使用的评价性语言，探讨两个群体在研究型文章中使用评价性语言的特征，为学术英语教学提供指导，以期帮助学生作者如何在学术论文写作中既达到客观性，又不失立场，即找到客观与主观的平衡。

2　理论框架

本文中借鉴的评价性语言分析框架主要来自 Martin（2000）的评价理论和 Hunston（1989）关于评价性语言的分析框架，前者的理论比较具有普适性，是基于各种语篇类型搭建起来的，后者是专门基于科学研究话语搭建起来的。以下将逐一介绍。

2.1　Martin 的评价理论

评价理论是系统功能语言学派在对人际意义的研究中发展起来的词汇语法框架，它考察的是语篇中所协商的各种态度、所涉及的情感强度，以及作者阐明价值并联盟读者的各种手段(Martin et al.,2005)[23]。评价理论关注那些使说话人及其所说的话的关系发生变化的手段，这些手段使语篇的人际关系随之发生变化(李战子,2002)[282]。Martin 等(2005)在《英语语言的评价：评价理论》一书中对评价性语言资源进行了系统的描述与分类，从态度(attitude)、介入(engagement)和级差(graduation)三个轴向来分析评价，解读作者或说话者在语言中如何表达自己 (Martin et al.,2005)[2]。

为了能够对评价语言进行细致深入的分析，本研究暂且只关注态度系统。态度系统又被进一步分为三个子系统：情感(affect)、判定(judgement)和鉴别(appreciation)。

情感指的是人们对被评价者的情感感受，可以是积极的，也可以是消极的，例如快乐/悲伤，自信/焦虑。情感可以通过描写、属性、环境、过程和情态状语等元素来实现(Martin et al.,2005)[46]，作者/说话者使用情感评价来与读者/听众分享他/她的感受，并让这种感受感觉起来合理、适当且易于理解。

判定是根据某些既定的原则或准则针对人及其行为进行评价。判定可以进一步分为社会尊重(social esteem)和社会制裁(social sanction)。社会尊重与社会地位和权威相关，包括对能力(capacity)、常态(normality)、和韧性(tenacity)的评判。正面或负面的评价会影响被评价者受尊重的程度。能力是指评判被评价者能够做些什么。常态是基于与正常状态的比较进行的，而韧性是关于被评价者是如何坚决和意志力强的。社会制裁通过道德和法律来评价人们的行为，正确或适当的行为会得到赞扬，错误或违规行为将受到惩罚，包括对真实性(veracity) 和适切性(propriety)的评判，前者与被评价者的真实程度有关，后者与被评价者符合某种规定的程度有关。

鉴别针对实体，与美学相关，包括对客体的反应(reaction)、构成(composition)和价值(valuation)评判。反应指向人的情感反应，评价是否吸引读者/听众；构成需要考虑复杂性和平衡性；价值是指评判在其领域内的社会价值。不同领域建立不同的价值评价标准，就像视觉艺术的社会价值在政治领域内没有广泛实用性一样 (李战子,2002)[293]。

2.2 Hunston 的评价理论

Hunston (1989)按照功能将评价性语言资源分为三个子类别：状态、价值和关联。状态指的是作者对于命题在确定性和承诺方面的态度，这种态度可以为作者和潜在读者之间创造协商空间，还能激发读者对后面的预测。价值是指为了达到一定的目的，根据合理性、一致性、有益性等评价依据，对价值进行正面或负面的评判。价值可以看作是对读者理解行为意义的指导。关联是指命题与前后信息之间的关系，关联经常作为前面信息的总结或开启引入新的信息，突出后面信息的重要性，有益于话语的连贯和展开。

Martin 和 Hunston 的评价理论有耦合之处。状态与真实性有共同之处，都与命题的确定性和作者的承诺有关。价值都关注被评价对象是否值得的问题。但 Martin 的评价理论中没有涉及帮助组织话语、有助于话语连贯的评价性资源，即 Hunston 提出的关联性评价资源。

因此，本研究整合、修改了以上介绍的两个评价理论框架，将必要性评价与适切性评价分开，将 Hunston 的关联性评价收录进分析框架。分析框架可视化为图 1：

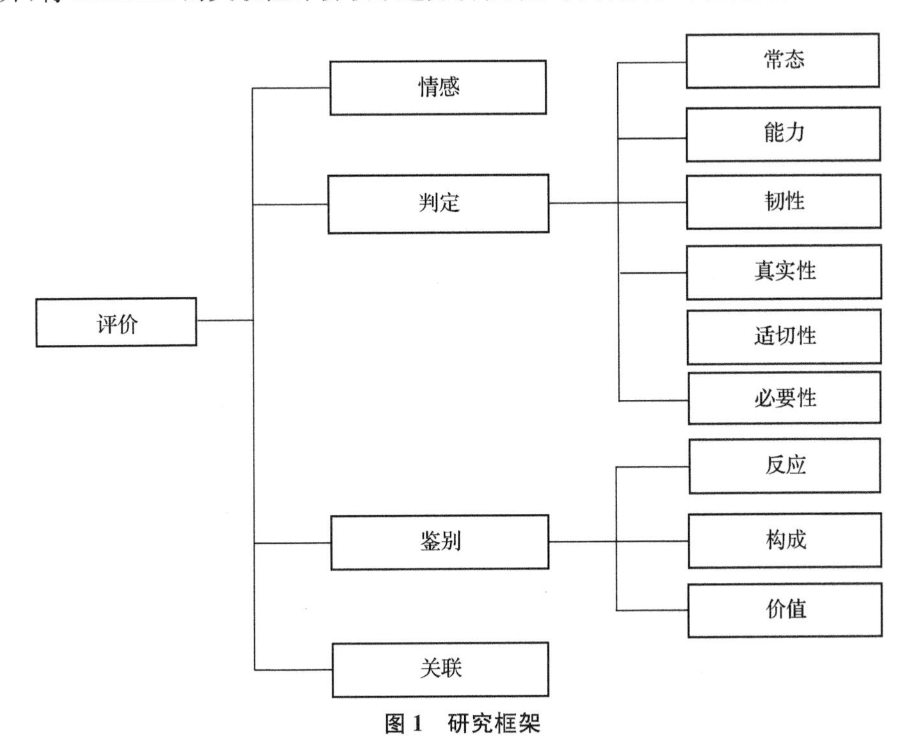

图 1　研究框架

3　研究设计

3.1　研究问题

评价是表达作者态度和感觉的非常重要的方式。应对写作英语学术文章和教授学术英语的挑战，本研究旨在探讨如何在科学文章中应用评价性语言资源，以提高学生作者表达态度和建构立场的能力。具体探究以下两个问题：

(1) 学生作者和公开发表者在情感，判定，鉴别和关联的使用上有何特征？

(2) 学生作者和公开发表者在论文各部分中对评价的使用有何特征？

3.2 语料描述

本研究分析的语料由两部分组成：14 篇学生作者论文（总字数为 31,426）和 14 篇发表作者论文（总字数为 30,239）。前者收集的 14 篇学术论文，均是某高校提交给国际学术会议“三国三校国际联合学术研讨会”（具体介绍见致谢）的会议论文，均由中国学生撰写。由于该高校是理工科特色学校，参会的学术论文较少涉及人文社科，14 篇论文均是理工科学术论文，涉及化学、材料、环境、食品、生物工程和机械五个学科。大多数学生是第一次撰写英语学术论文，能在一定程度上体现我国学生作者的学术英语水平。

为了提高参照语料，即发表作者语料的可比性，发表作者的语料精心挑选，尽量在论文的篇幅、学科和选题与学生作者语料中的论文一致；两组语料在论文结构与数量上完全一致。此外，发表作者的文章精心挑选自本学科领域的核心期刊，且核对作者的身份，以英语为母语的作者所写的文章为主。这些作者被认为是公开发表学术论文的专家，不仅其学术研究水平高，其撰写的英语学术论文也是学术新生，尤其是学生作者模仿的对象，能在很大程度上体现学术英语实践现状及使用规范。

3.3 研究步骤

3.3.1 识别和评价识别

将材料文档格式从 PDF 转换成 TXT，识别评价的类型，用尖括号中的标签标记。使用的标签与框架中呈现的评价类型一致，例如＜情感＞，＜判定＞，＜鉴别＞，＜关联＞等。

3.3.2 评价识别的验证

手动识别和标记的主观性将降低研究结果的可靠性。本研究采用两人标识，计算一致性的办法来解决这个问题，本研究的第一作者为评价人 A 和同一研究领域的研究生为评价人 B。评价人 B 接受过评价理论的系统培训，具备有效识别和编码评价的能力。此外，Cohen (1960)提出的一致性系数（coefficient of agreement）被用来衡量两人标识之间的信度和一致性程度，该系数也被用于实证研究（Kanoksilapatham，2005）。计算一致性系数的公式为 $k=P_0-P_c/1-P_c$，其中 P_0 是两个评价人一致的比例，P_c 是两个评价人一致的预测比例。预期的一致性 P_c 通过以下公式计算：A 识别某一类别评价的真实比例乘以 B 对同一类评价识别的实际比例。Cohen 的 k 值在 0 到 1 之间，k 值的解释如下：

小于 0.4=差,0.4～0.59=一般,0.6～0.74=好,大于 0.75=优(Orwin,1994)。

在识别并仔细检查由两个评价人标记的评价标签之后,分别从 A 和 B 标注的语料库中收集各类别的频率,以及 A 与 B 标注一致的情况下各类别出现的频率,然后,根据表 1 中所示的比例计算每个类别的比例 P_0 和 P_c。

表 1　一致性比例及各自比例

类别	评价人 A												
	E	1	2	3	4	5	6	7	8	9	10	11	P_{iB}
评价人B	1	0											0.00
	2		0.00										0.05
	3			0.02									0.13
	4				0.01								0.08
	5					0.04							0.19
	6						0.03						0.17
	7							0.00					0.00
	8								0				0.00
	9									0.00			0.05
	10										0.02		0.14
	11											0.03	0.18
	P_{iA}	0	0.06	0.12	0.07	0.20	0.17	0.01	0	0.06	0.14	0.18	

注:E=评价,1=情感,2=常态,3=能力,4=韧性,5=真实性,6=适切性,7=必要性,8=反应,9=构成,10=价值,11=关联

评价人 A 和 B 同意的比例 $P_0=\sum P_{oi}(i=1,2,3,\cdots,11)=0.96$,预期的一致性比例 $P_c=\sum P_{iA}\times\sum P_{iB}(i=1,2,3,\cdots,11)=0.14$。一致性系数 k 值计算为 0.95,远大于最小值 0.75,表明一致性程度处于良好水平,证明两人的评价识别是一致的,在本研究中有效,因此,基于此识别的结果和讨论是可靠、合理的。此外,评价人再次理解材料,讨论并统一有争议的标识。

3.4　数据处理

本研究采用语料处理软件 AntConc 3.2.2 分析语料,计算不同类别的评价资源的数

量，并同时显示相同类别的评价结果窗口，为文件查看提供方便，并能将评价定位在其原文本。此外，本研究采用 Excel 管理和批量处理、统计信息，采用 SPSS 19.0 做显著性检验。

4 结果与讨论

4.1 两组语料中的评价资源

表 2 显示，判定、鉴别和关联是公开发表者和学生作者研究性文章中主要的评价语言资源，情感类评价语言只出现在公开发表者的语料中，只有 6 处情感表达。学生作者总共使用 3998 例评价性语言，公开发表者则是 4554 例，独立样本检验发现，*P* 值为 0.049，小于 0.05，表明学生作者与公开发表者在使用评价语言资源的总量上存在显著性差异，学生作者使用的评价总量远远少于公开发表者。

表 2 还显示，学生作者与公开发表者在情感与鉴别两个评价类别上没有显著差异，P 值分别为 0.189 和 0.470，均大于 0.05。但二者在判定和关联两个评价类别上存在显著性差异，*P* 值分别为 0.041 和 0.000，均小于 0.05，学生作者使用的判定与关联评价也远远少于公开发表者。

表 2 学生作者和公开发表者语料中的评价资源

类别	情感	判定	鉴别	关联	总计
学生作者	0/0%	2459/61.66%	899/22.54%	630/15.80%	3988/100%
公开发表者	6/0.13%	2845/62.47%	836/18.36%	867/19.04%	4554/100%
显著性(Sig.)	0.189	0.041	0.470	0.000	0.049

为了更深入的了解学生作者与发表作者使用评价资源的特征，以下将结合具体的实例和数据对每类评价资源进行分析。

4.1.1 情感评价

情感关注作者对一个实体或一个命题的否定或积极的感受，这通常通过明显的表达情感的主观词语来传达。由于科学研究文章的客观特征被广泛提倡，公开发表者和学生作者在构建文章的思想时都保持客观性，避免直接表达情感，因此，他们很少使用情感态度。具体来说，情感的原始频率表明，在学生作者的文章中没有发现情感，在公开发表者的文章中只发现了 3 种情感表达，如以下三个例子中的斜体部分：两个使用“有趣的”一词，一个使用传递情感的“期望”一词。

(1) *Interestingly*, the optimum composition is almost the typical 1 : 4 : 20 (template/functional monomer/cross-linker) prepolymerization ratio described in the literature for MIP syntheses.

(2) Since we have already shown that the activity of Fe-based catalysts for oxygen reduction in an acid medium increases with their nitrogen surface content, it was *interesting* to see if this correlation also holds for ORR reduction by Co-based catalysts.

(3) As *expected*, FA is detected by the anti-FA antibody in D381C-AF532-PEG-FA, while no bands are observed in D381C-AF532-PEG or D381C-AF532.

例(1)和(2)中的“有趣的”表示作者对实验结果和过程的积极影响，例(3)使用“期望”传递作者的情绪信息，对比研究结果与原始的期望，这可以使潜在读者产生与作者类似的感觉，并增强他们之间的情感交流。

Reeves(2005)[99] 认为学术论文是“构成科学集体价值和运作的产物”，这表明学术写作是客观地展示观察结果和讨论的过程，回避了个人主观情绪的介入。在这方面，学生作者和公开发表者之间没有区别，表明学生作者已意识到情感类评价资源在学术论文写作中需要规避，尽量避免使用主观性极强的情感表达来标识态度和立场。

4.1.2 判定评价

本研究中，判定分为六个子类，即常态、能力、韧性、真实性、适切性和必要性，它们所占比例不同。表 3 表明，能力、真实性和适切性的判定比其他三类多，是公开发表者和学生作者主要使用的评价。

表 3 学生作者与公开发表者语料中的判定资源

类别	常态	能力	韧性	真实性	适切性	必要性	总和
学生作者	220/8.95%	598/24.32%	130/5.29%	830/33.75%	636/25.86%	45/1.83%	2459/100%
公开发表者	262/9.21%	525/18.45%	384/13.50%	871/30.62%	766/26.92%	37/1.30%	2845/100%

虽然表 3 显示了学生作者和公开发表者在判定资源使用的总数上存在显著差异，但仍然不能确定他们之间在六个子类别中是否存在显著差异。表 4 显示了 95%可靠区间中每个判定子类的独立样本检验的结果。当方差齐性检验的显著性值大于 0.05，表明方差相等，与其相对应的显著性(双尾)值具有参考价值；当方差齐性检验值小于 0.05，表明

方差不相等，与其相对应的显著性（双尾）值具有参考价值。

表 4 判定资源独立样本检测

类别		方差齐性检验		均值相等的 T 检验		
		F 值	显著性	*t* 值	自由度	显著性（双尾）
常态	假设方差相等	1.011	.324	.948	26	.352
	假设方差不相等			.948	18.636	.355
能力	假设方差相等	4.665	.040	—.844	26	.406
	假设方差不相等			—.844	20.080	.409
韧性	假设方差相等	4.456	.045	7.905	26	.000
	假设方差不相等			7.905	18.607	.000
真实性	假设方差相等	.356	.556	.702	26	.489
	假设方差不相等			.702	25.716	.489
适切性	假设方差相等	1.561	.223	2.719	26	.012
	假设方差不相等			2.719	23.894	.012
必要性	假设方差相等	2.972	.097	—.416	26	.681
	假设方差不相等			—.416	17.802	.682

表 4 表明，在使用韧性和适切性方面，学生作者和公开发表者之间存在显著性差异，p 值分别计算为 0.000 和 0.012，均小于 0.05，说明学生作者在韧性和适切性判定资源的使用上远远少于公开发表作者；但二者在常态、能力、真实性和必要性判断资源的使用上不存在显著性差异，p 值分别为 0.352，0.409，0.489，0.681，均大于 0.05，这表明学生作者在这四类判定资源的使用状态上接近公开发表者。因此，学生作者在提高科学研究文章中韧性和适切性的判定表达上还有很长的路要走。

总之，科学研究文章中的判定资源主要涉及能力、真实性和适切性，而涉及韧性、常态和必要性的判定很少。所使用的判定种类取决于不同的话语类型。科学研究文章强调研究可以做什么，研究如何才能适切，以及作者对命题的确定程度。这并不意味着其他类型的判定不重要，相反它们也可以帮助作者传达其他态度，比如研究的必要性或研究过程，以及作者如何努力进行实验。在六种判定中，学生作者使用韧性和适切性的能力很弱，表明学生作者在这些方面有待加强。

4.1.3 鉴别评价

鉴别被认为是对情感反应的态度、对研究实验对象或过程的构成的态度、以及对作者的研究对其所属科学领域的学术团体的意义或有用性或价值的评价。在这三个子类别中，学生作者和公开发表者表现出一致的倾向，从高到低均是价值、构成、和反应，都偏向使用对构成和价值的鉴别，而不是情感反应（如表 5 所示）。因此，科研论文作者在表达鉴别时，比较少用个人的情感反应，多采用构成和价值的语言资源。反应是公开发表者和学生作者都最少使用的，总数较少，因此，卡方检验只检验了构成和价值，以探究他们在使用这两个子类别方面是否存在差异。

表 5　学生作者与公开发表者语料中的鉴别资源

类别	构成	价值	反应	合计
学生作者	170/18.91%	718/79.87%	11/1.22%	899/100%
公开发表者	279/33.37%	554/66.27%	3/0.36%	836/100%

表 6 显示，0 个单元格的期望计数小于 5，并且最小预期计数是 217.33，大于 1，这意味着表的第一行可以确定学生作者和公开发表者使用构成和价值鉴别资源是否存在差异。皮尔森卡方的值为 45.895，自由度是 1，p 值是 0.000，小于 0.01，表明学生作者和公开发表者对鉴别子类价值与构成的使用方面存在极其显著性差异。结合表 5 的数据，学生作者使用了 170 个构成资源，公开发表者使用了 279 个构成资源，表明公开发表者比学生作者使用更多的构成资源，说明学生作者对命题的平衡或复杂性进行的鉴别不足（比如研究产品或过程）。然而，在价值资源的使用上则相反，学生作者使用了 718 个价值

表 6　学生作者与公开发表者使用的构成和价值资源数据检验

类别	值	自由度	渐进显著性（双侧）	精确显著性（双侧）	精确显著性（单侧）
皮尔森卡方	45.895[a]	1	.000		
连续性校正[b]	45.154	1	.000		
似然比	46.173	1	.000		
费舍尔精确检验				.000	.000
线性和线性组合	45.868	1	.000		
有效样本数	1721				

注：a. 0 个单元格的期望计数小于 5，最低预期数是 217.33；b. 仅对 2x2 表计算

资源，公开发表者使用了554个价值资源，明显超出了公开发表者，说明学生作者偏好增强读者对研究价值印象的鉴别，这有可能导致学生作者过度使用某种鉴别而忽略使用其他类型的鉴别。

4.1.4 关联评价

关联类语言资源发挥着将信息聚焦在其前后位置的作用，将信息紧密地联系在一起，指引读者把前后讯息很好地衔接起来。关联类语言资源的选择反映了作者对前后讯息的关联程度，体现作者的态度，从这个意义上说，关联类语言资源具有评价的功能。本研究使用SPSS处理学生作者和公开发表作者的关联类语言资源使用数据，提供独立样本检验结果(见表7)。

表7　学生作者和公开发表者文章中使用的关联类资源独立样本检测

类别		方差齐性检验		均值相等T检验						
		F 值	显著性	*t* 值	自由度	显著性(双尾)	平均值方差	标准值方差	差值的95%置信空间	
									上限	下限
关联	假设方差相等	1.233	.277	4.508	26	.000	16.929	3.756	9.209	24.648
	假设方差不相等			4.508	25.306	.000	16.929	3.756	9.199	24.658

表7所示，学生作者和公开发表者使用关联类评价资源的 *P* 值是0.000，小于0.01，这表明两者之间存在极其显著差异。结合表2，学生作者语料中出现了630例关联类评价，公开发表者语料中出现了867例关联类评价，公开发表者比学生作者使用了更多的关联资源，文章组织得跟衔接，突出显示其前后位置提供的信息，引导读者站在作者的立场观察前后讯息的关系。

Hunston(1989)[238] 提出了关联标识(relevance marker)的概念，来评价信息的重要或不重要，并呈现评价的相关性。科学研究文章中，关联指的是讯息如何与所陈述的论点相适应或相关联。在本研究的语料库中，发现了三个主要关联标识语，如下所示。

(4) *This data also shows* that the FA moiety conjugated on the D381C-AF532-PEG-FA nanoparticle enhances its uptake approximately six-fold in KB cells.

(5) *This data further confirms* that attachment of foreign molecules inside and outside the scaffold does not disrupt assembly of nanoparticles.

(6) *Thus* the importance of HA molecular weight to the health and condition of joints can be easily speculated.

例(4)中的关联标识被 Hunston (1989)称为"意指(mean)"类,如 mean, show, indicate, reflect, imply 等词。它通常从带有"根据上述或先前信息"的含义的词语开始,在后面部分呈现重要的信息。斜体部分显示其与前述信息的连接并且突出了"the FA moiety conjugated on the D381C-AF532-PEG-FA nanoparticle"以增强 KB 细胞摄取的重要性。例(5)中的关联标识被 Hunston (1989)称为"断定(conclude)"类,如 conclude, confirm, assure, validate, sustain, deny, disprove 等词。它也是以与前一信息关联的词语开始,如斜体部分。Confirm 一词的选择意味着前面部分描述的数据极大地提高了结果的真实度,因此获得高确定性的结论。例(6)中的关联标识被 Hunston (1989)称为"因此(thus)"类,如 as, therefore, so, thus, hence 等词,体现"作为上述文本的结果"的含义,以揭示前后信息之间的因果关系,表明后者是从前文本得出的结论。例(6)中的"thus"一词不仅起到衔接的功能,还对前者信息进行评价,有益于推测"the importance of HA molecular weight to the health and condition of joints "。

关联类语言资源不仅是语篇衔接与连贯的手段,还是一种传达作者态度的话语策略。它所连接的信息在一定程度上影响着读者的立场。学生作者和公开发表者使用关联类评价资源存在极其显著性差异,远远少于后者,这说明学生作者在学术论文写作中还有待加强关联类语言资源的使用意识。学生作者是学术写作的初学者,他们可能会更多地去关注实验的描述,很少对当前信息进行进一步评价性解释或推断,缺乏有意识的引导读者理解前后呈现的讯息之间的关联。

4.2 学生作者和公开发表者研究型文章各部分中的评价

本研究所考察的语料中的每篇学术论文都由摘要、引言、方法论、结果与讨论和结论五个主体部分组成,每一个部分都是一个独特的语类,具有独特的话语模式。本节将探讨学生作者和公开发表者学术论文中 5 个主体部分中的评价性语言资源使用特征,同时,考察评价性语言资源的使用是否与语类有一定的关联。鉴于文章各组成部分篇幅相差较大,此部分的原始数据进行了标准化处理,即每 10000 词中出现的各类评价数量。

4.2.1 "摘要"中的评价

摘要是学术论文的重要组成部分,篇幅短小,通常具有严格的字数限制,要在简短的篇幅中揭示文章的主要信息。正如 Hyland (2000)[64] 所说,“摘要不仅仅是以一种精确和最有效的方式提供文章的要点,他们选择性地展开全文,强调了构筑文章的重要信息,这样做是为了鼓励读者进一步检测并参与更详细的论述。”这意味着作者需要提出最有价值的内容来吸引读者持续阅读文章的兴趣,评价性语言是与读者协商与互动的重要手段,能很好地吸引读者继续阅读。学生作者和公开发表者在摘要部分都关注这些评价性语言资源的使用。

表 8　两组语料中“摘要”部分的评价资源

类别	情感	常态	能力	韧性	真实性	适切性	必要性	反应	构成	价值	关联	总和
学生作者	0	9/2.90%	94/30.32%	0	56/18.06%	9/2.90%	0	0	0	118/38.06%	24/7.74%	310/99.98%
公开发表者	1/0.32%	43/13.87%	56/18.06%	0	76/24.52%	13/4.19%	13/4.19%	0	13/4.19%	46/14.84%	49/15.81%	310/99.99%

表 8 显示了两类作者在“摘要”部分使用的评价资源,表明公开发表者以更多样化和均衡的方式传达他们的态度。十一类评价资源中,学生作者只使用了其中的 6 类,从高到低依次是:价值(118)、能力(94)、真实性(56)、关联(24)、常态(9)和适切性(9);公开发表者使用了其中 9 类,从高到低依次是:主要使用真实性(76)、能力(56)、关联(49)、价值(46)、常态(43)、适切性(13)、必要性(13)、构成(13)和情感(1)。对学生作者来说,涉及价值、真实性和能力的评价性语言资源相对容易,因为这些语言资源与通用英语的使用方式差异不大,但涉及关联和常态的评价性语言资源的使用方式具有很强的语境依赖性,这对没有经过专门的学术英语使用训练的学生作者来说是有一定困难的。

摘要部分所评价的事件是多种多样的,因为摘要具有特定修辞结构,它由若干话步组成。Dahl(2000)认为摘要主要由以下话步组成:背景、目的、方法、结果和对结果的评论。摘要中使用的评价资源增强了话语语义,如以下示例。

(7) Nanomaterials that are used in therapeutic applications *need* <necessity> a high degree of uniformity and functionality which *can* <veracity> be *difficult* <normality> to attain. (background)

(8) To exploit the outstanding *ability* <capacity> of carbon nanotubes to facilitate…, multi-wall carbon nanotube (MWNT) … were employed to… *for the first time* <valuation>. *This modification strategy ensured* <relevance> a *relatively*

<veracity> high content of MWNTs within the polymer matrix. (purpose and methodology)

(9) The resulting bi-functional nanoparticles remained *intact* <Composition> and *correctly* <Propriety> assembled. (results)

(10) The *normal* <normality> force profile indicated that BSF confines the gHA structure, making it polymer brush-like, *commonly* <normality> considered as an *excellent* <valuation> structure for boundary lubrication. (comments on results)

上述四个例子展示了公开发表者文章摘要中使用的评价资源。在背景部分，作者通过对必要性、真实性和负面评价的常态与读者互动，表达他们的研究是必要的、独特的。在目的和方法方面，能力的积极评价强调了当前研究对象具有的能力，价值的积极评价揭示了研究的方法是创新的、值得注意的。关联的评价将后面信息与前一个关联，使得文本具有连贯性，并且通过对真实性的评价来进一步体现所述方法的优点，以便与读者建立谈判空间。在结果部分，例(9)中的评价实体是从实验产生的材料，具体来说，"intact"这一构成评价显示了结果的特征，而且结果部分使用的适切性评价突出了结果是真实的。例(10)对结果进行评论，积极的常态评价揭示了结果的特征，并且对常态和价值的积极评价告诉读者:结果被广泛接受并且被认为是值得的。因此，评价资源被公开发表者在其文章中广泛使用，不仅不会损害文章的主体性，反而加强了摘要的话语语义，并传达了作者想要读者获得的态度。

4.2.2 "引言"中的评价

"引言"部分提供了研究的背景信息、相关的文献综述，然后向作者自己的研究过渡，引言反映了作者是如何创造研究空间的，它提供读者需要了解的相关信息，更重要的是告知读者研究价值，从而吸引读者对文章的持续关注。

表 9　两组语料中"引言"部分的评价资源

类别	情感	常态	能力	韧性	真实性	适切性
学生作者	0	49/13.67%	45/12.57%	0	52/14.53%	34/9.50%
公开发表者	0	46/13.27%	69/19.88%	5/1.44%	42/12.10%	48/13.83%
类别	**必要性**	**反应**	**构成**	**价值**	**关联**	**总和**
学生作者	13/3.63%	2/0.56%	19/5.31%	86/24.02%	58/16.20%	358/99.99%
公开发表者	8/2.31%	0	36/10.37%	59/17.00%	34/9.80%	347/100%

在“引言”部分，学生作者和公开发表者都使用更多样化的评价子类来表达各种态度（如表9所示）。学生作者使用的评价资源从高到低依次是：价值（86）、关联（58）、真实性（52）、常态（49）、能力（45）、适切性（34）、构成（19）、必要性（13）和反应（2）公开发表者使用的评价资源依次是：能力（69），价值（59）、适切性（48）、常态（46）、真实性（42）、构成（36）、关联（34）、必要性（8）和韧性（5）。这表明学生作者在引言部分更偏向于使用价值、关联、真实性三类评价性语言资源；而公开发表者更偏好使用能力、价值、适切性三类评价性语言资源都在引言部分采用了各种不同的评价资源以表达他们的态度。引言部分由大量信息组成，被评价实体可以是多种多样的。

根据Swales(2004)对引言部分语步的研究，引言部分由三步骤组成，即建立研究领域、建立研究地位和占领生态位。评价性语言资源在引言中起重要作用，帮助作者实现上述话语目的，如下面的例11—13所列。

(11) Functional nanoparticles have *promising* <valuation> *potential* <veracity> for *broad applicability* <capacity>, but many *challenges* <composition> exist in chemically synthesizing materials at such *small sizes* <normality>.

(12) However, despite the huge efforts <tenacity> made, the low power density remains one of the main *obstacles for its further application* <capacity>.

(13) This approach <relevance> enables <capacity> the creation of defined <veracity> and uniform <composition> nanoparticles that are potentially <veracity> applicable <propriety> for drug delivery.

例(11)是引言开始句，其采用价值、真实性和能力的肯定评价，显示出该研究对象是有价值的、有用的，对构成和常态的否定评价揭示了对象的复杂性和专业性，从而建立了研究领域。例(12)对先前研究进行回顾，使用对韧性的肯定评价来显示前人研究所做出的努力，使用能力评价指出在先前研究的不足或未解决的问题。这种评价有助于作者建立研究地位。例(13)从对研究的描述中提取，使用关联的评价以帮助读者更好地理解研究方法的引入，对能力、真实性、构成的积极评价使读者明白创造理想纳米粒子研究的优势。作者进一步使用真实性和适切性的评价以商谈的方式提出所得纳米颗粒用于药物输送的适切性。有了这些评价资源，作者可以更清楚地表达他/她的人际意义，并与读者交流研究的优势，从而吸引了读者的注意。这样，评价资源有利于实现引言部分三个步骤的修辞目的，传达作者的态度并加强与读者的沟通。

4.2.3 “方法论”中的评价

“方法论”也是科研论文中一个非常重要的组成部分，实验程序的详细、清楚的描述决定了实验的韧性(钟兰凤 等,2014)[98]。表10显示了学生作者和公开发表者文章中出现的评价性语言资源。学生作者在此部分使用了4类评价性语言资源,从高到低依次是:对韧性(36)、适切性(14)、真实性(8)和关联(2);公开发表者在此部分使用了6类评价性语言资源,从高到低依次是:韧性(123)、适切性(40)、构成(10)、真实性(8)、常态(2)和关联(2)。虽然两类作者都偏向使用韧性和适切性评价,但公开发表者使用的种类更全,数量也更多。

表10 两组语料中"方法论"部分的评价资源

类别	情感	常态	能力	韧性	真实性	适切性
学生作者	0	0	0	36/60.00%	8/13.33%	14/23.33%
公开发表者	0	2/1.08%	0	123/66.49%	8/4.32%	40/21.62%
类别	必要性	反应	构成	价值	关联	总和
学生作者	0	0	0	0	2/3.33%	60/99.99%
公开发表者	0	0	10/5.41%	0	2/1.08%	185/100%

根据钟兰凤等(2014)的研究,方法部分的修辞结构由材料及其来源、实验过程和程序、实验仪器、数据处理四部分组成。其中实验过程和程序是主要部分,评价语言主要用于该部分。韧性和适切性是方法论部分最主要的评价类型,如下所示。

(14) CoMTPP was *thoroughly* <tenacity> grinded in a mortar to obtain fine particles, and then it was compressed under a pressure of $\sim 1.96 \times 10^{8}$ N m^{-2} to the form of a *suitable* <propriety> pellet.

(15) To conjugate guest molecules into the hollow cavity of the E2 protein scaffold, the aspartic acid at position 381 of the E2 scaffold *was mutated to* <tenacity> cysteine.

(16) Protein concentration was measured by Micro BCA (Pierce) using bovine serum albumin as a *standard* <Propriety>.

例(14)中的韧性和适切性的评价表明作者努力做实验以获得适当的材料。在研究过程中,作者在例(15)中展示了他/她的韧性,体现作者在实验过程中尽力达到目的。例(16)建立了蛋白质浓度测量的标准,显示了对研究方法的谨慎考虑,从而说服读者。

4.2.4 "结果与讨论"中的评价资源

"结论与讨论"部分主要是关于研究结果的描述和对结果解释与论证。本研究语料中的学术论文都将结果与讨论整合在一起，成为一个部分。表 11 显示学生作者和公开发表者在此部分使用的评价性语言资源都较丰富。学生作者使用的评价性语言资源从高到低依次是：真实性(99)、适切性(75)、关联(74)、价值(51)、能力(42)、构成(19)、常态(17)、必要性(3)和韧性(1)；公开发表者使用的评价性语言资源从高到低依次是：关联(102)、真实性(92)、适切性(68)、价值(48)、能力(31)、构成(22)、常态(15)、情感(1)和必要性(1)。两类作者在使用评价性语言资源的偏好上基本一致的。

表 11　两组语料中"结果与讨论"部分的评价资源

类别	情感	常态	能力	韧性	真实性	适切性
学生作者	0	17/4.46%	42/11.02%	1/0.26%	99/25.98	75/19.69%
公开发表者	1/0.26	15/3.95%	31/8.16%	0	92/24.21%	68/17.89%
类别	必要性	反应	构成	价值	关联	总和
学生作者	3/0.79%	0	19/4.99%	51/13.39%	74/19.42%	381/100%
公开发表者	1/0.26%	0	22/5.79%	48/12.63%	102/26.84%	380/99.99%

评价资源有助于结果的描述、论证和解释，在"结果与讨论"部分，作者需要把自己的研究与其他学者的研究进行对比，来传达人际意义。如下面例子所示。

(17) Pw was directly *proportional* <composition> to $M_w^{1/2}$ with a prefactor B, which *can* <veracity> be related to the efficacy of gHA molecular weight for the wear protection.

(18) The *outstanding* <valuation> wear protection of high-molecular-weight gHA is most *likely* <veracity> related to the better *ability* <capacity> of gHA to capture and/or immobilize other cooperating molecules compared to low-molecular-weight gHA.

(19) This result is *consistent* <propriety> with our flow cytometry results (Fig. 5), and *the data together* <relevance> suggests D381C-AF532-PEG-FA and D381C-AF532-PEG are taken up by KB cells through *different* <normality> mechanisms and at different <normality> rates.

(20) Although other factors *should* <necessity> be considered, our results indicate that the molecular weight of HA is an *important* <valuation> factor when using it as a treatment through intra-articular injections.

例(17)是对研究结果的描述，其中构成的积极性评价显示 Pw 和 M1 /2w 之间的比例平衡，随后是真实性评价，解释了前述结果的可能原因并帮助读者更好地了解结果。例(18)采用价值评价来评价所得到的高分子量 gHA 的耐磨损保护性，从真实性评价解释 gHA 的能力，以显示作者对这一比例的确定性。例(19)是本研究结果与其他研究结果的比较，使用正确的适切性评价来说服读者结果是可靠、合理的。应用关联评价进一步解释结果，以衔接的方式组织结果和讨论，从而引导读者去了解结果。例(20)是对结果的评论，通过对必要性的积极评价来呈现研究的局限性，通过对价值的积极评价来揭示结果的价值和重要性，从而向读者传达人际意义。

学生作者已经意识到使用多种评价资源来传达人际意义，但关联评价性语言资源使用的数量远远少于公开发表者，这表明学生作者仍然缺乏良好的文本组织能力，他们无法以连贯的方式构建结果与讨论部分，使文本仅仅像信息的堆积，影响读者更好地理解实验结果、解释和论述。

4.2.5 “结论”中的评价资源

结论部分是学术论文的总结与归纳。表 12 是学生作者和公开发表者在此部分使用的评价性语言资源。学生作者在此部分使用的评价性语言资源从高到低依次是：能力(104)、价值(39)、适切性(13)和真实性(4)；公开发表者在此部分使用的评价性语言资源从高到低依次是：能力(162)、价值(56)、适切性(36)、真实性(25)和常态(5)。虽然学生作者在使用的评价性语言资源的总数上远远小于公开发表者，但在种类上与公开发表者基本相同。

表 12　两组语料中“结论”部分的评价资源

类别	情感	常态	能力	韧性	真实性	适切性
学生作者	0	0	104/65.00%	0	4/2.50%	13/8.13%
公开发表者	0	5/1.76%	162/57.04%	0	25/8.80%	36/12.68%
类别	必要性	反应	构成	价值	关联	总和
学生作者	0	0	0	39/24.38%	0	160/100.01%
公开发表者	0	0	0	56/19.72%	0	284/100%

本研究所考察的语料，结论部分篇幅都较短，由三个话步组成：研究的主要发现、对未来研究的进一步评论和对未来研究的建议。能力和价值的评价资源在本部分中起着重要的作用，如下例所示。

(21) The multilayer LBL modification provided a free-standing three-dimensional

network structure of interwoven nanotubes, which *enabled* <capacity> more *specific* <normality> surface area for anodic bacteria anchoring.

(22) Studying the evolution of these deformed structures plays a *significant* <valuation> role in figuring out the *failure* <capacity> process and deformation mechanism of materials.

在例(21)中,作者在结论部分进行了能力和常态的评价,以便向读者揭示"在创建特殊表面区域中修改"起什么样的作用以及"在其领域进行不同事物创造"的研究作用。例(22)是文章的最后一句,其使用了价值和能力评价。对本研究的积极态度告诉读者这项研究是值得的,对能力的负面评价表明本研究可以解决这个问题,再次向读者展示研究价值,以此作为结论,增强与读者的互动并说服他们。

结果表明,学生作者在结论部分具有使用评价性语言资源的写作能力。科学研究文章的结论部分往往是最简短的,学生作者可以很容易从学术写作手册或学科优秀期刊中获得,他们已经掌握构建结论的技能,并保持与读者的互动。此外,对学生作者来说,运用能力和价值评价并不难,他们会在需要突出学习功能或价值时自动使用它们。

5 主要发现与结语

本研究是一项基于小型语料库的研究,探索学生作者和公开发表者在学术写作中运用评价性语言资源的特征,主要研究发现如下:

(1) 总体上看:在情感维度,学生作者和公开发表者均使用非常稀少;在判定维度,学生作者与公开发表者均以三种判定为主,即能力、真实性和适切性,但在 6 种判定类别中,学生作者对韧性和适切性的使用显著少于公开发表者;在鉴别维度,学生作者和公开发表者均以构成、价值为主,学生作者对构成的使用较少,且与公开发表者存在显著差异,但学生作者对价值的使用过度集中,显著高于公开发表者;在关联维度,学生作者的使用少于公开发表者,且差异显著。

(2) 从论文主体部分分布情况看:在摘要部分,学生作者主要使用了价值鉴别以及真实性、能力两种判定,而公开发表者主要使用了关联评价、价值鉴别和真实性、能力、常态三种判定,并且学生作者使用的价值和能力评价都显著少于公开发表者。在引言部分,学生作者的主要评价类型不包括构成鉴别,其余与公开发表者相同,主要使用常态、能力、真实性、适切性 4 种判定,组成、价值鉴别以及关联评价。在方法论部分,学生作者和公开发表者均以韧性判定和适切性判定为主要评价,但学生作者对这两种评价的使用都显著少于公开发表者。在结果与讨论部分，学生作者与公开发表者均以关联、真实性判定、适切性判定和价值鉴别为主，学生作者仅在关联评价的使用上显著少于公开发表者。在结论部分，学生作者与公开发表者的主要评价均为能力判定和价值鉴别。

以上发现表明，学术语篇作者甚少直接表达情感，因此教师应提醒学生谨慎使用情感，但不等于禁止使用；与已发表研究论文相比，学生作者运用韧性和适切性判定、构成鉴别以及关联评价的能力有待提高，因此学术英语写作教学需要注重培养学生了解并运用这些评价资源。此外，学生作者在论文摘要和引言部分使用的评价资源缺乏多样性，在方法论部分的韧性判定和适切性判定也有所欠缺，解释结果时语言组织性不强。因此，学术写作教学可以将重心放在培养学生多样化地使用评价，有针对性地提高学生在方法论部分运用韧性和适切性判定的能力、在结果与讨论部分的组织衔接能力，从而提高学生的学术英语写作水平。

参考文献

李战子，2002. 话语的人际意义研究[M]. 上海：上海外语教育出版社.

钟兰凤，钟家宝，仲跻红，等，2014. 英文科技学术话语研究[M]. 镇江：江苏大学出版社.

COHEN J A，1960. A coefficient of agreement for nominal scales[J]. Educational and Psychological Measurement，1：37-46.

DAHL T，(2000). Lexical Cohesion-based Text Condensation：An Evaluation of Automatically Produced Summaries of Research Articles by Comparison with Author-written Abstracts [D]. University of Bergen. Bergen，Norway.

FAIRCLOUGH N，2003. Analysing Discourse：Text Analysis for Social Research [M]. London：Routledge.

HOOD S，2010. Appraising Research：Evaluation in Academic Writing [M]. Basingstoke，U. K.：Palgrave Macmillan.

HUNSTON S，1989. Evaluation in Experimental Research Articles [D]，University of Birmingham. Birmingham，U. K.

HYLAND K，2000. Disciplinary Discourses：Social Interactions in Academic Writing[M]. Harlow：Longman.

KANOKSILAPATHAM B，2005. Rhetorical structure of biochemistry research articles[J]. English for Specific Purposes, 24: 269 - 292.

MARTIN J R, 1992. English Text: System and Structure [M]. Amsterdam: Benjamins.

MARTIN J R, 2000. Beyond exchange: Appraisal system in English [A]. In Hunston, S., & Thompson, G. (Eds.), Evaluation in Text: Authorial Stance and the Construction of Discourse. Oxford: Oxford University Press: 142-175.

MARTIN J R, WHITE P R R, 2005. The Language of Evaluation: Appraisal in English[M]. New York: Palgrave Macmillan.

ORWIN R G, 1994. Evaluating coding decisions Cambridge. In Cooper, H., & Hedges, L. (Eds.), The Handbook of Research Synthesis. New York: Russell Sage Foundation: 139-162.

REEVES C, 2005. The Language of Science[M]. New York: Routledge.

SWALES J, 2004. Research Genres: Explorations and Applications [M]. Cambridge: Cambridge University Press.

学生作者英语学术论文方法论部分语类能力研究

王　硕　周孝华　钟兰凤

1　引言

18世纪的欧洲文学评论家最早借用法语“语类”一词来表示文学的“类型”。20世纪20年代，俄国理论家米哈伊尔·巴赫金(Mikhail Bakhtin)将“语类”的概念扩展到非文学领域。语类知识在学术英语教学中的作用至关重要。语类知识可以帮助学习者更好地理解和掌握学术、专业或教育话语，帮助语言老师在教学中掌握教材的精髓，组织相应的教学方法，在科研中获得理论参考，提高教学科研效率。近年来，英语科学研究论文已经成为科学话语社区成员之间交流、分享先进科学技术知识的主要渠道。因此，了解研究论文中的语类知识有助于提高科研水平。

Swales(1990)认为，语类是一系列交际事件，具有交际目的，而语言在其中起主要作用。他深入研究了研究论文各个部分的话语结构(IMRD:引言—方法论—结果—讨论)，创建了科研论文引言权威分析模式——CARS(Create A Research Space)模式，确定了引言部分中的四个“动作”及其子分类。尽管存在一定局限性，Swales的语步—步骤分析框架被运用于跨学科研究论文的各个部分，如引言(Swales et al.,1987)、结论(Brett,1994)、讨论(Hopkins et al.,1988)和摘要(Salager-Meyer,1990,1992)等。Paltridge(1997)认为，语类是人们在特定语境下使用语言来“完成工作”的方式。Hyland(1996)认为，语类仅指社会认可的语言使用方式。他认为“语类”是用来将文本分组的术语，代表作者对反复出现的情形如何使用语言来回应和构建文本。Martin和White(2005)将语类定义为一个阶段性的、目标导向的社会过程。Johns等(2006)认为，“语类”的作用是将文章的语篇意义、社会意义和政治意义结合起来。方琰(1998)总结了语类的三个特征:(1) 语类与文化密切相关，可作为文化语境层中的一个平面;(2) 任何语类都具有最终目的或目标;(3) 某种语类的实现可能与其情境配置或注册配置有关，可以预测该类型的语类结构潜能(Generic Structure Potential,GSP)。

为了帮助研究人员撰写论文，帮助教师更成功地教授写作，Skelton(1994)研究了50篇期刊研究论文的结构。经过语步结构分析，他识别出15个语步，即引言部分各4个、方法论部分3个、结果和讨论部分各4个。但是，Skelton的研究面向非专业研究人员和教师。此外，他没有分析构成语步的子语步(步骤)。Nwogu(1997)的研究面向语言学领域的专家，因此他描述的语步比Skelton更具语言深度、更严谨。Nwogu采用Swales(1990)的CARS模型，整体研究了5个权威医学期刊中的15篇医学研究论文。他制定了一个11个语步的框架，其中8个被描述为"通常需要"(即"强制性")，3个为"可选"。Kanoksilapatham(2005)对60篇生化研究文章进行了详细的语步分析，发现这些研究文章的结构由15个不同的语步组成，并可以进一步分类。为确保研究结果的可靠性，他进行了编码的可靠性分析。

尽管学者对研究论文进行了全面的语类分析，但是单独针对方法论部分的研究很少。众所周知，Swales(1990)并未从语步和步骤角度提供方法论部分的语类结构分析框架。但是，他的调查结果表明，物理科学的研究报告中的方法论部分与社会科学或跨学科领域(如应用语言学)的存在差异。基于此，Swales等(2012)研究了教学语料中的方法论，发现社会科学的方法论部分较长，而物理科学的方法论部分较浓缩。在他们之后，Bruce(2008)使用数据库研究了方法论部分的缓慢/快速的特征。Bloor的语料调查进一步证实了社会科学论文方法论中高频出现细节、实例和论据。Skelton(1994)、Nwogu(1997)、Kanoksilapatham(2005)和Lim(2006)并没有关注快速/慢速的区别，而是在语步和步骤角度研究了话语内容的语类结构。Skelton(1994)进行了原始研究论文的结构研究，发现方法论部分有3个主要语步：确定研究对象、描述程序、统计测试。Nwogu(1997)研究了医学研究论文中的信息组织，确定了11语步模式。Kanoksilapatham(2005)通过对60篇生物化学研究论文进行语类研究，发现了方法论部分的4个语步，其中2个是常规语步，另2个是可选语步。Lim(2006)对20篇商务管理论文的方法论部分进行了详细的语步—步骤分析。他认为，方法论部分由3个语步构成，每个语步可以进一步分类。

目前，研究者对于科学领域的科学和工程论文的语类研究较多，然而对社会科学领域，尤其是应用语言学领域研究论文的关注仍然较少。同时，针对方法论部分的语类研究较少。方法论部分不仅仅是对研究程序或实验的简单描述，它在整个文章中起着根本性的作用，用来解释材料、方法和设备问题。此外，方法论部分是衡量研究科学性、先进性、可靠性、实用性和可复制性水平的必不可少的标准。

此外，方法论部分的交际目的较隐蔽，我们无法了解如何从语类框架中实现这些交际目的。语类结构语言资源特征的补充研究会对此有所帮助。对研究论文语言特征的研究主要包括：模糊限制语（Crompton，1997；Hyland，1994，1996，1998；Salager-Meyer，1994），情态（Huangfu，2005；Salager-Meyer，1992），语态（Matsuda，2001；Matsuda et al.，2007），动词时态（Liang，2005；Malcolm，1987；Salager-Meyer，1992；Thompson et al.，1991），第一人称代词（Hyland，2001；Kuo，1999；Liang，2005；Salager-Meyer，2001；Thetela，1997）等方面。许多研究者（Malcolm，1987；Salager-Meyer，1992）使用了专门用途英语（English for Specific Purpose，ESP）语类分析法或功能语法模式研究语步、章节或完整的英语医学研究论文中的时态。

本论文比较研究了大学学生作者的论文和公开发表的论文方法论部分的语类特征和语言资源特征。

2 研究设计

2.1 研究问题

本论文比较分析了学生作者和公开发表文章作者撰写的论文方法论部分的语类特征和语言资源。具体有以下三个研究问题：

(1) 学生论文和公开发表论文的方法论部分分别有哪些语类特征？

(2) 学生论文和公开发表论文的方法论部分在语类特征上有哪些相似之处和差异？

(3) 各语步及其组成步骤在语言选择实现方式上有哪些特点？

本研究自建了两个小型方法论部分的语料库，其中，学生论文语料库由12篇研究论文的方法论部分组成，这些论文选自某高校参加“三国三校”国际学术研讨会的科学论文。由于经过相关学科专家的初步筛选，这些论文具有较高的写作水平。公开发表论文语料库由精心挑选的12篇发表在顶级SCI期刊的研究论文的方法论部分组成，平均影响因子为4.12。

学生论文的方法论部分编号为“学生样本1”至“学生样本12”，已发表论文的方法论部分编号为“已发表样本1”到“已发表样本12”。见表1：

表 1　研究文章主题

样本号	主题	样本号	主题
学生样本 1	医学	已发表样本 1	材料
学生样本 2	机械	已发表样本 2	医学
学生样本 3	机械	已发表样本 3	机械
学生样本 4	工程	已发表样本 4	材料
学生样本 5	环境	已发表样本 5	工程
学生样本 6	材料	已发表样本 6	材料
学生样本 7	材料	已发表样本 7	材料
学生样本 8	材料	已发表样本 8	生物
学生样本 9	材料	已发表样本 9	化学
学生样本 10	材料	已发表样本 10	材料
学生样本 11	生物	已发表样本 11	机械
学生样本 12	化学	已发表样本 12	环境

从表 1 可以看出，学生论文样本和已发表论文样本的研究主题完全一致。此外，相同领域的文章关键词相同。自建语料库具有一定代表性，可信度较高。

以 Swales(1990)、Skelton(1994)、Nwogu(1997)、Kanoksilapatham(2005)和 Lim(2006)的研究为基础，本研究提出了三个语步(move)、八个步骤(step)的语类结构分析框架：

语步 1:描述实验对象	步骤 1.1:描述实验对象
	步骤 1.2:论证实验对象
语步 2:叙述实验过程	步骤 2.1:解释实验前准备
	步骤 2.2:介绍实验仪器
	步骤 2.3:叙述实验过程
	步骤 2.4:论证实验方法
语步 3:阐述数据分析过程	步骤 3.1:解释数据分析过程
	步骤 3.2:论证数据分析过程

两名研究者以此分析框架为标准标记语料，并借鉴 Cohen(1960)的 k 值算法检测两名研究者的标注一致性。

表 2　研究者间标注一致性分析

部分	*k* 值
1.1	1.00
1.2	1.00
2.1	1.00
2.2	0.88
2.3	1.00
2.4	1.00
3.1	1.00
3.2	1.00

注:第一栏中的数字是指构成方法的步骤部分。小数点前和小数点后的数字分别代表语步和步骤,如1.2代表语步1—步骤2,即“论证实验对象”。

k 值上限为1.00,下限为0.00(Brown,1996)。如 *k* 值小于0.40,则研究者标注间可靠性相对较差。如 *k* 值介于0.40和0.59之间,则可靠性良好。如 *k* 值大于0.75,则研究者标注间的可靠性优秀。

表2表明了8个组成步骤的平均 *k* 值为0.99,可靠性非常高。除语步2—步骤2外,两个研究者标注之间的识别结果完全相同。语步2—步骤2是指“介绍实验仪器”的过程。经过分析和讨论,我们发现,研究者2把几处“介绍实验仪器”标记成了“解释实验前准备”。

方法论部分中的语步—步骤识别过程比较比其他部分更简单。大量研究样本具有子标题,例如“材料”“数据来源”“设备”“实验设备和程序”和“统计分析”,对识别过程有很大帮助。除此之外,语步及其组成步骤可以通过上下文推断,也可以通过引语中的语言线索推断(Nwogu,1997)。

3　结果与讨论

3.1　语类结构特点

表3中第一行的数字指的是基于分析框架中方法论部分的组成步骤。第二行中的“S. S”和“P. S”分别指“学生样本”和“已发表样本”。第一列是指研究样本号,例如“S1”指“样本1”。符号“+”和“-”分别表示是否存在该组成步骤。

表 3　方法论部分的组成步骤比较

	1.1		1.2		2.1		2.2		2.3		2.4		3.1		3.2	
	S.S	P.S.	S.S	P.S.	S.S	P.S.	S.S	P.S.	S.S	P.S.	S.S	P.S.	S.S	P.S.	S.S	P.S.
S1	+	+	−	−	−	+	+	−	+	+	−	+	+	+	−	+
S2	+	+	−	−	−	+	−	−	+	+	+	+	−	+	−	+
S3	+	+	−	−	−	+	+	+	+	+	−	+	−	+	−	+
S4	+	+	−	−	+	−	+	−	+	+	−	−	−	+	−	−
S5	−	+	−	−	−	+	+	−	+	+	−	−	+	+	−	+
S6	+	+	−	−	+	−	+	−	+	+	−	−	+	+	−	+
S7	+	+	−	−	−	−	−	+	+	+	−	−	+	+	−	+
S8	−	+	−	+	−	+	+	−	+	+	−	+	+	+	+	+
S9	+	+	−	+	+	+	+	−	+	+	−	−	+	+	−	+
S10	−	+	−	−	+	+	−	−	+	+	−	+	−	+	−	+
S11	−	+	−	−	+	−	−	+	+	+	−	+	−	−	−	−
S12	+	+	−	−	−	−	−	+	+	+	−	+	−	+	−	+
Total	8	12	0	2	5	7	7	4	12	12	1	7	6	11	1	10

我们注意到，出现频率最高的前三个步骤是步骤 2.3“叙述实验过程”、步骤 1.1“描述实验对象”和步骤 3.1“解释数据分析过程”。这表明方法论部分已固化为对实验对象、实验过程和数据分析问题的描述，这与事实相吻合。

语步 1 通常通过子标题“实验对象”“试剂”“化学成分和材料”以及“对象”等标记。语步 1 可以进一步分为两个步骤：“描述实验对象”和“论证实验对象”。

3.1.1　步骤 1.1：描述实验对象

实验对象是方法论部分的必要成分。学生样本中，步骤 1.1 出现的频率是 8/12，而公开发表样本中，步骤 1.1 出现频率是 12/12。

在公开发表论文的样本 12 中，研究涉及喷灌过程中的蒸散量，因此研究对象是“站点”，也是实验进行的地方。所以，此部分的子标题是“描述研究站点”，而不是“对象”。但是描述研究地点在功能上等同于“描述研究对象”，因此，两位研究者将“描述研究站点”归类为步骤“描述研究对象”。学生论文的样本 5、8、10、11 并未出现“描述研究对象”步骤。样本 5 是关于节能集成设备的研究，研究对象也是研究设备。因此，样本 5 没有“描述实验对象”部分。“实验程序”在样本 5 中扮演重要角色。样本 8 将一种由研究人员自己合成的新的合成物作为研究对象。因此，样本 8 从描述实验过程开始，研究对象合成了 TiO2 空心球。样本 10 与样本 8 情况相同。样本 11 直接介绍了实验过程，只在实验过程中简要介绍了实验对象。我们可以得出结论，即学生作者和公开发表论文作者在方法论部分中充分注意了实验对象问题。

但是，进一步研究发现，学生作者倾向于"列举研究对象"，而不是进一步描述实验对象。

例 1：Culture medium，Slant medium：PDA solid medium（potatoes 200 g/L，glucose 20 g/L，agars 20 g/L），Seed medium，PDA fluid medium（potatoes 200 g/L，glucose 20 g/L），Fermentation medium，corn flour 3%，soybean powder 0. 5%，$MgSO_4 \cdot 7H_2O$ 0. 05%，KH_2PO_4 0. 1%.（学生样本 1）

上述例子只列举了研究中的培养基，除了对复合成分的简要介绍，没有进一步描述。而公开发表样本则做了进一步描述。

例 2：Sodium chloride，sodium dodecyl sulfate（SDS），hydrochloric acid（HCl），sodium phosphate dibasic，sodium phosphate monobasic，N，N-dimethylformamide（DMF），and magnesium chloride hexahydrate were supplied by EMD. Alexa Fluor 532 C5 maleimide and Hoechst 33342 were obtained from Invitrogen.（已发表样本 1）

除了上例中的来源和背景描述，已发表论文作者甚至试图解释研究材料的应用方法，以使实验更加具体、更具可复制性。如：

例 3：DOX and DOXO-EMCH were dissolved in 10 mM sodium phosphate（pH 5. 8）and used within 30 min.（已发表样本 1）

在方法论部分仅仅列举实验对象名称是远远不够的，还要详细解释来源、背景，甚至收集过程以及实验对象的运用方法，以使实验具有可复制性。除此之外，详细描述实验对象还可以帮助读者阅读和理解论文。

3. 1. 2 步骤 1. 2：论证实验对象

此步骤的出现频率非常低。只有两个公开发表的论文样本存在该步骤，学生样本中该步骤全部缺失。该结果表明，在方法论部分的写作中，缺乏对实验对象的论证是一个普遍的问题。正如 Nwogu(1997)指出的那样，语料库中文本来源的代表性、声誉和可及性共同确保基于所选材料的研究结果是可靠且有效的。我们通常可以使用两种方法来论证实验对象：(1) 突出显示研究对象的优势；(2) 指出其代表性。如例 4 所示：

例 4：These requirements were deemed suitable for the experiment as they preclude participants having serious illness.(已发表样本 8)

步骤 1.2 的低出现频率说明学生作者和公开发表论文的作者都忽略了论证实验对象的步骤。没有这一步,我们将无法回答“您为什么选择本研究对象而不是其他对象”的问题。发表研究论文的要求正在逐渐变得严格。

3.1.3 步骤 2.1:解释实验前准备

学生样本中,步骤 2.1 的出现频率为 5/12,而公开发表样本中,步骤 2.1 出现的频率为 7/12。

例 5:The HZSM-5 powder were dried at 105 ℃ for 12 hours before impregnation. The solution of $(NH_3)_3PO_4$ was used to impregnate HZSM-5 by a stirrer at 60 ℃ for 4 hours. The P modified HZSM-5 was dried at 105 ℃ for 12 hours to remove moisture and then calcined at 550 ℃ for 4 hours to obtain P/HZSM-5 catalyst. The sample was impregnated by different concentration of $Zn(NO_3)_2$ solutions on the basis of P/HZSM-5 catalyst[1].(学生样本 4)

本部分详细介绍了实验前研究材料的准备。

3.1.4 步骤 2.2:介绍实验仪器

令人惊讶的是,步骤 2.2 出现的频率远低于预期,在公开发表样本中是 4/12,在学生样本中是 7/12。在大多数公开发表样本和部分学生样本中,介绍实验仪器的步骤与实验程序步骤糅合在一起。以下是一个典型示例:

例 6:As previously described, CSF (20~30 ml) was collected by LP using an atraumatic 22-gauge Sprotte (*Geisingen*, *Germany*) spinal needle in the morning after overnight fasting (*Fagan et al*., 2006). CSF was analyzed for tau and Ab42 by plate-based enzyme linked immunoabsorbent assay (*INNOTEST*; *Innogenetics*, *Ghent*, *Belgium*) according to the manufacturer's specications.(已发表样本 8)

括号中的斜体信息是对实验仪器的简要介绍,运用了灵活的写作手法。然而,这种方式不能详细说明有关实验仪器的信息。学生样本多采用列举名称的样式。如下例:

例 7:Superclean bench (Shanghai Suda Instrument Co., Ltd), Sterilization pot (Suzhou Weier Labware Co., Ltd.), Fermentation tank (Laboratory of Independent Research and Development), Biochemical incubator (Shanghai Yiheng Scientific Instrument Co., Ltd.), Temperature control vibration culturing box (Shanghai Yiheng Scientific Instrument Co., Ltd.), Freeze dryer, etc.(学生样本 1)

公开发表论文的作者更擅长调整写作方式，以适应科学文章的要求。而学生作者则喜欢套用写作模板。

3.1.5 步骤2.3：叙述实验过程

实验过程一直被视为方法论部分的必选成分，也是方法论写作教学最核心的部分。研究显示，学生作者与公开发表者的文章中，此步骤出现频率相同，均为12/12，但学生作者除了在语言资源方面存在不足（下文解释）外，还在以下方面存在明显不足之处：

一方面，学生作者倾向于把实验过程缩写成几个简要步骤，而不作进一步解释。但公开发表的作者则会详细描述实验过程。公开发表的作者也会参考前人的研究以简化对实验过程的描述，常见表述包括“如某人所述”“如前所述”或“前人研究”等。此外，用这种方法还可以简写公认的研究方法。而学生样本中则很少使用这种方法。

另一方面，学生样本中内容的组织形式与已发表样本相比效率低下。学生作者通常使用固定的模式写作，最常见的是时间顺序。公开发表论文的组织形式更加灵活，可以更好地满足不同语境和研究主题的要求。

3.1.6 步骤2.4：论证实验方法

学生样本中，此步骤出现的频率为1/12，而已发表的样本中此步骤出现的频率是7/12。实验方法的论证主要是通过两种方式实现的：一种是引用其他学者、其他研究作为证据；另一种是通过使用某种度量如某种设备、处理软件或指标来验证研究结果。如下例：

例8：Microarray data was validated by two step qRT-PCR using B. napus primers （Table 1） designed from the annotated B. napus expressed sequence tag （EST） collection developed at Agriculture and Agri-Food Canada，Saskatoon Research Centre （www. brassi-ca. ca）.（已发表样本3）

上例中的引物实际上是一个用于实验方法验证过程的指标，以确保研究结果一致无误。

但值得注意的是，学生作者和已发表论文的作者在论证实验方法方面差异很大。短语“as described previously”出现在5个已发表论文样本中，短语“… as described in sb”出现在2个已发表论文样本中。学生论文样本中没有出现类似词组。参考前人的研究是为了证明本研究方法的合理性。

例9：Detailed experimental procedures for the mutagenesis，expression，and purification of D381C have been reported **in previous studies**[3,5].（已发表样本1）

例 10：To load the antitumor drug doxorubicin into E2 nanoparticles, we first coupled DOXO-EMCH to the empty D381C protein scaffold, **as described in Ren et al.** [5].（已发表样本 1）

以上两个例子引用了前人的研究来证明实验程序或操作已经得到验证，当前的研究是有效的，实验的有效性和可靠性得到了相应的改进。

以上研究表明，在教学中，教师应加大力度提高学生作者的验证意识和相应能力。

3.1.7 步骤 3.1：解释数据分析过程

步骤 3.1 旨在描述数据分析的统计方法，关于测量工具的定义，即数据处理中涉及的变量和数据分析程序。学生样本中，步骤 3.1 出现的频率为 6/12，而已发表的样本中，步骤 3.1 出现的频率为 11/12。一些学生详细描述了方法论部分的实验过程，却不重视统计分析。有些学生论文中即使存在步骤 3.1，也仅仅简单列出了测量工具的名称，并未具体指出如何测量、工具操作方法和测量过程等。在已发表论文中则有详细论述。如下例所示：

例 11：Total sugar **was determined by** Phenol-sulfuric acid determination method. Crude protein **was determined by** Kjeldahl determination method. Amino acids **were detected by** Amino acid analyzer. Soluble solids was measured by Abbe refractometer. Acidity **was detected by** acidity meter. Total bacterial amount **was determined by** Plate-counting method.（学生样本 1）

例 12：In addition to the metrics described previously, an additionally interesting graph property is the tendency for a small number of brain regions to serve as "hubs". **A hub can be defined by 2** (not mutually exclusive) ways: a vertex that has many important connections running through it (i. e., is a member of the shortest path between many vertices) and a region that is associated (i. e., has edges between) with many different RSNs or modules. Two quantities capture this behavior: betweenness (B) and participation coefficient (P), respectively…（已发表样本 8）

例 12 详细介绍并解释了新的测量工具。学生作者接受了关于科学文章写作的专业教育，掌握了基本的写作方法和写作模板（研究论文语类组织结构），但由于写作能力不强，因此还不能熟练掌握综合写作技巧。

3.1.8 步骤 3.2：论证数据分析过程

此步骤论证数据分析过程的科学性和可靠性。只有 1/12 的学生论文中有步骤 3.2，而 10/12 的公开发表论文样本中都存在该步骤，差异巨大。方法论部分处理“研究什么—如何做—为什么”的问题。科学研究论文对“为什么”问题，即论证问题关注较少，学生论文尤为严重。另外，已发表论文中的论证方法过于单一，这也在步骤 3.2 的语言资源特征中有所体现。

3.2 语类结构的语言资源

语类结构通过其组成部分来实现交际目的。如前所述，语步和步骤的交际功能都有隐蔽性。例如，我们可以从标题中得知步骤 1.1 旨在描述研究样本，但我们不知道如何在写作过程中实现此功能。语类结构中，8 个组成步骤有不同的修辞功能，并通过不同的语言资源来实现。

3.2.1 步骤 1.1 的语言资源

步骤 1.1 的标题为“描述实验对象”。如标题所示，这一步骤应该介绍所有的研究对象，但仅列出研究对象名称是远远不够的，需要详细描述其背景、特征、应用方法等。仔细研究了 24 份论文后，我们总结出步骤 1.1 中语言资源的特征：

第一，使用名词短语表明实验对象的来源。

例 13：Reagents for reverse transcription PCR (RT-PCR) were bought from **Sigma-Aldrich, Promega Corporation (Madison, WI, USA) and Roche Diagnostics (Lewes, UK)**.（已发表样本 2）

上例中，粗体字母以名词短语的形式指出数据的来源，即两家公司。在其他论文中，数据来源可以是国家、组织、实验室，甚至个人。使用名词短语来阐明研究对象来源不仅可以实现“描述实验对象来源”的目的，并且可以促进写作过程。

第二，使用以动词-ing 开头的动名词短语来表示实验对象的具体特征。例如，a solution containing absolute ethanol。在上例中，研究对象是“a solution（溶液）”，其特征在于“containing absolute ethanol”（含有无水乙醇）。“名词＋ 动词-ing”的用法可以详细说明实验对象。

第三，使用位置附加语来说明实验对象收集地点。

例 14：Tris (2-carboxyethyl) phosphine hydrochloride (TCEP) **was from** Pierce. Tris base, bovine serum albumin, potassium phosphate monobasic, and potassium phosphate dibasic **were from** Fisher Scientific.（已发表样本 1）

除了上例中的位置附加语“be from（来自）”之外，其他论文中的“be on”“be at”或“be

in"等都用来解释实验对象。位置附加语的使用用另一种方式指出了实验对象的来源。

第四，使用被动态动词-介词复合词组解释研究对象的获得方式。

例 15：AlexaFluor 532 C5maleimide（AF532）and Hoechst 33342 were obtained from Invitrogen. Dimethyl sulfoxide (DMSO) and cysteine. HCl were purchased from Thermo Scientific.（已发表样本 1）

通常，被动态动词-介词词组，如上例中"be obtained from""be purchased from"或其他论文样本中的"be selected from"和"be taken from"，都可以用来说明研究对象的获得方式或方法。

总之，科学研究文章的特点是清晰、简洁，只要详细说明研究对象的来源和获取方式即可。因此，本论文认为，短语、位置附加语和被动态动词-介词的词组可以有效地实现步骤 1.1 的交际目的。

3.2.2 步骤 1.2 的语言资源

步骤 1.2"论证实验对象"旨在从选样角度确保实验结果的准确性。如前文所述，本步骤中应该突出实验对象的优势或代表性。因此，此步骤中的语言资源用来表明选取该实验对象的原因或其代表性特点，如连词（"as"或" because"等）引导的状语从句或介词词组。

例 16：These requirements **were deemed suitable** for the experiment as they preclude participants having serious illness.（已发表样本 8）

上例中，"be deemed suitable as" 凸显了该实验对象的优势，解释了实验对象要满足这些要求的原因。

由于论文样本数量有限，我们从其他文章中选取了阐释实验对象的代表性的语言资源。

例 17：In order to compare the degree to which the sample of respondents was **representative** of the population，respondents were compared with respect to information contained in the university's archival records…

除此之外，步骤 1.2 中还可以引用前人的研究以说明实验对象的合理性。

3.2.3 步骤 2.1 的语言资源

步骤 2.1"解释实验前准备"解释了将对研究结果产生直接影响的实验前的准备工作。例如，实验温度、湿度或压力调节、研究对象的初步准备等。

例 18：The HZSM-5 powder **were dried at 105 ℃ for 12 hours *before*** impregnation.

The solution of $(NH_3)_3PO_4$ was used to impregnate HZSM-5 by a stirrer **at 60 ℃ for 4 hours.** The Pre-modified HZSM-5 **was dried at 105 ℃ for 12 hours** to remove moisture and ***then*** **calcined at 550 ℃ for 4 hours** to obtain P/HZSM-5 catalyst. The sample was impregnated by different concentration of $Zn(NO_3)_2$ solutions on the basis of P/HZSM-5 catalyst[1].(学生样本 4)

上例详细描述了实验对象的初步准备工作,很有代表性。

步骤 2.1 中语言资源的特征主要有三个方面。第一,使用被动态动词来表示实验前准备过程中所涉及的操作。上例中,被动态动词加条件状语的句式("be dried at 105 ℃ for 12 hours")清晰地解释了实验对象"HZSM-5 powder"的初步准备过程,实现了交际目的,并且简洁高效。第二,描述准备过程中,连续的时间连接词的使用,如上例的粗体斜体"before"和"then",使得步骤 2.1 的描述更有条理。第三,使用不定式作为目的状语。"to remove moisture"和"to obtain P/HZSM-5 catalyst"作为相应操作的"目的",不仅可以厘清初步准备的必要性,而且还可以促进读者对步骤 2.1 的理解。

3.2.4 步骤 2.2 的语言资源

步骤 2.2"介绍实验仪器"的交际目的是详细描述实验中所涉及的仪器。而步骤 1.1 旨在描述实验对象。因此,步骤 2.2 与步骤 1.1 的语言资源特征基本相似,即也使用了名词短语、被动态动词-介词词组和位置附加语。名词短语用来说明实验来源或特征,被动态动词-介词词组用来描述实验方法,必要时用位置附加语指明实验的特定位置。这些语言资源从总体上详细描述了实验仪器的来源或特征。

但是,正如 3.1.4 中说明的那样,仅仅对实验仪器进行描述可能不足以实现步骤 2.2 的交际目的。具体来说,在某些情况下,仪器的操作方法需要进一步说明,其他语言资源就很有必要。如下例所示:

例 19:CSF (20~30 ml) **was collected** ***by*** **LP** ***using*** an atraumatic 22-gauge Sprotte (Geisingen, Germany) spinal needle in the morning after overnight fasting (Fagan et al.,2006).(已发表样本 8)

被动态动词-介词词组 "be collected by LP" 说明了"CSF" 的收集方法。从句中使用了非限定性动词 "using" 作为补语来解释如何通过"LP"收集"CSF"。介词"by"后的从句直接解释了"LP"的用途,从而实现步骤 2.2 的交际目的。因此,步骤 2.2 的语言资源应同具体语境和实验目的相一致。

3.2.5 步骤 2.3 的语言资源

步骤 2.3"叙述实验过程"是方法论部分的中心,该步骤利用语言资源实现交际目的。

其语言资源特征如下：

使用被动态动词和时间连词，按时间顺序叙述整个实验过程中采取的一系列步骤。如下例：

例 20：***First***，ammonia aqueous solution（NH_4OH，0.2 ml，25 wt%）**was mixed** with a solution containing absolute ethanol（EtOH，16 ml）and deionized water（H_2O，40 ml），***then*** **stirred** for more than 1 hours. ***Subsequently***，resorcinol（0.4 g）**was added** and continually **stirred** for 30 minutes. The formaldehyde solution（0.56 ml）**was** ***then*** **added** to the reaction solution and stirred for 24 hours at 30 ℃，and ***subsequently*** **heated** for 24 hours at 100 ℃ under a static condition in a Teflon-lined autoclave. The solid product **was recovered** by centrifugation and **air-dried** at 100 ℃ for 48 hours.（学生样本 8）

时间连接词"first（首先）""then（然后）"和"subsequently（随后）"指出了研究实验的时间顺序，使实验描述井井有条。粗体的被动态动词解释了处理实验材料的具体操作。被动语态能够实现"积极、直接、清晰、简洁的沟通目的"，因此在方法论部分广泛存在。此外，上例中，下划线部分（如" for 30 minutes"和" for 24 hours"）充当时间状语，进一步具体描述实验程序。"at 30 ℃"和"under a static condition（在静态条件下）"这两个短语用作条件状语具体描述了实验环境。在其他科学研究论文中，地点、目的或方式状语也用来实现步骤 2.3 的交际目的。因此，我们得出以下结论：被动态动词和时间关系附加语可以实现对实验过程的描述功能，状语作为补充性说明促进步骤 2.3 的完整实现。

3.2.6 步骤 2.4 的语言资源

如 3.1.6 中所示，步骤 2.4"论证实验方法"有两种实现方式：引用和使用一定的测量标准来验证研究结果。"引用"指引述前人的研究，多使用"as described previously""as described in sb"等短语。第二种方法"使用一定的测量"，如下例所示：

例 21：Microarray data **was validated** by two step qRT-PCR using B. napus primers（Table 1）designed from the annotated B. napus expressed sequence tag（EST）...

短语"be validated by（由……验证）"引出了验证过程。上例中，实验数据使用专门设计的引物，通过两个步骤得到验证。基于英语科学研究文章的特点，验证步骤不能仅仅运用表达目前研究方法，优势和普遍性的积极词汇或强调其他研究方法、验证方法缺陷的否定性词汇。因此，上例中方式附加语"by two step qRT-PCR"和"using B. napus primers"适当地解释了验证过程。

3.2.7 步骤3.1的语言资源

步骤3.1“解释数据分析过程”叙述了实验数据分析过程，为讨论提供基础。

例22：Total sugar **was determined by** Phenol-sulfuric acid determination method. Crude protein **was determined by** Kjeldahl determination method. Amino acids **were detected by** Amino acid analyzer.（学生样本1）.

步骤3.1中经常使用被动态动词-介词词组来解释数据分析过程，如上例中的“be determined by”和“be detected by”。当分析过程较复杂时，使用时间关系附加语。同步骤2.3一样，被动态动词实现了提供科学描述的交际目的，而时间附加词则可以使描述更加得体、有条理。实际上，被动态动词-介词词组的使用会使“S+P”句子模式频繁出现，使研究论文更加科学、客观。

当该步骤使用了新的测量工具时，使用动词-介词短语组合给其下定义。

例23：A hub can **be defined by** 2 ways：a vertex that has many important connections running through it and a region that is associated with many different RSNs or modules.（已发表样本8）

上例中的“hub”是数据分析过程中一种新的测量方法。使用表示定义的动词-介词复合词组“be defined by”，能够更加全面地描述有关此新测量标准的详细信息。此外，其他短语如“be defined as”“the terminology refers to”或“the measurement means”等都存在于“步骤3.1”中。

值得一提的是，以“by”或分词“using”引导的方式附加语完善了对分析过程的描述。

例24：CSF was analyzed for tau and Ab42 **by plate-based enzyme-linked immunoabsorbent assay**（INNOTEST；Innogenetics，Ghent，Belgium）according to the manufacturer's specifications.（已发表样本8）

在上例中，介词“by”后面的短语是一种分析方法的名称。介词“by”引导的方式附加语作为方式状语，完整描述了数据分析过程。

3.2.8 步骤3.2的语言资源

步骤3.2“论证数据分析过程”旨在验证数据分析过程，为下一步的讨论提供可靠的依据。如3.1.8所述，科学论文中论证的方式过于单一。

例25：These ROIs represent 6 a priori brain networks，but can be further divided into additional sub-networks（Power et al.，2011）. These ROIs were selected **because** they have been previously validated as adequately sampling various RSNs and sufficiently cover the entire brain.（已发表样本 8）

上例中，“because”引导的原因状语从句解释了将这些测量标准（ROIs）应用到数据分析过程的原因。步骤 3.2 中还使用了其他语言资源，如“ as”或作为目的状语的不定式（例如“to avoid”）。虽然这些语言资源可以证明数据分析过程的有效性，但步骤 3.2 的语言资源还需要使用更多其他的验证方法来丰富。

4 结语

本文比较研究了学生作者撰写的和公开发表的英语科学论文方法论部分的语类特征，以及中心语步及其组成步骤的语言资源特征。研究结论主要为以下三方面：

第一，学生撰写的和公开发表的论文样本在步骤 2.3“叙述实验过程”、步骤 1.1“描述实验对象”、步骤 3.1“解释数据分析过程”、步骤 2.1“解释实验前准备”和步骤 2.2“介绍实验仪器”的出现频率上没有显著差异。两类样本中，步骤 2.3 的出现频率均为 12/12，具体解释和描述了实验过程。学生论文中，步骤 1.1 的出现频率为 8/12，其中 4 篇论文由于研究主题的原因未列出“实验对象”。公开发表论文中，步骤 1.1 的出现频率为 12/12。学生论文中，步骤 3.1 的出现频率为 6/12，公开发表论文中，步骤 3.1 出现的频率为 11/12。学生论文中，步骤 2.1 的出现频率为 5/12，公开发表论文中，步骤 2.1 的出现频率为 7/12。学生论文中，步骤 2.2 的出现频率为 7/12，公开发表论文中，步骤 2.2 的出现频率为 4/12。但在步骤 1.1、步骤 2.2 以及步骤 3.1 中，学生论文多采用列表式的写作方法，即分别罗列出研究对象、样本来源、实验仪器以及数据分析方法的名称，公开发表论文则详细阐述研究对象、实验仪器等的具体信息，定义和解释数据分析方法。

第二，三个论证步骤（即步骤 1.2“论证实验对象”、步骤 2.4“论证实验方法”和步骤 3.2“论证数据分析过程”）总体出现频率较低，且在学生论文和公开发表论文中的出现频率差异较大。步骤 3.2 在学生论文中的出现频率为 1/12，在公开发表论文中为 10/12。步骤 2.4 在学生论文中出现的频率为 1/12，在公开发表论文中为 7/12。步骤 1.2 仅出现于两篇公开发表论文中。

第三，学生论文和公开发表论文在方法论部分的语言资源使用上不存在明显差异。其共性体现在：(1) 在步骤 1.1 和步骤 2.2 中，名词短语、动词-ing 引导的短语以及处所介词短语（locative-preposition phrase）详细说明了研究对象以及实验仪器的来源、特性和获取地点。被动态动词-介词复合词组（passive verb-preposition combination）解释了研究对象以及实验仪器的获取方式。(2) 综合使用被动态动词和时间连词，使得步骤

2.1 和步骤 2.3 的表述更有条理。除此之外，被动态动词后跟随时间状语、条件状语、目的状语或方式状语等，全面实现了这两个步骤的交际目的。(3) 在步骤 3.1 中，除了被动态动词和时间连词的表述外，表示定义的动词-介词复合词组(defining verb-preposition combination)以及方式附加语(manner adjunct)对实验过程中涉及的测量标准进行定义、描述。被动态动词-介词组合的使用使得 S+P 句式频繁出现。(4) 三个论证步骤，即步骤 1.2、2.4 以及步骤 3.2，广泛采用了表示引用前人研究的语言资源“be deemed suitable as”“representative”“be validated by”等短语来论证本研究的合理性，使用由“as”或“because”等引导的状语从句或介词短语来解释原因。

以上结论表明：(1) 学生作者已经掌握了方法论部分核心步骤的基本写作技巧。但是，在方法论部分语类结构交际目的实现方面，公开发表论文的作者更加灵活高效。(2) 研究者，特别是学生作者，在方法论部分的写作中普遍缺乏验证意识。与非学术论文不同，科学文章旨在通过使用数据、实验或其他经验方法获得研究结果以说服读者。验证问题是学术写作的基础。(3) 学生作者已经掌握了方法论部分语言资源的使用方法。

本研究的启示主要为以下两个方面：

一方面，我们得出结论，学生作者已经掌握了方法论部分的基础写作技巧，但这还远远不够。教师应帮助学生端正态度，努力学习方法论部分的写作。此外，有必要进行相关课程设计调整和课外训练。通过学生和教师的共同努力，学生可以逐步掌握方法论部分的写作技巧。

另一方面，由于学生论文方法论部分验证步骤的出现频率较低，在教学中，教师应更多地注意提高学生关于方法论部分的验证意识。此外，应设计更有效的方法帮助学生撰写方法论部分的验证步骤。

方法论部分的语类和语言特征研究可以为更好地编写相应教材打下基础，以满足当前的科研和教学需求。这类教材可以有针对性地促进方法论部分的教学。如果将这种语类研究模式贯穿于整篇文章中，学术英语的教学效率将大大增强。同时，本研究同公开发表论文的作者的写作模式相比较，有助于发现学生作者在撰写科学论文方法论部分方面的不足，对未来的方法论部分教学提出相应建议。另外，本研究还有助于提高研究文章的整体性和连贯性。方法论部分与其他关键部分，尤其是“引言”和“结果”部分联系紧密，这三个部分是论文的核心，回答了“研究什么—怎么研究—为什么研究”的问题。方法论部分的连贯性有助于整合整篇论文，避免对研究设计、研究结果和相关解释的潜在批评和挑战。

本研究仍存在一定的局限性：一方面，该研究的自建语料库仅包含选自“三国三校”

国际研讨会的12份学生论文和从SCI期刊中选择的12份公开发表论文，语料库规模较小。在未来的研究中，我们应该选择更多的样本以形成更可靠和更具代表性的语料库。另一方面，样本仅涵盖7个科学学科，包括机械、材料、环境、医学、生物、化学和工程。不同学科的研究论文在语类和语言功能方面既有相似之处也有不同。因此，本论文的研究成果只能应用于以上7个学科的研究论文中。未来的研究应涉及更多学科，甚至力求穷尽所有科学学科，以使研究结果更具普遍性。

参考文献

方琰，1998. 浅谈语类[J]. 外国语（上海外国语大学学报）(1)：17-22.

BAKHTIN M，1986. Speech genres and other late essays[M]. Austin：University of Texas Press.

BRETT P，1994. A genre analysis of the results section of sociology articles[J]. English for Specific Purposes，13(1)：47-59.

BROWN J D，1996. Testing in language programs：A comprehensive guide to English language assessment[M]. Englewood Cliffs：Prentice-Hall Regents.

BRUCE I，2008. Cognitive genre structures in methods sections of research articles：A corpus study[J]. Journal of English for Academic Purposes，7(1)：38-54.

COHEN J，1960. A coefficient of agreement for nominal scales[J]. Educational and Psychological Measurement，20(1)：37-46.

CROMPTON P，1997. Hedging in academic writing：Some theoretical problems[J]. English for Specific Purposes，16(4)：271-287.

EVANS T D，1994. Genre analysis：An approach to text analysis for ESP[M]//COULTHARD，M. Advances in written text analysis. London：Routledge：219-228.

HOPKINS A，DUDLEY-EVANS T，1988. A genre-based investigation of the discussion sections in articles and dissertations[J]. English for Specific Purposes，7(2)：113-121.

HUANGFU W H，2005. Genre analysis：Discussion sections of english medical research articles written by Chinese medical writers[D]. Xi'an：Fourth Military Medical University.

HYLAND K，1994. Hedging in academic writing and EAF textbooks[J]. English for Specific Purposes,13(3):239-256.

HYLAND K, 1996. Writing without conviction? Hedging in science research articles[J]. Applied Linguistics,17(4):433-454.

HYLAND K,1998. Hedging in scientific research articles[M]. Amsterdam:John Benjamins Publishing Company.

HYLAND K,2001. Humble servants of the discipline? Self-mention in research articles[J]. English for Specific Purposes,20(3):207-226.

JOHNS A M,BAWARSHI A,COE R M,et al.,2006. Crossing the boundaries of genre studies: Commentaries by experts[J]. Journal of Second Language Writing,15(3):234-249.

KANOKSILAPATHAM B, 2005. Rhetorical structure of biochemistry research articles[J]. English for Specific Purposes,24(3):269-292.

KUO C H, 1999. The use of personal pronouns: Role relationships in scientific journal articles[J]. English for Specific Purposes,18(2):121-138.

LIANG S L,2005. Genre analysis:Introduction sections of english medical research articles written by Chinese medical writers [D]. Xi'an: Fourth Military Medical University.

LIM J M H, 2006. Method sections of management research articles: A pedagogically motivated qualitative study[J]. English for Specific Purposes, 25(3): 282-309.

MALCOLM L,1987. What rules govern tense usage in scientific articles? [J]. English for Specific Purposes,6(1):31-43.

MARTIN J R,WHITE P R R,2005. The language of evaluation[M]. New York: Palgrave Macmillan UK.

MATSUDA P K,2001. Voice in Japanese written discourse:Implications for second language writing[J]. Journal of Second Language Writing,10(1/2):35-53.

MATSUDA P K,TARDY C. M,2007. Voice in academic writing: The rhetorical construction of author identity in blind manuscript review[J]. English for Specific Purposes,26(2):235-249.

NWOGU K N, 1997. The medical research paper: Structure and functions[J]. English for Specific Purposes,16(2):119-138.

PALTRIDGE B, 1997. Genre, frames and writing in research settings [M]. Amsterdam:John Benjamins Puslishing Company.

SALAGER-MEYER F, 1990. Discoursal flaws in Medical English abstracts: A genre analysis per research and text type[J]. Text-Interdisplinary Journal for the Study of Discourse,10(4):365-384.

SALAGER-MEYER F,1992. A text-type and move analysis study of verb tense and modality distribution in medical English abstracts[J]. English for Specific Purposes,11(2):93-113.

SALAGER-MEYER F, 1994. Hedges and textual communicative function in medical English written discourse[J]. English for Specific Purposes,13(2):149-170.

SALAGER-MEYER F, 2001. From self-highlightedness to self-effacement: A genre-based study of the socio-pragmatic function of criticism in medical discourse[J]. LSP and Professional Communication (2001—2008),1(2):63-85.

SKELTON J,1994. Analysis of the structure of original research papers:An aid to writing original papers for publication[J]. The British Journal of General Practice,44(387):455-459.

SWALES J M,1990. Genre analysis:English in academic settings[M]. Cambridge: Cambridge University Press.

SWALES J,NAJJAR H,1987. The writing of research article introductions[J]. Written Communication,4(2):175-191.

SWALES J M,FEAK C B,2012. Academic writing for graduate students:Essential tasks and skills[M]. 3rd ed. Michigan:The University of Michigan Press.

THETELA P, 1997. Evaluated entities and parameters of value in academic research articles[J]. English for Specific Purposes,16(2):101-118.

THOMPSON G,YE Y Y,1991. Evaluation in the reporting verbs used in academic papers[J]. Applied Linguistics,12(4):365-382.

理工科英语科研论文“引言部分”研究空间构建对比研究[①]

喻志刚　钟兰凤

1　研究背景

英语科研论文已成为国际科研社团学术交流的主要媒介(Kanoksilapatham,2005)。作为科研论文不可或缺的组成部分,引言承载着独特的交际目的,能使科研话语社团认识某一研究的意义,在广阔的科研环境中建立作者的研究空间(Swales,1990)[142]。英语科研论文引言直接关系到说服国际同行匿名审稿人认同研究的创新意义(Lim,2012)[229],进而影响论文在国际期刊上发表。因此,对英语非本族语科研人员来说,习得国际科研社团英语论文的引言语类规约十分重要。

自 Swales(1990)提出科研论文引言“建立研究空间”(Create a Research Space,CARS)语步模式以来,引言作为一个独特的语类日益受到学术英语研究与教学的关注。国内外研究主要探讨了软件工程(Anthony,1999)、生物化学(Kanoksilapatham,2005)、数学(Graves et al.,2014)等特定学科英语科研论文引言的语类结构特征,不同学科论文引言语类结构对比(Samraj,2002),同一学科不同分支论文引言语类结构对比(Kanoksilapatham,2015),同一学科由英语本族语者和非本族语者撰写的论文引言语类结构对比(Sheldon,2011;胡蓉,2005)。类似研究侧重考察学科和作者语言文化背景差异对英语科研论文引言语类结构的影响,语步的语言实现形式未受到相应关注。迄今为止,只有少数学者研究了英语本族语者撰写的论文引言部分的“确立中心议题”步骤(Wang et al.,2015)和“设置合适的研究地位”语步的语言特征(Swales,1990;Shehzad,2008;Lim,2012)。“回顾前期研究”步骤对构建研究空间至关重要,其交际目的是对与研究论题相关的前期研究进行介绍与分析(Swales,1990)[148],为“设置合适的研究地位”语步作铺垫,然而鲜有研究探究其语言特征。“回顾前期研究”步骤和“设置合适的研究地位”语步紧密相连,经常形成语步循环(Swales,1990)[158]。我们可针对前期研究的不足构

---

① 原载《外语界》2016年第6期,入选后有所改动。

建一系列研究空间(Kanoksilapatham,2015)[80]。因此,同时考察二者的语言特征很有必要。此外,以往关注中国作者的研究大多以成熟科研作者为对象,或以英语专业硕士研究生为对象(徐有志 等,2007;孙迎晖,2010)。中国理工科学生研究者对发表英语学术论文的需求较大,但探讨其论文引言部分特征的研究尚待开展。

有鉴于此,本研究尝试对比分析中国理工科硕士研究生和高水平 SCI 期刊上英语本族语作者撰写的英语科研论文的引言部分,从语类结构及其语言实现形式方面探讨两类作者构建研究空间的异同。

2 分析框架

2.1 “建立研究空间”语步模式

2004 年,Swales 对引言的 CARS 模式进行了修订。基于以往研究对 Swales 两种模式优缺点的考察(Swales, 2004; Adnan, 2008; DEL Saz-Rubio, 2011; Sheldon, 2011; Kanoksilapatham, 2015)和对本研究语料的预研究,本研究提出以下研究分析框架:

语步 1,确立研究领域,包含 3 个实现步骤:步骤 1,确立中心议题(可选);步骤 2,概括主题内容(必选);步骤 3,回顾前期研究(必选)。

语步 2,设置合适的研究地位,包含 2 个实现步骤:步骤 1A,指出差距(必选)和步骤 1B,补充已知(必选);步骤 2,指出研究的积极合理性(可选)。

语步 3,介绍本研究,包含 7 个实现步骤:步骤 1,描述性或目的性地通报当前研究(必选);步骤 2,提出研究问题或假设(可选);步骤 3,明确定义(可选);步骤 4,概述研究方法(可选);步骤 5,报告主要发现(某些领域适用);步骤 6,陈述研究价值(某些领域适用);步骤 7,概述文章结构(某些领域适用)。

2.2 转述类型与转述动词

语步 1 中“回顾前期研究”步骤的交际目的是分析评述前期研究(Swales,1990)[148],因而转述语是其主要语言实现形式。Swales 曾于 1981 年提出了一套在引言中引述前期研究的转述模式,后因受到批评,Swales 在 1990 年对该模式进行了修改,将转述语按嵌入方式和有无转述动词分为 4 大类:(1) 嵌入式/有转述动词,(2) 嵌入式/无转述动词,(3) 非嵌入式/有转述动词,(4) 非嵌入式/无转述动词。本研究采用这一分类作为转述类型的分析框架。

转述动词是转述语的重要组成部分。Hyland(1999)[349] 在 Thompson 等(1991)研究的基础上,将转述动词分为 3 类:(1) 研究动词,用来描述具体研究过程中的行为(如 observe);(2) 认知动词,用来描述心理过程(如 believe);(3) 话语动词,用来描述言语行为表达过程(如 ascribe)。从评价意义来看,转述动词又可分为积极(如 advocate)、中立(如 address)和消极(如 condemn)3 种(Hyland,1999)[350]。对转述动词立场的区分能够反映作者对被转述信息的态度(Hyland,2000)[23]。本研究采用这一分类作为转述动词的分析框架。

2.3 语步 2“设置合适的研究地位”的语言特征

Swales(1990)对物理学、地质学和心理学学科学术论文引言中的 100 个语步 2“设置合适的研究地位”进行了分析,发现语步 2 的语言特征包括否定或准否定量词、否定词汇、否定动词短语、提出问题、表达需要/愿望/兴趣、逻辑结论、对比评论、指出问题等 8 类。根据语言特征出现频率高低,前 3 类为主要途径,后 5 类为次要途径(Swales,1990)[155-156]。Swales(1990)还指出,“表达需要/愿望/兴趣”和“逻辑结论”属于对以往研究挑战性较弱的语步实现形式,只出现在“补充已知”步骤中。本研究采用这一分类作为语步 2 语言特征的分析框架。

3 研究设计

3.1 研究问题

本研究主要探讨中国理工科硕士研究生和英语本族语作者在英语科研论文引言中构建研究空间的异同,具体回答以下问题:

(1) 两类作者的语步结构有何异同?

(2) 两类作者语步 1 步骤 3“回顾前期研究”、语步 2“设置合适的研究地位”的语言特征有何异同?

3.2 语料

中国理工科硕士研究生语料(以下简称“学生组”)由江苏某省属重点大学理工科硕士研究生 2014 年和 2015 年参加国际学术会议所写论文的引言部分构成,共 15 篇,涉及材料合成与加工工艺、动力机械工程、声学、环境工程、生物工程学科。英语本族语者语料(以下简称“专家组”)由 2014 年和 2015 年高水平 SCI 期刊(平均影响因子 4.561)论文的引言部分组成,数量、学科和学生组一致。所选论文都是实验性科研论文,结构均符合 IMRD(引言—方法论—结果—讨论)结构。学生组语料未经专家或英语母语者修改,专家组语料的筛选参照论文第一作者的名字为英语本族语者常用名、署名单位所在国家的第一语言为英语的英语本族语者论文甄别方法(Wood,2001)[78-79]。学生组每篇引言的平均词数为 345.61,平均句数为 14.38;专家组每篇引言的平均词数为 693.25,平均句数为 23.50。

3.3 语料标记及标记内部一致性检测

语料标记涉及两方面:一是宏观语步,二是语步 1 中的转述语和语步 2“设置合适的研究地位”的语言特征。由于转述语类型、转述动词和语步 2 的语言特征较易识别,熟知标记规则的标记者单独标记的信度也较大,故语言特征的标记由本文第一作者独自完成。语步识别基于标记者对语段语义的理解,将符合同一交际目的的句子归为某一特定语步或步骤。“语步识别个体差异性较大”(Hood,2010)[10],“单一识别者标记的主观性太强,标记信度可能较低”(Crookes,1986)[61]。为确保语步标记信度,本研究采用让一组受过训练的标记者各自标记相同语料的方法(Crookes,1986),具体由本文第一作者和一名受邀的英语专业硕士研究生(专八成绩良好)共同完成标记。首先,第一作者对受邀标记者进行培训,向其讲授语步分析框架。培训之后,在正式标记语料前,两名标记者分别对任选的 4 篇理工科类期刊英语论文引言进行标记练习,达成标记共识后,再独立标记研究语料。标记完成后,研究采用数据定性分类一致性测量方法(Cohen,1960)检测语步标记的内部一致性。检测结果显示,Cohen k 值为 0.81,表明语步标记一致性为优,标记信度可靠。

3.4 数据处理与分析

语料标记完成后,我们对两组的各项数据进行统计制表,进行对比分析,必要时使用 SPSS 17.0 分析数据。

4 研究结果

4.1 语步和步骤对比

两组语料的宏观语步数量统计结果(见表 1)显示,专家组平均每篇引言中语步 1 的数量约为学生组的2倍，语步2约为学生组的3倍，语步3差异不大。语步循环统计结果表明，学生组二语步循环模式（M1—M2）出现4次，专家组为31次；学生组没有出现三语步循环模式（M1—M2—M3），专家组出现2次。

表1 语步频率分布对比

语步	学生组		专家组	
	数量（N=15）	平均数	数量（N=15）	平均数
M1	18	1.20	35	2.30
M2	10	0.67	33	2.20
M3	13	0.86	16	1.06

注：M是“move”的缩写，指语步，下同。

为了解两组语料各语步中步骤的出现情况，我们对步骤进行统计。表2的统计结果显示，语步1中，学生组和专家组采用步骤1和步骤2的频数差异不大，存在较大差异的是步骤3，平均每篇引言中专家组约是学生组的3倍。语步2中，学生组和专家组均主要采用步骤1A，但专家组采用步骤1A的频数约为学生组的4倍。语步3两组数据大致相同，差异较小。

表2 步骤频率分布对比

		M1			M2		M3				
		S1	S2	S3	S1A	S2	S1	S4	S5	S6	S7
学生组	数量（N=15）	15	19	13	9	1	12	0	1	2	1
	平均数	1.00	1.27	0.87	0.60	0.07	0.80	0	0.07	0.13	0.07
专家组	数量（N=15）	15	26	38	35	4	15	2	1	2	0
	平均数	1.00	1.73	2.53	2.33	0.27	1.00	0.13	0.07	0.13	0

注：S是“step”的缩写，指步骤。

4.2 语步1步骤3和语步2的语言特征对比

4.2.1 转述语对比

转述语对比包括转述类型和转述动词立场两方面。基于这两方面的语料标记，转述类型对比结果如表3所示。

表 3 转述类型对比

转述类型		学生组		专家组	
		数量	百分比	数量	百分比
嵌入	有转述动词	14	38.89%	20	15.50%
	无转述动词	9	25.00%	6	4.65%
非嵌入	有转述动词	1	2.77%	33	25.58%
	无转述动词	12	33.34%	70	54.27%

由表 3 可知，学生组“回顾前期研究”步骤中，转述语出现 36 次，专家组出现 129 次。嵌入式转述类型在学生组中占 63.89%，在专家组中占 20.16%。非嵌入式转述类型在学生组中占 36.11%，在专家组中占 79.84%。两组嵌入式和非嵌入式数据的卡方检验结果显示，学生组嵌入式和非嵌入式转述语的使用与专家组存在显著性差异($p=0.00<0.05$)。在转述动词方面，学生组使用转述动词的频率为 41.67%，专家组为 41.09%，二者基本一致。转述动词立场的分类统计结果具体见表 4。

表 4 转述动词立场对比

立场类别	学生组		专家组	
	数量	百分比	数量	百分比
积极	11	73.33%	15	31.91%
中立	4	26.67%	25	53.19%
消极	0	0%	7	14.90%

表 4 显示，学生组表示积极立场的转述动词占 73.33%，表示中立立场的占 26.67%，没有表示消极立场的转述动词。反观专家组，超过一半的转述动词表示中立立场，表示积极立场的转述动词明显比学生组少，表示消极立场的占 14.90%。

4.2.2 语步 2 的语言特征对比

语步 2“设置合适的研究地位”的语言特征统计结果(见表 5)显示，学生组对前期研究使用挑战性较强的语言实现形式(否定或准否定量词、否定词汇、否定动词短语和对比评论)占 66.67%，专家组为 88.24%。学生组对前期研究使用挑战性较弱的语言实现形式(表达需要/愿望/兴趣、逻辑结论)占 33.33%，专家组为 11.76%，学生组是专家组的近 3 倍。

表 5 语步 2 的语言特征对比

类别	学生组		专家组	
	数量	百分比	数量	百分比
否定或准否定量词	2	11.11%	4	11.76%
否定词汇	5	27.78%	13	38.24%
否定动词短语	5	27.78%	12	35.30%
表达需要/愿望/兴趣	4	22.22%	2	5.88%
逻辑结论	2	11.11%	2	5.88%
对比评论	0	0%	1	2.94%

5 讨论

5.1 语步结构与研究空间构建

本研究表明，学生组语步 1 和语步 2 出现的频数明显少于专家组，语步 3 基本一致（见表 1）。语步 1 中，学生组与专家组在步骤 1 和步骤 2 上无较大差异，在步骤 3“回顾前期研究”方面存在较大差异（见表 2）。由此，学生组语步 1 相对缺失主要是因为缺乏“回顾前期研究”步骤。语步 2 中，两组均主要使用步骤 1A“指出差距”，但学生组的使用数量明显少于专家组，因而学生组语步 2 相对缺失主要是由于缺乏“指出差距”步骤。语步循环统计结果显示，专家组语步 1 和语步 2 的循环次数（31 次）是学生组（4 次）的约 8 倍。具体而言，专家组“回顾前期研究”和“指出差距”步骤的循环次数远大于学生组。因此，从语步结构来看，专家组语步结构完整，善于通过“回顾前期研究”和“指出差距”步骤的循环有效构建研究空间，而学生组研究空间建构不足。

导致上述差异的原因可能有两方面。一方面是社会文化因素。本研究中的学生作者和专家作者分别持有中国文化和英语国家文化的不同文化身份。学术论文写作可被视为作者与读者的交流互动（Myers，1989）。中国文化语境下的交流属于高语境交流（high-context communication），可能会使中国作者撰写学术论文时表现得含蓄，顾全面子（Loi et al.，2010），避免频繁使用“回顾前期研究”和“指出差距”步骤。“回顾前期研究”步骤“分析已有研究，表明作者对已有发现的立场”（Swales，1990）[148]，而回顾分析内容可能成为语步 2“指出差距”步骤批判的对象（胡蓉，2005）[30]。“指出差距”步骤“指出已有研究的局限性和弱点”（Lim，2012）[230]，而“公开批判他人研究容易使被批判者蒙羞”

(Loi et al.,2010)[2819]。受含蓄价值观和面子文化的影响,中国学生作者可能避免正面批判已有研究,减少使用"回顾前期研究"和"指出差距"步骤。反观英语国家文化,其文化语境下的交流属于低语境交流(low-context communication),英语本族语作者在撰写论文时会直白清晰地表达观点(Loi et al.,2010),频繁使用"回顾前期研究"和"指出差距"步骤对已有研究进行批判性分析,有效构建研究空间。此外,中国文化中有尊重权威、谨言慎行等传统思想。前辈们的学识是值得尊重且不可挑战的(徐有志 等,2007)[50],这会使学生作者减少使用"回顾前期研究"和"指出差距"步骤。英语国家文化则崇尚个体主义,将批判性分析他人研究视为科研论文的重要组成部分(Victor,1999)。因此,本研究中的英语本族语作者频繁使用"回顾前期研究"和"指出差距"步骤有效构建研究空间。

另一方面可能与学生作者对英语科研论文引言语类结构的认知水平较低有关。本研究中的学生作者不是十分了解英语科研论文引言语类的规约,未充分认识到应在引言中使用"回顾前期研究"和"指出差距"步骤构建研究空间。这与学生作者所在高校的学术英语写作教学现状相符:虽然学生作者在一年级学习过36课时的学术英语写作,但授课教师并没有针对科研论文引言撰写实施专门的语类教学。

由此可见,文化和语类结构认知水平是影响中国学生作者在引言中构建研究空间的两大要素。Devitt(2009)[343]曾指出:"掌握一种语类,学习者必须接受该语类和话语社团的规约和价值观。"对中国学生作者来说,克服本国文化的影响,习得英语科研论文话语社团的价值观和语类结构对成功撰写引言至关重要。高校应将专门用途语类教学法落实到英语学术论文写作教学中。专门用途语类教学法"以显性教学为主要特征,指导学生在特定的交际语境中使用语言将语类的价值观融入学习者的文化资本(cultural capital)"(Paltridge,2001),使学生快速成为特定学术话语社团的成员,了解学术话语的交际目的,习得交流机制(Kay et al.,1998)[310]。针对引言的专门用途语类教学法能使学生了解引言各语步的交际目的,习得语步循环方法,特别是语步1和语步2循环,帮助他们有效构建研究空间(Huang,2014)[175]。

5.2 语言特征与研究空间构建

转述语是语步1步骤3的主要语言实现形式。从转述语总数来看,学生组远少于专家组(见表3)。转述语数量少意味着对已有研究的分析浅显,无法构建研究主题的现状图,会削弱研究空间的构建基础。学生组转述语使用数量少的原因除了上文提及的社会文化因素之外,还可能是学生作者对转述规则不了解。有些学生使用转述语时,无法区分公共知识和专业知识,不知应该转述哪些内容(Flowerdew et al.,2007)。Hu等

(2016)对中国学生在英语学术写作中抄袭现象的研究表明,中国学生对知识产权和专业知识的作者权观念淡薄,经常不通过转述语引用文献,而是直接复制或改写。这种认识性的错误有可能使学生作者忽视转述语的使用。

从转述类型来看,学生组嵌入式和非嵌入式转述语的使用与专家组存在显著性差异,学生组倾向使用嵌入式转述语来转述研究观点和成果,而专家组倾向使用非嵌入式转述语。Swales(1990)[148] 指出,使用嵌入式还是非嵌入式转述语反映了作者想要强调的部分究竟是被转述者还是被转述信息。学生作者倾向使用嵌入式转述语凸显转述源,依赖被转述者的权威性以支持论证,但容易弱化自己的声音,很难为语步 2“设置合适的研究地位”提出批判性评价作铺垫,不利于研究空间的构建。专家组则频繁使用非嵌入式转述语,围绕研究主题进行转述,寻找已有研究的缺陷,为语步 2 作铺垫。

两组转述动词的使用频率基本一致(见表 3);学生组偏向使用表示积极立场的转述动词,而专家组更频繁地使用立场为中立的转述动词(见表 4)。转述动词不仅能转述信息,还能反映作者对转述观点的立场(Hyland,1999)[361]。Swales(1990)[151] 也认为,转述动词可在语步 2 之前显现作者对转述观点的态度。频繁使用积极立场的转述动词可借助所转述内容的权威性支撑论点,但因缺乏对已有研究批判性的评价而难以构建研究空间。学生组倾向使用表示积极立场的转述动词的原因主要有两方面:一是中国文化和学生身份因素,此处不再赘述;二是学生作者可能没有准确掌握转述动词的评价意义。娄宝翠(2011)对英语专业硕士学位论文中转述动词的研究发现,有些作者在转述文献观点时具有明确的立场意识,但不能恰当使用转述动词的评价意义。本研究中,学生组也存在转述动词误用现象,例如:

Some previous studies showed that the addition of Zr to Mg is beneficial for improving the corrosion resistance. However, such studies have usually focused on singular commercial Mg-alloys…

上述例句中,第一句转述已有研究发现,第二句对研究发现进行批判。但是,第一句使用的是表示积极评价意义的转述动词“show”,而根据第二句,这里显然应使用表示消极评价意义的转述动词,故属误用。高校学术英语写作课程应重视转述语教学,增强学生使用转述语的意识,培养学生在不同语境下使用不同形式转述语的能力,避免学生误用转述动词。

从语步 2 的语言特征来看,学生组倾向使用对前期研究挑战性较弱的语言实现形式,专家组则相反(见表 5)。对前期研究挑战性较强的语言实现形式构建的空间大于对前期研究挑战性较弱的语言实现形式(Swales,1990)[156]。因此,专家组善于构建研究空间，而学生组研究空间构建不足。这一发现与Shehzad(2008)对计算机学科英语论文引言中“确立研究地位”语步语言实现形式的研究结果相似，即主要使用“对比陈述、量词、否定或准否定量词”，几乎不使用“表达需要/愿望/兴趣、逻辑结论”。理工科硕士研究生偏向使用对前期研究挑战性较弱的语言实现形式的原因可能有两方面：一是前文论述过的社会文化因素；二是理工科硕士研究生可能对相关词汇、语法掌握不牢固，无法准确运用词句表达交际目的。高校学术英语写作教师应重视语步2的词汇、语法教学，使学生学会使用对已有研究挑战性强弱不同的语言形式，准确设置合适的研究地位。

6 结语

本研究通过对比分析中国理工科硕士研究生和英语本族语者的英语科研论文引言，探究两类作者构建研究空间的语类结构和语言特征的异同。研究发现，学生作者论文中引言的语类结构完整性和语步循环性远不及专家，构建研究空间的核心语步“回顾前期研究”和“指出差距”步骤相对缺失。从语言特征来看，学生作者倾向使用嵌入式转述语和表示积极立场的转述动词，专家作者倾向使用非嵌入式转述语和立场为中立或否定的转述动词；在语步2中，学生作者倾向使用对前期研究挑战性弱的语言实现形式，而专家作者相反。本研究的发现有助于学生作者认识到自身在英语科研论文引言中构建研究空间的不足，对高校学术英语写作教学具有一定的启示意义。

参考文献

胡蓉，2005. 中外英语期刊引言部分的对比研究[D]. 武汉：华中科技大学.

娄宝翠，2011. 学习者英语硕士论文中的转述动词[J]. 解放军外国语学院学报，34(5)：64-68.

孙迎晖，2010. 中国学生英语专业硕士论文“前言”部分的语类结构模式分析[J]. 中国外语，7(6)：54-60+78.

徐有志，郭丽辉，徐涛，2007. 学术论文体裁教学不可或缺：英语专业硕士学位论文引言写作情况调查[J]. 中国外语，(4)：47-51+60.

ANTHONY L, 1999. Writing research article introductions in software engineering: How accurate is a standard model? [J]. IEEE Transactions on Professional Communication, 42(1): 38-46.

ADNAN Z,2008. Discourse structure of Indonesian research article,introductions in selected hard science[M]//BURGESS S,MARTIN P. English as an additional language in research publication and communication. Berlin:Peter Lang:39-63.

COHEN J,1960. A coefficient of agreement for nominal scales[J]. Educational and Psychological Measurement,20(1):37-46.

CROOKES G,1986. Towards a validated analysis of scientific text structure[J]. Applied Linguistics,7(1):57-70.

DEVITT A, 2009. Teaching critical genre awareness [M]//BAZERMAN C, BONINI A, FIGUEREDO D. Genre in a changing world. Fort Colins: The WAC Clearinghouse:342-355.

DEL SAZ-RUBIO M M,2011. A pragmatic approach to the macro-structure and metadiscoursal features of research article introductions in the field of Agricultural Sciences[J]. English for Specific Purposes,30(4):258-271.

FLOWERDEW J, LI Y Y, 2007. Language re-use among Chinese apprentice scientists writing for publication[J]. Applied Linguistics,28(3):440-465.

GRAVE H,MOGHADDASI S,HASHIM A,2014. “Let G=(V,E) be a graph”: Turning the abstract into the tangible in introductions in mathematics research articles [J]. English for Specific Purposes,36(1):1-11.

HYLAND K, 1999. Academic attribution: Citation and the construction of disciplinary knowledge[J]. Applied Linguistics,20(3):341-367.

HYLAND K, 2000. Disciplinary discourses: Social interactional academic writing [M]. Harlow:Pearson Education Limited.

HOOD S, 2010. Appraising Research: Evaluation in Academic Writing [M]. London:Palgrave Macmillan UK.

HUANG J C, 2014. Learning to write for publication in English through genre-based pedagogy:A case in Taiwan[J]. System,45:175-186.

HU G W, LEI J, 2016. Plagiarism in English academic writing: A comparison of Chinese university teachers' and students' understandings and stances[J]. System, 56: 107-118.

KAY H,DUDLEY-EVANS T,1998. Genre:What teachers think[J]. ELT Journal, 52(4):308-314.

KANOKSILAPATHAM B, 2005. Rhetorical structure of biochemistry research articles[J]. English for Specific Purposes, 24(3):269-292.

KANOKSILAPATHAM B, 2015. Distinguishing textual features characterizing structural variation in research articles across three engineering sub-discipline corpora [J]. English for Specific Purposes, 37(1):74-86.

LOI C K, EVANS M S, 2010. Cultural differences in the organization of research article introductions from the field of educational psychology: English and Chinese[J]. Journal of Pragmatics, 42(10):2814-2825.

LIM J M H, 2012. How do writers establish research niches? A genre-based investigation into management researchers' rhetorical steps and linguistic mechanisms [J]. Journal of English for academic purposes, 11(3):229-245.

MYERS G, 1989. The pragmatics of politeness in scientific articles[J]. Applied Linguistics, 10(1):1-35.

PALTRIDGE B, 2001. Genre and the language learning classroom[M]. Ann Arbor: University of Michigan Press.

SAMRAJ B, 2002. Introductions in research articles: Variations across disciplines [J]. English for Specific Purposes, 21(1):1-17.

SWALES J M, 1990. Genre analysis: English in academic settings[M]. Cambridge: Cambridge University Press.

SWALES J M, 2004. Research genres: Exploration and applications [M]. Cambridge: Cambridge University Press.

SHEHZAD W, 2008. Move two: Establishing a niche[J]. Iberica(15):25-50.

SHELDON E, 2011. Rhetorical differences in RA introductions written by English L1 and L2 and Castilian Spanish L1 writers [J]. Journal of English for Academic Purposes, 10(4):238-251.

THOMPSON G, YE Y Y, 1991. Evaluation in the reporting verbs used in academic papers[J]. Applied Linguistics, 12(4):365-382.

VICTOR M, 1999. An analysis of writing knowledge in EFL composing: A case study of two effective and two less effective writers[J]. System, 27(4):537-555.

WOOD A, 2001. International scientific English: The language of research scientists around the world [M]//FLOWERDEW J, PEACOCK M. Research perspectives on

English for academic purposes. Cambridge:Cambridge University Press:71-83.

WANG W H, YANG C S, 2015. Claiming centrality as promotion in applied linguistics research article introductions[J]. Journal of English for Academic Purposes, 20:162-175.

第二部分

学术英语能力培养：模式、方法与路径

混合式EAP阅读BREAD教学模式设计及有效性研究[①]

钟兰凤　钟家宝

1　引言

阅读理解能力一般被认为是全球学术英语(English for Academic Purpose,EAP)学生收集信息和习得知识的重要技能(Grabe et al.,2019;Jordan,1997)。EAP阅读理解能力的培养主要体现在发展学习者诸多宏观和微观的阅读技能上。宏观技能涉及学习者利用已有知识掌握新材料并将新知识融入其图式的能力;微观技能包括识别逻辑关系、识别定义、概括、示例、解释和预测,以及区分事实与观点(Nuttall,2002;Flowerdew et al.,2001)。这是一个复杂的过程,也是EAP学习者必须要掌握的技能。然而,学习者不能自然习得这些技能,他们只有经过有效的EAP阅读训练,并对学术语篇知识进行广泛评估,才能逐步掌握学术语篇的学习策略及提高理解学术文本的能力(Carrell et al.,1997;Grabe,2008)。

有些学者从阅读文本(Johns et al.,1983)[1-19]、阅读模式(Grabe et al.,2019)[24]、语篇分析(Hyland,2006)[89]等多维度提出具有积极意义的EAP阅读教学的方法和原则。但是,我国EAP阅读教学囿于师资少、学生多、专业广、方向细,多采取专业混合的课堂教学形式。这不仅限制了教学资源的选择、教学案例的解读、交流互动的频度和合作学习的质量,也增加了教师掌控课上和课下阅读效果的难度。随着数字信息技术的发展,外语学习者不仅可以通过各种电子设备免费下载科学报告、研究论文、电子期刊等电子学术资源,也可以使用社交平台和在线学习APP进行EAP阅读学习(Azmuddin et al.,2018)[18]。这种使用数字技术综合在线学习和面对面学习的教学模式被称为混合式教学模式,这种模式已被证明可有效提高外语学习者的学习成绩和动机(Auster,2016;许玉,2019)。鉴于此,本研究构建一个混合式BREAD(Blending Reading English Academic Discourse)教学模式,探讨EAP阅读教学融入线上线下混合课堂的教学效果,以期为高

① 原载《外语电化教学》2020年第1期。

校师生通过混合式 EAP 阅读教学培养学生学术英语阅读能力提供全新的思路和路径。

2 文献回顾

2.1 EAP 阅读理解能力

阅读是读者与文本互动的认知过程，是读者形成假设、测试预测、使用词汇和语言知识去不断地建构意义的过程(Carrell，1989；Zhang，2001)，是在一定语境下对文字文本的一种诠释。Adams(1985)[1-280] 把这种诠释依次分为三个层次：文字理解(Literal Comprehension)、批判理解(Critical Comprehension)和情感理解(Affective Comprehension)。Nuttall(2002)[62] 进一步将阅读理解能力分为词汇猜测能力(Word Attack Skills)和文本理解能力(Text Attack Skills)。Garrigus(2002)又将学术英语阅读能力分为两个层面：基础批判阅读能力和高级批判阅读能力。前者注重文本分析，要求能辨别论题组织、发现主旨段落、鉴别结构模式、认知模式要素和支撑资料之间的转移关系符号；后者关注推论和评介，要求能推论并陈述内涵主旨、综合句子、阐述观点、区分论据和评介、评估论据、解释比喻语句、鉴别基本逻辑和情绪诉请。可见，学术英语阅读不仅要理解学术语篇的内容，而且也要对学术语篇采取批判的观点，是要学习者把熟悉的相关的基本概念和适当的背景知识与学术语篇结合的过程，是一种熟思的、高要求的、复杂的认知过程(Li et al.，1996)[199-216]。

在数字信息化时代，EAP 学习者很容易及时获得各种电子学术期刊的 pdf 文本，这些真实语言使用情景中的学术语篇虽丰富了学生的阅读材料(Flowerdew et al.，2001)[84]，但也对个体阅读电子学术文本提出了新的挑战。不过，数字时代的 EAP 学习者可以通过使用技术、学习策略和建构模式来解决阅读材料从传统纸质文本向电子文本无缝转换的挑战(Azmuddin et al.，2018)[18]。可见，新时代学习者可使用数字技术，采取合作学习、在线参与、混合学习等多种学习策略来学习学术语篇，以提高学术阅读理解能力。

2.2 合作学习、在线参与和混合式学习

建构主义认识论强调对学习材料从选择相关信息、衔接相关信息、结合先前知识等三个方面进行积极和有意义的处理(Mayer，1999)[141]，关注学习者与外界互动中主动建构意义的过程，注重创设情境以有效激发学习者先前的知识与学习动机。其核心是形成新

的意义建构(王峥,2014)[71-79]。这些观点对合作学习和在线参与阅读教学产生较大影响。

建构主义认为,合作学习过程中,学习者之间的相互交流会影响知识的建构。这个观点提出,学习群体对共同任务开展合作学习,学习者在共享环境里相互交流、共享信息和合作学习推动了协作现代教育技术辅助教学系统的发展(何高大,2002)[59-60]。这些社会互动是学生参与意义建构过程的工具,并在相互交流中自我发现意义。在智能网络技术的辅助下,学习者在协作现代教育技术辅助教学系统中可以观察其他学习者的演示、提交自己的任务、即时参与讨论、互相帮助和与其他在线参与者共建一个合作学习平台。

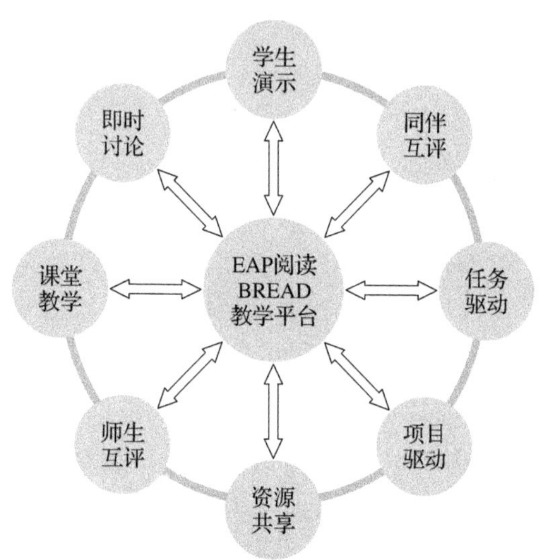

图 1 混合式 EAP 阅读 BREAD 教学模式

在线参与是一个与共建社区的协作者建立和维持关系的复杂过程,是一个需要有物理和心理工具支持的过程,是各种参与活动的辅助过程(Hrastinski,2009)[78]。学习者采用阅读、交谈、反思、感受或与他人交流等广泛在线参与活动,通过信息获取、互动学习、网络学习资料开发等在线参与方式来构建知识(Oliver et al.,2001)[95-104]。

混合式教学是指采用信息交流技术结合线下面对面课堂教学和在线参与活动,支持学习者在交流平台自由、开放地对话(Auster,2016;Law et al.,2019)。混合式教学将信息交流平台融入课程教学过程,重构了一个理想的混合式教与学环境。其目标是为学习者提供在线获得真实信息、共享资源、灵活学习、及时互动和协作学习的机会。因此,混合式教学深受学习者欢迎。但是,混合教学模式设计涉及众多决定混合学习效果的因素,是一项复杂的过程。

2.3 混合式 EAP 阅读 BREAD 教学模式设计

BREAD 基于建构主义、EAP 阅读及在线参与学习,利用 QQ 交流的即时性、有效性和互动性的特点(阮全友,2014)[48],基于 Oliver 等(2001)[95] 认定的常见在线参与形式,重构外语教学范式,创建 QQ 在线 EAP 阅读教学平台,以促进学生智慧学习和深度学习能力的发展(陈坚林 等,2017)[3]。BREAD 是利用学生演示、即时讨论、同伴互评、任务驱动、项目驱动、资源共享、师生互评、课堂教学等线上线下活动支持的 EAP 阅读教与学平台(见图 1)。这些活动能帮助学习者组织或监控学术文本阅读过程。BREAD 阅读教学平台的学习交流规则:(1) 教师指定管理员监控 QQ 群,限定群成员的权限,群内使用真实姓名;(2) 学习者按研究方向组建学术讨论组,开展组内研讨;(3) 英语是 BREAD 内唯一交流语言,禁止讨论学术英语学习及学术研究以外的话题;(4) 师生通过 BREAD 上传文件和交流学习资源;(5) 教师在 BREAD 布置作业,并启动学生在线上交功能;(6) QQ 群聊天功能作为 BREAD 的即时互动平台,用于开展课堂教学、学生演示和课后作业评价。

3 研究设计

3.1 研究问题

本研究旨在提高研究生 EAP 阅读教学的有效性,拟探究以下两个问题:(1) BREAD 任务类型与 EAP 阅读理解能力的关联性如何?(2) BREAD 任务类型对 EAP 阅读理解能力具有怎样的影响?

3.2 研究对象

本研究的研究对象是来自江苏省某综合性大学的 2015 级非英语专业一年级研究生(B 班,CET6<425,n=158 人),实验在他们的“学术英语阅读”课程中进行。全体学生自愿完成所有问卷和测试卷,收回有效卷 150 份,占参加人数的 94.94%,平均年龄 23.98 岁,男生 65 人(43.3%),女生 85 人(56.7%)。

3.3 研究工具

本研究采用线上线下混合教学方法,收集了实验前后调查问卷、EAP 阅读理解水平测试成绩。

3.3.1 BREAD 在线学习量表

该量表基于 Oliver 等(2001)认定的四种常见的在线参与形式作为四个任务类型编制而成,每个任务调查两个项目。信息获取(information access)要求学生从 BREAD 文件下载学习资源(包括 EAP 讲座知识和期刊论文)并写不少于 100 个单词的小结;互动学习要求学生在 QQ 群聊天窗口即时点评同学的课堂 ppt 演示(不少于 14 个单词),小组学术研讨发言(不少于 14 个单词);网络学习要求学生在 BREAD 平台与同学或老师交流

EAP知识或期刊论文(不少于50个单词);材料开发要求学生制作ppt并在课堂演示以分享EAP知识或期刊论文学习经验(3～5分钟)。各项目符合字数要求由学习组长统计为一次,按李克特5点计分,每个项目3次以下为较少,计1分;4～6次为一般,计2分;7～9次为中等,计3分;10～12次为较多,计4分;13次以上为很多,计5分。分值越高,表明READ在线参与学习越有成效。本研究将中等以上得分视为成功参与BREAD在线学习。

3.3.2 EAP阅读理解能力测试卷

我们选用托福官方指导2012年版的真题替代新托福网考的阅读理解部分来测量EAP阅读理解能力。真题由官方发布,具有良好的信度和效度。真题2作为前测试卷,真题6作为后测试卷。新托福考试的阅读部分主要取自大学水平的教科书,用于介绍一门学科或主题。托福阅读理解项目侧重于多种阅读技巧,主要考查考生理解学术文章的能力,总共有3篇完整的、具有一定学术深度的学术类文章,每篇文章700个字左右,60分钟完成。14道题目共有10种题型:事实信息题、否定事实信息题、推论题、修辞题、词汇题、指代题、简写句子题、篇章逻辑题、概括题和填表题。其中,13道题是基础信息和推断题,每道题1分。最后一道题是小结题,俗称大题,满分2分。大题一般情况下是6选3,3个选项错一个扣一分,扣完为止,即在答题中,错2或3个选项,这个题目不得分。因此,每篇文章对应14个题目,共15分。阅读部分整体42道题,对应原始分数满分45分。根据换算表格,将会给出原始分数与最终分数的对应分(Al-Musawi et al.,1999;Cohen et al.,2006)。

3.4 研究过程

本研究于2015年9月至11月进行,教学时间为9周,每周2次4课时,由研究人员担任主讲老师,在第1次授课时,布置实验前任务:(1) 解读BREAD在线EAP阅读理解教学平台的建设要求和运行细则;(2) 布置学术小组组建原则、任务、活动项目和课程进度;(3) 要求学生下载20篇与自己研究相关的SCI期刊英语论文,经专业导师审核后,小组打包统一上传至QQ群文件共享平台;(4) EAP阅读理解能力前测。实验中的教学任务:(1) 完善混合式BREAD在线EAP阅读理解教学平台;(2) 每周向平台上传EAP课程知识课件、精讲的SCI文章、布置作业;(3) 每次邀请15名学生用PPT演示学习体会;(4) 监控和管理BREAD平台。实验后的任务:(1) 收集统计在线学习情况;(2) EAP阅读理解能力后测。

3.5 数据分析

使用统计软件 SPSS 19.0 分析与处理数据，采用单向方差分析（Analysis of Variance，ANOVA）分析研究对象的 EAP 阅读成绩，用逐步回归分析在线参与对 EAP 阅读能力的影响。显著性水平均设为 $p<0.05$。

4 结果与讨论

4.1 EAP 阅读理解能力现状

前测结果显示，研究对象中男生阅读成绩均值为 12.74（$SD=2.653$），女生均值为 14.07（$SD=3.276$），总计均值为 13.49（$SD=3.084$）。利用单一样本 T 检验比较研究对象 EAP 阅读理解测试成绩均值与母语为中文的考生 2015 年的托福考试阅读年均值（20 分），结果显示，T 值为 -25.837，$p<0.01$。可见，这些刚入学的研究生与母语为中文的考生 2015 年的托福考试阅读成绩有极其显著性差异，他们对选自真实教科书和课程资料的学术语篇理解不透，说明我国大学生缺少理解学术文本的能力（蔡基刚，2015）[83]。同时，表 1 显示，不同性别和专业间的学术英语阅读成绩也有显著差异。这揭示了重构 EAP 阅读教学范式以改善专业混合班级教学的迫切性。

表 1 学术英语阅读前测成绩 One-Way ANOVA 表

		平方和	*df*	均方	*F*	显著性
前测成绩 * 性别	组间（组合）	65.363	1	65.363	7.154	0.008
	组内	1352.130	148	9.136		
	总计	1417.493	149			
前测成绩 * 专业	组间（组合）	580.581	10	58.058	9.643	0.000
	组内	836.913	139	6.021		
	总计	1417.493	149			

4.2 BREAD 任务类型和学术英语阅读能力的相关性分析

本研究首先用非参数检验前后测的描述性统计，前测成绩均值为 13.49±3.084，后测成绩均值为 17.57±3.318，参与 BREAD 平台学习活动前后学生的成绩存在显著差异

($p<0.01$)。从 Wilcoxon 检验结果我们可以进一步看出,负秩为 11,正秩为 132,结为 7,表示 150 个学生中,11 个成绩下降,132 个成绩提高,7 个人保持不变,前后测平均秩分别为 12.09 和 76.99,Z 统计量为−10.13($p<0.01$)(见表 2)。新托福考试在考察内容和难度上与学术英语大致相当,学生达到一定的托福考试分数就具备了相应的学术能力。这说明实验后,研究生的 EAP 阅读理解能力显著提高。

表 2 学术阅读能力前后测差异及参与 BREAD 平台学习活动交叉表

BREAD 活动得分			2		3		4		5		6		7		8		9		10	
			N	%	N	%	N	%	N	%	N	%	N	%	N	%	N	%	N	%
托福阅读后测成绩	11至15分	a	25	80.6	14	63.6	0	0.0	1	9.1	0	0.0	0	0.0	3	25	0	0.0	0	0.0
		b	32	81.9	0	0.0	5	25.0	2	22.2	4	11.5	0	0.0	0	0.0	0	0.0	0	0.0
		c	25	67.5	1	20.0	10	27.0	1	20.0	6	33.4	0	0.0	0	0.0	0	0.0	0	0.0
		d	32	62.7	0	0.0	9	32.2	0	0.0	1	4.2	0	0.0	1	3.8	0	0.0	0	0.0
	16至20分	a	6	19.4	8	36.4	15	65.2	6	54.6	11	64.7	12	85.6	7	58.4	16	94.1	1	33.3
		b	5	12.8	3	75.0	12	60.0	4	44.4	25	71.4	3	100	28	80.0	1	100	2	50.0
		c	10	27	4	80.0	26	70.2	1	20.0	12	66.7	4	80.0	22	66.7	3	30.0	0	0.0
		d	14	27.4	4	83.4	13	46.4	2	66.6	19	79.2	7	87.5	18	69.2	1	100.	3	100.
	21至25分	a	0	0.0	0	0.0	8	34.7	4	36.4	6	35.3	2	14.3	2	16.6	1	5.9	2	66.7
		b	2	5.2	1	25.0	3	15.0	3	33.3	6	17.2	0	0.0	7	20.0	0	0.0	2	50.0
		c	2	5.4	0	0.0	1	2.7	3	60.0	0	0.0	1	20.0	11	33.3	7	70.0	0	0.0
		d	5	9.8	1	16.7	6	21.4	1	33.3	4	16.7	1	12.5	7	26.9	0	0.0	0	0.0
	低分段		43	28.6	中分段		82	54.7	高分段		25	16.7	中值	18	29	19.3	众数	18	29	19.3

卡方检验	Pearson	卡方值	df	Sig 双测
	a	25.0101	104	0.000
	b	183.198	104	0.000
	c	156.882	91	0.000
	d	126.254	104	0.000

非参数检验	EAP 阅读		N	均值	标准差	极小值	极大值
	前测		150	13.49	3.084	6	22
	后测		150	17.57	3.318	11	25
	后测—前测	负秩	11	12.09	检验统计量(后测—前测)		
		正秩	132	76.99	Z		−10.13
		结	7		渐近显著性(双侧)		0.000

注:a 行为 BREAD 信息获取,b 行为互动学习,c 行为网络学习,d 行为材料开发。

其次,本研究利用交叉表深入分析 BREAD 平台学习活动与 EAP 阅读理解能力的关系。表 2 归纳了 EAP 阅读测试成绩高(21~25 分 25 人,占 16.7%))、中(16~20 分 82

人，占 54.7%）、低（11～15 分 43 人，占 28,6%）三个分数段的 BREAD 平台学习活动使用频数和卡方检验结果。观察发现，EAP 阅读理解后测成绩有以下特点：(1) EAP 阅读理解成绩与信息获取的得分显著相关（Pearson 值为 25.0101，$p<0.01$）。多数低分段成绩的学生参加信息获取的频数低，而高分段成绩的学生却鲜有低频参加信息获取的，中分段成绩的学生参加信息获取中等频数的占比超过 50%，这与中分段后测成绩占比 54.7% 相一致。(2) EAP 阅读理解成绩与互动学习显著相关（Pearson 值为 183.198，$p<0.01$）。低分段成绩的学生多数低频参与互动学习，中分段成绩的学生 50% 左右中等频数参与互动学习，但高分段成绩的学生高频参与互动学习的比例也不高。(3) EAP 阅读理解与网络学习显著相关（Pearson 值为 156.882，$p<0.01$）。多数低分段成绩的学生低频参加网络学习，少有高频数的，中高分数段的学生参与中高频数网络学习的比例高。(4) EAP 阅读理解成绩与材料开发显著相关（Pearson 值为 126.254，$p<0.01$）。多数低分段成绩的学生低频参与材料开发，高分数段成绩的学生高频参与材料开发。这不仅验证了在线参与活动的频度越高，在线学习效果越好，也验证了在线参与活动能显著提高学业成绩（Shaw，2012；Cheng et al.，2016）。

本研究结果显示，EAP 阅读理解能力随 BREAD 活动频度的提高而上升，中高频度活动对 EAP 阅读理解能力的提高效果显著好于低频度，这个发现验证了语言学习是一个逐步积累范例过程的频度理论（Ellis，2002）[143-188]。在 BREAD 混合教学模式中，学习者以课堂教学为出发点、材料获取为支撑点，在任务和项目驱动下，开展学生演示、即时讨论、同伴互评、资源共享、师生互评交流学习，逐渐将 EAP 阅读教学与 BREAD 平台建立成一个相互联系的系统，建构以培养学习者的学术能力为最终目标的 EAP 阅读教学范式。本范式基本符合 Kim 等（2014）的 SMART 教育范式转变要素，即 S（自我导向）、M（兴趣激发学习动机）、A（分层适应式教学）、R（丰富的免费教学资源）、和 T（技术嵌入）（陈坚林 等，2017）[5]。BREAD 阅读教学范式提供学生真实任务和项目，重构真实的社会文化环境，符合建构主义学习观（王峥，2014）[71]，能有效促进学生新知识的建构。这说明在 BREAD 营造的学术语篇、学术讨论、学术写作、学术反馈和学术演示系统中，学习者之间不仅相互观察、相互交流、相互讨论，而且学习者与 BREAD 之间互相教学、互相帮助、互相协作，这影响了参与者对知识的建构，显著提高了参与者的学术阅读理解能力。但由于每个人对学术知识的理解存在差异，在线参与活动促进每个学习者从多角度建构知识，导致他们学术理解能力的提升存在差异性。

4.3 BREAD平台活动对EAP阅读理解能力的解释力

本研究以前测成绩和BREAD平台各项活动为自变量，以EAP阅读理解后测成绩为因变量，先进行一元线性和逐步线性回归分析，来了解各变量对EAP阅读理解的影响及变量因子间的差异性。从表3中我们可以看出，ANOVO回归分析发现6种模型的方差：$F_1=65.495$，$p<0.01$；$F_2=74.540$，$p<0.01$；$F_3=60.493$，$p<0.01$；$F_4=56.085$，$p<0.01$；$F_5=127.761$，$p<0.01$；$F_6=97.155$，$p<0.01$，这表明前测成绩、BREAD平台四项活动及综合变量对EAP阅读成绩造成了显著影响。模型1(信息获取)非标准化系数Beta=0.741，$T=8.093$，$p<0.01$；模型2(互动学习)非标准化系数Beta=0.799，$T=8.634$，$p<0.01$；模型3(网络学习)非标准化系数Beta=0.734，$T=7.778$，$p<0.01$；模型4(材料开发)非标准化系数Beta=0.719，$T=7.489$，$p<0.01$；模型5(前测成绩)非标准化系数Beta=0.732，$T=11.303$，$p<0.01$；模型6(综合变量)非标准化系数Beta=0.464、0.440、0.224、0.352和0.210，$p<0.01$。这说明回归方程有意义：EAP阅读理解成绩=常量(1～6)+Beta(1～6)×自变量(1～6)。在理想状态下，信息获取、互动学习、网络学习、材料开发、前测成绩等自变量每增加1分，EAP阅读理解成绩就能分别增加13.844、14.237、14.588、14.957和8.417分，在综合状态下则分别增加4.985、4.769、4.897、4.755和5.009分。

此外，模型1的$R_{方}=0.307$，调整后$R_{方}=0.302$，显示信息获取对EAP阅读理解成绩有30.2%的解释力。模型2的$R_{方}=0.335$，调整后$R_{方}=0.330$，可见互动学习对EAP阅读理解成绩有33.0%的解释力。模型3的$R_{方}=0.290$，调整后$R_{方}=0.285$，表示网络学习对EAP阅读理解成绩有28.5%解释力。模型4的$R_{方}=0.275$，调整后$R_{方}=0.270$，说明材料开发对EAP阅读理解成绩有27.0%的解释力。模型5的$R_{方}=0.463$，调整后$R_{方}=0.460$，说明前测成绩对EAP阅读理解成绩有46.0%的解释力。模型6的$R_{方}=0.803$，调整后$R_{方}=0.795$，说明综合变量对EAP阅读理解成绩有79.5%的解释力。可见，自变量均与EAP阅读理解成绩成线性正相关，解释力均具有显著意义。

BREAD平台活动与EAP阅读理解能力呈显著正相关，说明BREAD构建的混合式阅读合作学习环境，为促进有效学习的发生提供了新的技术平台、工具与资源，能为知识建构和分享提供空间，能促进人类的学习(Stahl，2006；马武林 等，2014；Cheng et al.，2016)。在前测成绩稳定的前提下，从EAP阅读理解对四种BREAD平台学习的拟合度来看，四种学习形式均对EAP阅读理解能力有显著性影响力，理想状态下的解释力从互动学习(33.0%)—信息获取(30.2%)—网络学习(28.5%)—材料开发(27.0%)依次递减。自变量增加 1 分，则其对 EAP 阅读理解成绩的贡献力从信息获取(13.844)、互动学习(14.237)、网络学习(14.588)到材料开发(14.957)依次递增。而综合状态下的自变量增加 1 分，则其对 EAP 阅读理解成绩的贡献力分别从信息获取(4.985)、网络学习(4.897)、互动学习(4.769)到材料开发(4.755)依次递减，其综合解释力为 79.5%。这个结果说明了 BREAD 混合教学环境下，互动学习和信息获取比网络学习和材料开发活动更能有效地提高 EAP 阅读理解能力。在综合状态下，个体的影响力因相互作用而下降，但综合影响力显著提升，模型可靠性高。点评同学课堂的 ppt 演示和协作研讨发言的互动学习，不仅提高了学习者对于 EAP 阅读的深度学习和理解(Garrigus，2002)，也推动了他们参与信息获取、网络学习和材料开发活动。BREAD 平台形成的学习网络促使网络成员之间彼此交流，这不仅使学生了解同伴的疑惑和问题，也使教师了解学生对课程内容知识的理解程度(刘三 等，2017)[5-12]。这种互动交流成为促进个人认知和智力增长的核心，鼓励成员在平台对同伴表达评价和提出反馈，激励 BREAD 成员通过 ppt 展示学习过程、分享 EAP 阅读经验(Cheng et al.，2016；Law et al.，2019)。综上可知，本研究构建的 BREAD 混合式 EAP 阅读教学平台对研究生的 EAP 阅读理解能力具有良好的解释力和有效性。

表 3 BREAD 学习活动与 EAP 阅读理解能力的回归分析数据摘要

模型	系数				ANOVO 回归		模型汇总	
	非标准化系数		T 值	显著性	F 值	显著性	$R_{方}$	调整 $R_{方}$
	Beta	标准误差						
1 常量	13.844	0.513	27.006	0.000				
信息获取	0.741	0.092	8.093	0.000	65.495	0.000	0.307	0.302
2 常量	13.438	0.527	25.497	0.000				
互动学习	0.799	0.093	8.634	0.000	74.540	0.000	0.335	0.330
3 常量	13.854	0.529	26.169	0.000				
网络学习	0.734	0.094	7.778	0.000	60.493	0.000	0.290	0.285
4 常量	14.238	0.501	28.409	0.000				
材料开发	0.719	0.096	7.489	0.000	56.085	0.000	0.275	0.270
5 常量	7.685	0.897	8.571	0.000				
前测成绩	0.732	0.065	11.303	0.000	127.761	0.000	0.463	0.460
6 常量	4.545	0.655	6.942	0.000				
前测成绩	0.464	0.044	10.480	0.000				

续表 3

模型	系数				ANOVO 回归		模型汇总	
	非标准化系数		T 值	显著性	F 值	显著性	$R_{方}$	调整 $R_{方}$
	Beta	标准误差						
信息获取	0.440	0.060	7.281	0.000				
互动学习	0.224	0.071	3.135	0.002				
网络学习	0.352	0.062	5.685	0.000				
材料开发	0.210	0.064	3.308	0.001	97.155	0.000	0.803	0.795

注：预测变量为（常量）材料开发、前测成绩、网络学习、信息获取、互动学习；因变量为后测成绩。

5 结语

本文基于建构主义、EAP 阅读及在线参与学习观，创建混合式 EAP 阅读 BREAD 教学平台，重构 EAP 阅读教学系统，调查了学习者参与平台活动的方式、频度及其对 EAP 阅读理解能力的影响，验证了该系统是一种有效的 EAP 阅读教学模式。

一方面，BREAD 平台信息获取和材料开发能有效建构学术语言知识。信息获取和材料开发与学习者的 EAP 阅读能力显著正相关，并对其有显著解释力，说明同伴遴选的 SCI 期刊论文的内容能引发学习者关注，激发其高频获取信息，在材料开发任务和项目的驱动下，高频激活其相关知识并重构 EAP 阅读能力。因此，对于研究生学术英语学习系统和教材的开发者来说，提供真实的学术语篇，可有效培养学习者深度理解学术语篇的内容，重构学术语言知识。

另一方面，BREAD 平台网络学习和互动学习能有效培养学术语言应用能力。网络学习和互动学习与学习者的 EAP 阅读能力显著正相关，并对其有显著解释力，验证了同伴评价的不一致更能导致认知冲突，学生演示和同伴互评践行了最近发展区理论，即时讨论和师生互评的学术交际活动能对听话者对说话者提供的学术交际语境做出最佳关联假设（何自然 等，1998）。把熟悉的相关的基本概念和适当的背景知识与学术语篇相结合（Li et al.，1996），能激发学习者主动完成意义构建，有效培养学习者的 EAP 高级批判应用能力。

在数字信息时代，BREAD 用数字技术支持 EAP 阅读线上线下教学，营造混合阅读教学环境，有效促进了学习者对 EAP 阅读知识的建构，为其他课程和新数字技术结合以建构有效的混合式教学模式提供借鉴。

参考文献

蔡基刚,2015. 再论我国大学英语教学发展方向:通用英语和学术英语[J]. 浙江大学学报(人文社会科学版),45(4):83-93.

陈坚林,贾振霞,2017. 大数据时代的信息化外语学习方式探索研究[J]. 外语电化教学(4):3-8+16.

何自然,冉永平,1998. 关联理论—认知语用学基础[J]现代外语(3):16.

何高大,2002. 现代教育技术与现代外语教学[M]. 南宁:广西教育出版社.

刘三,石月凤,刘智,等,2017. 网络环境下群体互动学习分析的应用研究:基于社会网络分析的视角[J]. 中国电化教育(2):5-12.

马武林,胡加圣,2014. 国际 MOOCs 对我国大学英语课程的冲击与重构[J]. 外语电化教学(3):48-54.

阮全友,2014. 基于 QQ 平台的实践共同体对学生思辨能力的培养[J]. 外语电化教学(2):48-54.

王峥,2014. 建构主义学习理论观照下的大学英语课堂有效教学:以第四届“外教社杯”全国高校外语教学大赛为例[J]. 外语界(4):71-79.

许玉,2019. 国际混合式学习研究:回顾与思考[J]. 高教学刊(8):11-12+15.

ADAMS W R,1985. Developing reading versatility[M]. New York: Holt,Rinehart and Winston,Inc.

Al-MUSAWI N M,Al-ANSARI S H,1999. Test of English as a foreign language and first certificate of English tests as predictors of academic success for undergraduate students at the University of Bahrain[J]. System,27(3):389-399.

AUSTER C J,2016. Blended learning as a potentially winning combination of face-to-face and online learning: An exploratory study[J]. Teaching Sociology,44(1):39-48.

AZMUDDIN R A,NOR N F M,HAMAT A,2018. Using iREAD in understanding online reading strategies applied by science and technology students[J]. International Journal of Web-Based Learning and Teaching Technologies,13(3):18 - 32.

CARRELL P L,1989. Metacognitive awareness and second language reading[J]. The Modern Language Journal,73(2):121-134.

CARRELL P L, CARSON J G, 1997. Extensive and intensive reading in an EAP setting[J]. English for Specific Purposes, 16(1): 47-60.

CHENG G, CHAU J, 2016. Exploring the relationships between learning styles, online participation, learning achievement and course satisfaction: An empirical study of a blended learning course[J]. British Journal of Educational Technology, 47(2): 257-278.

COHEN A D, UPTON T A, 2006. Strategies in responding to the new TOEFL reading tasks[J]. ETS Research Report Series, 2006(1): i-162.

ELLIS N C, 2002. Reflections on frequency effects in language processing[J]. Studies in Second Language Acquisition, 24(2): 297-339.

Retrieved from http://file. xdf. cn/uploads/160804/836_160804141012ejmAeJxRdYHA6vdn. pdf.

FLOWERDEW J, PEACOCK M, 2001. Research Perspectives on English for Academic Purposes[M]. Cambridge: Cambridge University Press.

GRABE W, 2008. Reading in a second language: Moving from theory to practice [M]. New York: Cambridge University Press.

GRABE W, STOLLER F L, 2019. Teaching and researching reading[M]. London: Routledge.

GARRIGUS R, 2002. Design in reading: An introduction to critical reading[M]. New York: Longman.

HRASTINSKI S, 2009. A theory of online learning as online participation[J]. Computers & Education, 52(1): 78-82.

HYLAND K, 2006. English for academic purposes: An advanced resource book [M]. London: Routledge.

JOHNS T, DAVIES F, 1983. Text as a vehicle for information: The classroom use of written texts in teaching reading in a foreign language[J]. Reading in a Foreign Language, 1: 1-19.

JORDAN R R, 1997. English for academic purposes: A guide and resource book for teachers[M]. Cambridge: Cambridge University Press.

LAW K M Y, GENG S, LI T M, 2019. Student enrollment, motivation and learning performance in a blended learning environment: The mediating effects of social, teaching, and cognitive presence[J]. Computers & Education, 136(2): 1-12.

KIM B H, OH S Y, 2014. A study on the SMART education system based on cloud and N-screen[J]. Journal of the Korea Academia-Industrial Cooperation Society, 15(1): 137-143.

LI S, MUNBY H, 1996. Metacognitive strategies in second language academic reading: A qualitative investigation[J]. English for specific purposes, 15(3): 199-216.

MAYER R H, 1999. Designing instruction for constructivist learning [M]// REIGELUTH C M. Instructional design theories and models: A new paradigm of instructional theory (Volume Ⅱ). Mahwah: Lawrence Erlbaum Associates.

NUTTALL C, 2002. Teaching reading skills in a foreign language[M]. Shanghai: Shanghai Foreign Language Education Press.

OLIVER R, HERRINGTON J, 2001. Teaching and learning online: A beginner's guide to E-learning and E-teaching in higher education[M]. Perth: CRITC.

SHAW R S, 2012. A study of the relationships among learning styles, participation types, and performance in programming language learning supported by online forums [J]. Computers & Education, 58(1): 111-120.

STAHL G, 2006. Group cognition: Computer support for building collaborative knowledge[M]. Cambridge: The MIT Press.

ZHANG L J, 2001. Awareness in reading: EFL students' metacognitive knowledge of reading strategies in an acquisition-poor environment[J]. Language Awareness, 10 (4): 268-288.

实施“流利领先法”，培养理工科硕士研究生学术英语能力[①]

——以报刊、学术杂志文章为课程材料

钟家宝　陈　红

1　引言

对于理工科硕士研究生学术英语(English for Academic Purpose,EAP)课程的设计似有两种截然相反的观点：第一种认为学习者的通用英语能力低，则不能完成某专门学科语言学习的任务；第二种认为，最省时省费用的教学是满足学习者直接的、具体的需求，即直接进入学术英语学习阶段。第一种观点基于共核语言假说(The Common Core Hypothesis)。这一假说认为，任何领域中都有一套占主导地位的句法与词汇共核。因此，学习者在学习专门用途英语之前，必须首先掌握构成该语言共核的语言形式。第二种观点则认为，共核语言存在于语言的任何变体之中，在学某一专门变体的语言的同时就可能学到共核语言，因此，掌握目标学科的专门语言可以在总体语言能力的任何层面开始。鞠玉梅(2006)则认为，更值得提倡的做法是在提高专门学科技巧的同时，做好共核英语的补习工作，共核英语在任何变体中都会有规律地遇到。但问题是，如何在短时间内做好共核英语的补习工作？采用什么样的方法教学？选择何种资源作为教学材料？本研究拟回答这些问题。

本文采用实验研究的方法检验“流利领先法”在理工科硕士研究生学术英语能力培养中的适用性，同时评估实施该方法使用的教学资源——报刊文章和学术期刊研究型文章——是否能达到培养学术英语能力的目标。阅读报刊文章意在补习共核英语，本研究通过统计分析实验组和对照组的CET6成绩检验实验组的通用英语水平是否提高；阅读学术期刊文章意在培养基本的专业学术英语意识，本研究通过考察实验组和对照组的自主学术行为检验“流利领先法”是否能增强学术英语意识，以帮助学习者有意识的建构学术英语身份。

---

① 原载《外语研究》2014第4期，入选后有所改动。

2 “流利领先法”简介

“流利领先法”发展于二十世纪九十年代的纽约城市大学，MacGowan-Gilhooly 是主要倡导者。当时，该大学发现以英语为二语（或外语）的学生存在三大写作困境：(1) 缺少流利语言或语言控制不适当，包括词汇搭配不适当；(2) 知识面狭窄，不能有效组织篇章；(3) 尽管大多数二语学习者经过多年的写作技巧和语法学习，但其在两方面的错误依然严重。为解决这些问题，他们颠覆传统以语法为中心的教学理念，提出整体语言教学观（Whole-language Approach）。该教学观认为，应分步骤培养第二语言学习者的语言能力：第一步培养流利能力（fluency），第二步培养清晰能力（clarity），第三步培养正确能力（correctness）。这三个培养阶段适用于任何等级水平的外语学习者，但选择的课程材料的难易度要与学习者的语言水平相一致。MacGowan-Gilhooly（1996）认为，EAP 课程应该首先培养流利能力，即在不借助词典的前提下，按照正常的语速阅读，并能理解大部分内容，而且在阅读的过程中自信、舒适、控制自如。MacGowan-Gilhooly（1991，1996）认为，在学生没有获得相当流利的阅读能力之前，教师是无法培养他们清晰、正确的表达能力的，学生也很难受益于课堂教学。基于这种理念的外语教学设计被称为“流利领先法”。该方法提倡学习者读、写大量的目标语材料，以课堂讨论的形式充分使用目标语，并推荐将流行小说和传记作品作为流利阅读材料。

MacGowan-Gilhooly（1991）推荐的“流利领先法”课程设计如下：(1) 每周读小说 70 页，共计 1000 页作为家庭作业；(2) 写双栏日记（double-entry journal），左栏摘抄原文有意义的句子，右栏写对左栏原文的反应，包括自己的观点、解释、分歧，甚至可以对故事的发展加以预测、评论语法、猜测新词意义，这些活动有助于训练学生自由、流利地用英语表达思想的能力；(3) 小组讨论双栏日记；(4) 完成 10000 字的习作；(5) 在课堂向同伴朗读习作片段，获得反馈意见；(6) 授课教师提供反馈意见。

“流利领先法”的整体语言教学观颠覆了长久以来的语言知识与技能分离的课程设计模式，强调意义驱动、以任务为中心的教学设计，强调培养学习者的语言综合能力，同时强调课堂活动要有益于营造认同感、降低压力、增加满意度、减少畏惧，以此来增强学习者的学习自信心。这些理念与实践值得我国外语教学界学习与借鉴，但该方法所推荐的以小说为学习材料的做法不一定能满足有特殊需求的学习者，如专门用途英语学习者。本研究尝试评估以报刊文章及学术杂志文章为学习材料的“流利领先法”能否满足我国理工科研究生学术英语能力培养的需求。

3 研究设计

3.1 研究的对象与问题

本研究通过"学术英语阅读与翻译"课程，对两个江苏省某重点高校2012级理工科硕士研究生基础班(入学分数在50分以下、CET6成绩在425分以下)实施"流利领先法"教学研究，研究持续整个学期，以回答下列问题：

(1)"流利领先法"能否在短期内提高实验对象的通用英语水平?

(2)"流利领先法"在多大程度上影响实验对象的自主学术英语行为?

(3)"流利领先法"适应的群体是否存在性别、专业、教育背景差异?

3.2 研究工具

本研究设计两份问卷调查表:人口学调查表和自主学术活动调查表。人口学调查表主要包括以下信息:性别、年龄、专业、学号、实验前后CET6成绩、教育背景(指本科种类:本一、本二、本三)。考虑到2012年12月CET6改革，改革前后的总分、阅读分和写作分值及占比例不变，故本研究只采集实验前后的CET6总分、阅读分、写作分作为分析数据。自主学术活动调查表主要调查实验班与对照班除课任教师要求的阅读、写作、参加学术活动以外的信息，具体包括英文学术论文的阅读量、自主学术英语写作量、自主参加校内外英语学术活动频次，如校内英语学术讲座、校中外研究生论坛、模拟国际会议选拔及"三国三校"国际会议选拔、以英语为工作语言的国际学术会议、用英语授课的课程(包括在线与光盘版教学录像)。

3.3 数据收集与分析

在实施本研究的第四个学时时，研究者分别组织实验组和对照组填写人口学调查表和实验前的CET6成绩(最好成绩)。研究者组织实验组与对照组在最后一个学时填写自主学术活动调查表。按照研究者所在大学的研究生培养规定，所有一年级基础班的研究生都必须参加2012年12月的CET6。故实验后的CET6成绩于2013年5月采集。实验组收到有效数据70份，占94.59%。其中，男生37人(52.9%)，女生33人(47.1%)，平均年龄23.87(±0.883)岁，众数24岁(45.7%)。对照班收到有效问卷70份(90.91%)，男生40人(57.1%)，女生30人(42.9%)，平均年龄24.01(±0.955)岁，众数 24(31.4%)岁。所有数据用 SPSS 19.0 进行分析。

3.4 实验设计

3.4.1 确定实验组与对照组

根据学生自愿原则，把基础 II 班 74 人作为“流利领先法”教学实验组，把基础 I 班 77 人作为对照组。实验组由车辆、机械、能源动力、流体四个专业的研究生组成；对照组由材料、计算机、电气、理学、土木五个专业的研究生组成。

对学生表格进行统计我们发现：实验前，实验组 CET6 总分和写作分与对照组 CET6 总分和写作分没有显著差异(总分，$p=0.312>0.05$；写作分这，$p=0.285>0.05$)；实验组的阅读分比对照组的阅读分低，并具有显著差异($p=0.005<0.05$)。这说明实验组与对照组可以参加实验(见表 1)。

表 1 实验前描述性统计

		实验前 CET6 总成绩			实验前 CET6 写作成绩			实验前 CET6 阅读成绩		
		N	*M*	*SD*	*N*	*M*	*SD*	*N*	*M*	*SD*
组别	实验组	70	394.26	21.298	70	72.10	10.404	70	168.23	17.844
	对照组	70	390.29	24.895	70	70.33	9.081	70	176.16	15.165
ANOVA 分析组别	组间	552.029(平方和)，1(*df*)，552.029(均方)，1.029(*F*)，0.312(sig.)			109.829(平方和)，1(*df*)，109.829(均方)，1.152(*F*)，0.285(sig.)			2200.17(平方和)，1(*df*)，2200.17(均方)，8.024(*F*)，0.005(sig.)		
	组内	74059.657(平方和)，138(*df*)，536.664(均方)			13235.183(平方和)，138(*df*)，95.907(均方)			39347.772(平方和)，138(*df*)，285.129(均方)		

3.4.2 实验文本的选择

考虑到本研究参与实验者是把英语当作工具的理工科研究生，我们主要选用《中国日报》《纽约时报》作为共核语言能力培养材料，选用 20 篇与实验组研究领域相关或其感兴趣的学术论文(简称“EAP 材料”)作为学术英语能力培养材料。

由于学习者的个体差异性，国内使用“流利领先法”实施阅读教学的研究者在阅读材料选择上不仅参考兴趣、内容和体裁因素，也注意性别、兴趣爱好差异和文理学科差异。尤其理工科学生往往喜欢抽象的、不带感情色彩的语言材料，善于做分析性语言训练，因此，中国采用的“流利领先”教学实践，不能简单地一概采用读原著的方法(冯学芳，2002)。Fitzsimmons-Doolan 等(2012)建议使用拓展的非小说读物作为中等水平的 EAP

学生的主要阅读文本。英文报刊有利于学习者语言技能、语言知识、语篇结构、文化意识和媒介素养的培养，具有纯真性、交际性、社会性和可读性（钟兰凤，2007；钟家宝，2009；Hawes et al.，2012）。国内学者通过对《中国日报》和《纽约时报》的新闻语篇进行研究揭示了两份报纸都是由专业人士撰稿的，词汇的选择都是经过深思熟虑的，与社会生活的方方面面有关，词汇复现率高，语篇的修辞特征、文化内涵、词类结构和记者评论不仅能使读者根据语境加深对于新词汇的理解和记忆，还有利于培养读者的批判性和分析性思维（赵虹 等，2013）。报刊为多层次的人群提供服务，它的词汇量要求相对于其他英文小说、传记或英文杂志来说要低得多，读者可以根据自己的英语水平、兴趣爱好选择适合自己阅读的语篇。Ward（1999）的研究显示，工程类学生只要掌握 2000 个熟悉的词汇就可以有效阅读 EAP 文本，基于专业词汇的文本不会因有学术术语而加重学习者的负担，工程类 EAP 阅读可以采取超越普通的词汇文本学习。

3.4.3 教学设计

实验组教学设计：实验组教学设计基于“流利领先法”教学理论和实践，以实现学术论文理想的培养次序：先流畅，后清晰，最后正确，同时与研究者所在学校的教学计划保持一致，《学术英语阅读与翻译》课程分项同步实施，其中 36 学时以报刊文章为学习材料，重在培养学习者的通用英语综合能力；36 学时以学术期刊文章为学习材料，重在培养学习者的学术英语阅读与翻译能力。

报刊文章教学设计：在开学第一周向学生详细介绍“流利领先法”的概念和学习过程。课堂活动：(1) 老师以《中国日报》和《纽约时报》中的文章为列，讲解某一报刊的文体特色或结构；(2) 开展范文阅读比赛，以本讲所学内容赏析范文；(3) 演示和解释双栏日记，选 2～3 名同学分享其双栏日记，不讨论语法错误和中式英语习惯，只关注意义表达和速度；(4) 分享读报体会，分组讨论、组织小组辩论比赛或对双栏日记进行互评等活动。课外活动：(1) 每天浏览中外报刊的新闻导读，并精读专栏文章 300～500 字，写双栏日记；(2) 每天写一篇 100 字左右的国内外新闻综述；(3) 每天观看 CCTV-9、CNN 等同步视频 20 分钟。

学术期刊文章教学设计：学生在专业导师的指导下下载各自领域的学术文献 20 篇作为“流利领先法”的阅读材料。课堂活动：(1) 老师讲解学术英语某一语类结构或语言特色；(2) 学术文献阅读比赛，要求学生用本讲所学内容评论各自研究领域的学术英语文献，回答教师问题或就文献内容提出问题；(3) 按研究方向分组讨论本讲学习要点；(4) 小组内互评双栏日记，每组每次选一人代表小组交流学习经验与体会。课外活动：(1) 每周阅读 1 篇英语学术论文并熟背 1 篇摘要；(2) 每周就所阅读的英语学术论文写双栏日记；(3) 要求每个学生就自己感兴趣的学术文献和作者进行邮件交流。

对照组教学设计：对照组使用统一教材教学，36 学时以综合英语能力培养为主，注重语法结构、重难复杂句讲解；36 学时使用统一的“学术英语阅读和翻译”教程，着重讲解学术语篇结构和语言特色。对照组的课堂活动主要以老师讲解、学生听讲为主要教学模式。

4 结果与讨论

4.1 “流利领先法”与英语综合能力培养

表 2 显示，实验后的实验组和对照组的 CET6 成绩均超越实验前的成绩（见表 1）。这表明，经过一个学期的学习，实验组与对照组的英语综合能力均有所提高。但实验组和对照组的 CET6 总成绩、阅读成绩、写作成绩均存在极其显著的差异（$p=0.000<0.001$），说明实验后，实验组的语言能力显著高于对照组；CET6 总成绩变异数同质检验亦呈显著性（$p=0.000<0.001$），表明两组 CET6 总成绩离散情形亦有显著差别；阅读成绩、写作成绩变异数同质检验不显著（阅读，$p=0.257>0.05$；写作，$p=0.448>0.05$），说明两组的阅读、写作成绩离散情形并无明显差别。

表 2 实验后实验组和对照组 CET6 成绩对比

实验后 CET6		*N*	*M*	*SD*	*SE*	均值的 95%置信区间		极小值	极大值
						下限	上限		
总分	实验组	70	487.00	38.559	4.609	477.81	496.19	415	604
	对照组	70	434.94	22.392	2.676	429.60	440.28	388	507
阅读	实验组	70	215.39	14.293	1.708	211.98	218.79	172	245
	对照组	70	187.54	18.923	2.262	183.03	192.05	121	223
写作	实验组	70	87.26	11.173	1.335	84.59	89.92	53	105
	对照组	70	73.56	13.160	1.573	70.42	76.69	25	98
ANOVA 平方和		*df*	均方	*F*	Sig.	Levene 统计量	*df*1	*df*2	Sig.
总分	组间 94848.114	1	94848.114	95.411	0.000	15.442	1	138	0.000
	组内 137185.771	138	994.100						

续表 2

ANOVA 平方和		df	均方	F	Sig.	Levene 统计量	$df1$	$df2$	Sig.
阅读	组间 27132.864	1	27132.864	96.494	0.000	1.298	1	138	0.257
	组内 38803.957	138	281.188						
写作	组间 6569.150	1	6569.150	44.087	0.000	0.578	1	138	0.448
	组内 20562.643	138	149.005						

在实验组实施“流利领先法”教学活动，选择真实的语篇为阅读材料，以言语交际为主要课堂活动形式，以读懂英语学术论文为主要目标，这一系列举措与 Strevens(1988)提出的 EAP 教学的 5 个理念一致：(1) 真实的语篇；(2) 以交际任务为基础的教学方法；(3) 根据学习者编写材料；(4) 成人学习者；(5) 有目的的课程。在“流利领先法”实施过程中，我们获得了额外发现：实验班学生适应了流利阅读节奏后，同辈互相学习的兴趣被自发调动起来。在老师的指导和督促下，作为成人学习者的研究生对真实语篇更加感兴趣并积极参加集体学习和活动，更愿承担更多的学术活动，并根据自己的研究兴趣在专业导师指导下完成了 20 篇学术论文整理工作。

实验组与对照组在 CET6 总成绩、阅读成绩与写作成绩方面的显著差异表明，“流利领先法”能够提高中等及以下水平英语学习者的综合能力。同时也表明，后 36 学时的分学科学术英语阅读能力的培养也促进了英语综合运用能力。这一发现挑战了只有英语综合能力达到一定水平后才能开设学术英语课程的论断，为向中等及以下水平的英语学习者开设学术英语课程提供了实践依据。

对比实验前后两组学生的 CET6 成绩，实验组和对照组的平均成绩都有明显进步，但实验组学生通过参与“流利领先法”活动、体验新的 EAP 阅读习得知识过程，比使用传统教学法的对照组更好地提高了阅读、写作和总分成绩，尤其是在对照组实验前的阅读成绩显著高于实验组的情况下。这表明，“流利领先法”能较快提高学习者的英语综合水平，尤其在提升阅读和写作能力维度表现明显。这与相关研究结果一致(MacGowan-Gilhooly，1991，1996；Iancu，2000；冯学芳，2002)。综合英语水平的提高是学习者学术英语语言能力提高的一个主要方面。

4.2 “流利领先法”与自主学术英语行为

表 3 记录了研究过程中实验组与对照组的自主学术活动。从此表我们可以看出，实

验组和对照组每天完成的阅读量、每天完成的写作量、参加校内 EAP 活动的次数以及参加国外英语学术课堂的次数均呈现极其显著差异。

表 3　实验组与对照组自主学术行为

		实验组		对照组	
		N	组别中的%	N	组别中的%
校内学术活动	没有	8	11.4%	43	61.4%
	1 场	13	18.6%	27	38.6%
	2 场	16	22.9%	0	0.0%
	3 场	14	20.0%	0	0.0%
	4 场以上	19	27.1%	0	0.0%
	Pearson 卡方 77.920(值)，4(df)，0.000(Sig. 双侧)				

		实验组		对照组	
		N	组别中的%	N	组别中的%
校外学术活动	没有	0	0.0%	58	82.9%
	1 次	1	1.4%	12	17.1%
	2 次	17	24.3%	0	0.0%
	3 次	27	38.6%	0	0.0%
	4 次以上	25	35.7%	0	0.0%
	Pearson 卡方 136.308(值)，4(df)，0.000(Sig. 双侧)				

		实验组		对照组	
		N	组别中的%	N	组别中的%
自主写作	不到 50 字	0	0.0%	70	100.0%
	约 100 字	2	2.9%	0	0.0%
	约 200 字	17	24.3%	0	0.0%
	约 300 字	34	48.6%	0	0.0%
	约 400 字	17	24.3%	0	0.0%
	Pearson 卡方 140.000(值)，4(df)，0.000(Sig. 双侧)				

		实验组		对照组	
		N	组别中的%	N	组别中的%
自主阅读	500 以下	0	0.0%	50	71.4%
	不到 1000	0	0.0%	20	28.6%
	2000 左右	4	5.7%	0	0.0%
	3000 以上	18	25.7%	0	0.0%
	4000 以上	48	68.6%	0	0.0%
	Pearson 卡方 140.000(值)，4(df)，0.000(Sig. 双侧)				

实验组自主参与校内、外学术活动的频度显著高于对照组的事实表明，“流利领先法”在培养学术英语意识、促进自主学术交流方面起着不可小觑的作用。这些自主的英语学术互动是促进学术英语能力发展的有效途径，因为“语言使用能力是在互动中发展起来的，离开互动学不会说话，儿童是这样，成人也如此，互动中潜藏着语言习得的机理”(王初明，2009)[53]。而且，通过与自己研究领域一致的同辈进行互动，实验组的同学逐渐习得科学共同体在其长期发展中形成的潜在的为所有成员接受的学术文化及规约，即习得英语学术体裁——学术英语能力的重要组成部分(马晓雷 等，2013)。Spector-Cohen 等(2001)把学术英语教学分为 3 个阶段：认知阶段——有意识的学习语言规则阶段、联想阶段——建立语言规则之间的联系阶段、自主阶段——自主地运用规则进行交际阶

段。实验组的自主学术英语活动处于EAP学习的最高阶段。根据马晓雷等(2013)的研究,最高阶段为学习者营造了进行分析、推理、评价等思辨活动的学术氛围,也有效地激发了他们使用英语进行思辨交锋的主观能动性。

实验组在自主学术英语活动中接触了大量正确的语言输入,向高水平的语言使用者看齐,模仿他们的语言,习得本学科领域中使用的语言知识及话语模式,促进后续使用。这一外语学习过程与王初明(2009)的"学相伴,用相随"二语学习理念相一致,即人际交互与正确输入能促进语言学习。"流利领先法"催生自主学术英语活动的功效启发我们重新审视外语学习、教学与研究,我们应"摆脱语误分析窠臼",从"过度重视纠错反馈转而聚焦于互动中正确输入"(王初明,2009)[54]。

4.3 "流利领先法"与性别、专业、教育背景

表4显示:就性别、专业变量而言,实验前实验组的CET6总成绩、专项成绩没显著差异,实验后仍未达显著差异,这表明"流利领先活动"不受性别、专业变量的干扰,可以实施于由不同性别、专业组成的教学班。就教育背景变量而言,实验组实验前的CET6总成绩呈显著性差异,实验后亦达显著性差异,但表5显示,来自本一、本二、本三的研究生的总成绩均值大幅度提升,本一实验前后均值差最大,说明"流利领先法"对基础较好的学习者的英语综合运用能力提高效果更好。实验前、后,来自不同教育背景的实验组的CET6阅读成绩均未达显著差异,但表5显示其实验后的阅读均值均有所增长,且差距缩小,这表明"流利领先法"在一定程度上提高了实验组的总体阅读理解能力,尤其对阅读能力最弱的来自本三的研究生效果显著。来自不同教育背景的实验组的CET6写作成绩在实验前达显著性差异,但实验后,未达显著性差异,这表明实验后,来自本一、本二、本三的研究生的写作成绩均值差距缩小,实验组的写作能力总体提高。表5说明原本写作能力最弱的来自本二的研究生的提高幅度最大,这刚好体现了"流利领先法"设计者的初衷——克服以英语为二语(或外语)的学生存在的写作困境(MacGowan-Gilhooly,1991)。

通过以上分析,我们认为"流利领先法"可以实施于由来自本一、本二、本三的研究生组成的教学班。学术阅读能力和写作能力是研究生英语教学的主要培养目标。既然"流利领先法"对阅读能力、写作能力较弱的学习者效果显著,我们建议在地方理工科类研究生英语教学中推广这一方法。

表 4　实验前、后实验组不同性别、专业和教育背景 CET6 级成绩单向 ANOVA 分析

分类			实验前					实验后				
			ANOVA 平方和	*df*	均方	*F*	Sig.	ANOVA 平方和	*df*	均方	*F*	Sig.
性别	总分	组间	7.563	1	7.563	0.016	0.898	2135.487	1	2135.487	1.446	0.233
		组内	31289.808	68	460.144			100452.513	68	1477.243		
	阅读	组间	399.309	1	399.309	1.259	0.266	39.569	1	39.569	0.191	0.663
		组内	21571.034	68	317.221			14057.017	68	206.721		
	写作	组间	59.812	1	59.812	0.549	0.461	0.015	1	0.015	0.000	0.991
		组内	7408.488	68	108.948			8613.356	68	126.667		
专业	总分	组间	687.876	3	229.292	0.494	0.687	9478.407	3	3159.469	2.240	0.092
		组内	30609.495	66	463.780			93109.593	66	1410.751		
	阅读	组间	680.780	3	226.927	0.703	0.553	785.742	3	261.914	1.299	0.282
		组内	21289.563	66	322.569			13310.843	66	201.679		
	写作	组间	57.277	3	19.092	0.170	0.916	535.778	3	178.593	1.459	0.234
		组内	7411.023	66	112.288			8077.593	66	122.388		
教育背景	总分	组间	2700.142	2	1350.071	3.163	0.049	14095.397	2	7047.699	5.336	0.007
		组内	28597.230	67	426.824			88492.603	67	1320.785		
	阅读	组间	1736.958	2	868.479	2.876	0.063	306.721	2	153.361	0.745	0.479
		组内	20233.385	67	301.991			13789.865	67	205.819		
	写作	组间	1023.656	2	511.828	5.321	0.007	166.808	2	83.404	0.662	0.519
		组内	6444.644	67	96.189			8446.564	67	126.068		

表 5　实验组实验前、后不同教育背景 CET6 级成绩描述性统计

分类	教育背景	实 验前			实验后		
		N	*M*	*SD*	*N*	*M*	*SD*
CET6 总成绩	一本	28	401.54	19.540	28	504.04	43.273
	二本	23	391.52	23.378	23	472.35	27.155
	三本	19	386.84	18.656	19	479.63	34.729

续表 5

分类	教育背景	实验前			实验后		
		N	*M*	*SD*	*N*	*M*	*SD*
阅读成绩	一本	28	166.46	15.093	28	217.18	15.070
	二本	23	175.00	15.935	23	212.43	16.256
	三本	19	162.63	21.726	19	216.32	10.122
写作成绩	一本	28	76.36	7.166	28	89.14	13.055
	二本	23	67.39	12.731	23	86.13	9.790
	三本	19	71.53	9.107	19	85.84	9.822

5 结语

“流利领先法”倡导整体语言习得理念，旨在在培养学习者综合运用语言能力的同时使其学习专业知识，毕竟学习语言与通过语言学习是个一体化过程（Halliday，1994）[373]。EAP 学习者大多是成年人，就学习目标而言，学习者社团是同质的。EAP 课程内容及目标是以学习者的特定需求为导向的，主要聚焦适用于学习者用英语完成特定活动所需要的语言、技能和语类。这些基本特征与“流利领先法”所倡导的理念相一致，能满足“流利领先法”体验者的学习需求——专业学习需求与英语学习需求。体验者们在体验流利阅读的过程中习得本专业知识，体认了在本专业学术团体中盛行的英语语法、学术规范以及语类结构及其功能。同时，通过双栏日记活动，体验者们能够自由评价同专业学者的学术观点，逐步培养批判思维习惯，逐渐唤醒学术意识，自觉地参加以英语为工作语言的学术活动，获取本专业领域的最新知识。因此，在地方高校研究生英语教学中推广以报刊及学术期刊为阅读材料的“流利领先法”，对普及研究生学术能力有积极意义。此外，在我国研究生英语教学中推广“流利领先法”不但是可行的，而且具有现实性。目前，我国研究生英语教学面临的主要瓶颈是教学班人数较多、个体差异较大、大多由来自不同专业并具有不同教育背景的学生组成。既然“流利领先法”几乎不受性别、专业、教育背景的影响，只要实施者做好充分的准备工作，“流利领先法”就有助于突破这一瓶颈。

参考文献

冯学芳，2002. 流利领先法在大学英语阅读课堂的应用[J]. 外语界(5):56-59+9.

鞠玉梅，2006. 国外 EAP 教学与研究概览[J]. 外语教学(2)：1-6.

马晓雷，张韧，江进林，2013. 学术外语能力层级模型的理论与实践探讨[J]. 外语界(1)：2-10.

王初明，2009. 学相伴、用相随：外语学习的学伴用随原则[J]. 中国外语(5)：53-59.

赵虹，李川，2013. 从语类结构看中美灾难纯新闻报道的态度表达：以《中国日报》和《纽约时报》突发空难报道为例[J]. 中国矿业大学学报(社会科学版)(1)：137-144.

钟兰凤，2007. 评价理论、英语报刊教学与媒介素养教育[J]. 山东外语教学(2)：28-32.

钟家宝，2009. 英文报刊作为阅读材料的教学价值研究[J]. 安徽工业大学学报(社会科学版)，26(6)：113-114.

FITZSIMMONS-DOOLAN S, DAVIS J, STOLLER F L, et al., 2012. Extended nonfiction readers for EAP programs[J]. TESOL Journal, 3(2): 256-279.

HALLIDAY M A K, 1994. A language development approach to education[M]// WEBSTER J. Language and education. Beijing: Peking University Press: 368-397.

HAWES T, THOMAS S, 2012. Theme choice in EAP and media language[J]. Journal of English for Academic Purposes, 11(3): 175-183.

IANCU M A, 2000. Implementing fluency first activities in an intermediate-level EAP reading class[J]. TESOL Journal, 9(2): 11-16.

MACGOWAN-GILHOOLY A, 1991. Fluency first: Revising the traditional ESL sequence[J]. Journal of Basic Writing, 10(1): 73-87.

MACGOWAN-GILHOOLY A, 1996. Achieving fluency in English: A whole language book[M]. Dubuque: Kendall/Hunt Publishing Company.

SPECTOR-COHEN E, KIRSCHNER M, WEXLER C, 2001. Designing EAP reading courses at the university level[J]. English for Specific Purposes, 20(4): 367-386.

STREVENS P, 1988. ESP after twenty years: A reappraisal[M]//TICKOO M L. ESP: State of the art. Singapore: SEAMEO Regional Language Centre: 1-13.

WARD J, 1999. How large a vocabulary do EAP engineering students need[J]. Reading in a Foreign Language, 12(2): 309-324.

研究性英语论文写作共享模式建构研究[①]

钟家宝　钟兰凤

1　引言

在国际高水平期刊发表研究性论文不仅是高校教师和学习者学术产出的重要指标之一，也是其学术生涯成功的标志。进行研究性英语论文写作(Research English Article Writing，REAW)已成为学习者融入学术界所必备的能力和迫切的任务。我国外语教学界已对研究性学术英语的课程设置、教学模式、课程资源、教学方法、教学手段、学术规范、影响因素、培养目标和评估体系等进行了有益的探索(雷鹏飞 等，2018；邹建玲，2017；钟家宝 等，2018；张荔，2017；钟家宝，2018；何佳佳，2019)。已有研究虽显示学术英语课程设置、教学模式、教学评估等方面的研究取得了一定成效，但这些探索仅局限于微观英语课程教学研究，有关学术英语教学模式、教学环境、教学理论等的宏观研究还很薄弱，有待进一步拓展和深入。随着互联网和现代教育技术辅助学习理论的日趋成熟，共享教育开始备受推崇(王馥芳，2017)。同时，二语写作教学与研究从"结果法"向"过程法"转变，同伴互评、参与学习、在线写作和合作学习日益受到关注(何佳佳，2019；徐锦芬 等，2019)。本研究将"共享教育"理念植入 REAW 教学，提出共享资源、共享教材、共享过程、共享评价相融合的理念，尝试构建"赋能教材—线上线下—过程写作—参与合作—多元评价—人机协作"一体化的研究性英语论文写作共享(Research English Article Writing Shared，REAWS)教学模式，为我国 REAW 课程大班教学提供借鉴。

2　研究性英语论文写作共享教学理论依据

2.1　共享写作

探讨共享写作之前，我们有必要先了解共享教育的定义。关于共享教育，目前还未形成一个公认的概念。学者和专家从不同维度对共享教育进行了界定。王馥芳(2017)

---

① 原载《外语界》2020 第 4 期。

认为，共享教育是指学习者自主选择共享教育资源和教育服务，形成一个学习者互动互助社区，具有灵活性、经济性和普惠性特征。武法提等(2020)指出，共享教育应具有学习者、时间、空间、设备、事件五维数据共享特征。共享教育的发展不仅会推动网络化教育服务的智能化变革，也将催化在线课程共享生态学习环境的形成。

共享写作是指在语言生态学视角(黄国文 等，2017)下，相关写作社团成员(包括教师和学习者)自主性选择共享教育资源和服务，开展互动互助、人机协作、共享共有的共享写作生态教学实践。共享写作的基本要素包括共享资源、赋能教材、共享过程和共享评价，每个要素又含学生、教师与机器参与和学生、教师与机器之间互动两个环节。写作社团成员在共享写作生态教学实践中互动共享，以实现一系列交际目的。这些交际目的决定了同一语类具有相似的结构和修辞范式，并与学术话语社区的价值观和预期相关联(Paltridge et al.，2009)。

2.2 共享写作教学理论依据

2.1.1 在线协作、同伴互助和过程写作

在线协作学习(Online Collaboration Learning)是智能时代创新人才的重要学习方法和必备技能。成功的在线协作不仅需要小组成员为了共同的学习目标而积极参与商议、协调和交流，以提升知识分享、建构和创新集体责任，而且依赖于信息、资源、工具及成员实现共同学习目标意愿和意图的协作学习环境(Wang，2010；斯琴图亚，2020)。学习者在协作学习环境中积极探讨语言知识，能有效提高二语/外语写作水平和培养积极的写作态度(Ahangari et al.，2014；Yusuf et al.，2019)。

同伴互助学习(Peer Assisted Learning)源于最近发展区理论，是指同龄或同班学习者有意识地帮助同伴学习，促进更有效的自我学习，包括同伴辅导、同伴模范、同伴指导、同伴咨询、同伴监控和同伴评估等多个类型。它是一个动态的、稳健的、有效的、灵活的教学方法，可用于包括二语学习者的各种学习群体(Topping et al.，1998)。同伴互助学习不仅是促进学生参与学习和提高学习效果的有效策略(Dawson et al.，2014)，而且能提高学习者的阅读流畅度和理解力(Thorius et al.，2018)，亦可促进同伴之间用英语进行互动交流，提高学生的知识建构水平和学习成效(吴雅菲，2011)。

过程写作(Process Writing)起源于美国母语写作教学，并逐步延伸至二语和外语教学实践。当前，学界除对过程写作的基本原则和模式达成共识外，并没有有关过程写作的公认定义。过程写作强调写作行为的任务环境、长期记忆和写作过程三个维度。这种

方法不仅能够提高学生的写作过程意识，帮助他们在写作过程中发现和探索写作思路，而且有利于教师采取干预策略，引导学生以思辨的视角评价自己的作文，成为独立思维的作者。过程写作教学法旨在建构学生自主写作教学模式，激励学习者从被动学习向自主学习转变，在写作过程中提高学生的思辨能力和主体意识（杨玲，2011）。

2.2.2 智能反馈、教师反馈和同伴反馈

智能反馈（Automated Writing Evaluation Feedback）是指使用智能评估工具，如Critique、Intelligent Assessor Essay、Criterion、MYAccess 和 IADE 等，自动给学生习作打分，并提供各种修辞、语言学习、语篇形式等的形成性反馈以及辅助资源。它可提高学生对初稿修正的准确性和正确性，服务于习作评估和教学实践，是一种交互的、迭代的、及时的、个性的和证据的智能纠正反馈。研究表明，其效果受学生的语言水平、反馈认知以及师生对智能反馈的态度等因素的影响（Li et al.，2015；钟家宝 等，2018）。

教师反馈（Teacher Feedback）是指学习者从教师处接收涉及学习任务或考试成绩的评价或其他信息。它不仅能促进学生写作过程的发展，也为学生未来写作指出方向，是一种旨在实现教育和社会目标的社会行为形式（Hyland et al.，2006）。目前，教师反馈研究已成为写作教学研究的重要焦点，能有效提高学生写作水平，尤其能显著提高学生的语法水平，对学生写作水平提高起积极作用（Hyland，2010）。

同伴反馈（Peer Feedback）是指学生作者相互给对方的习作提供口头/书面反馈，它也被称为同伴评议（Peer Review）、同伴互评（Peer Response）和同伴评价（Peer Evaluation）。同伴对习作负责任的评价，可以激励彼此的信息资源交流和互动（Liu et al.，2002），促进写作能力的提高和发展，是二语写作课堂的一种重要的学习活动（Yu et al.，2017）。近来，同伴反馈越来越受写作教师和研究者的关注，如徐锦芬等（2019）论证了在线同伴反馈对国内英语写作教学的适切性、可行性和有效性。Damon 等（1989）认为，同伴反馈可以促进同伴的社会关系的建立、智力的提升、批判性思维的发展。

3 研究性英语论文写作共享教学模式框架

在智能教育背景下，现代信息技术不断与教育教学深度融合。学习者可依托互联网超强的资源再配置功能，自主选择共享教育资源，自主选择和设计教学活动，自主创建一个互动、互助和互评的自主型研究性英语论文写作社区（Schunn et al.，2016；徐锦芬 等，2019）。基于智能技术的共享教育打破了教育资源的分割性、独享性和重复性配置，通过

有偿的、物尽其用的教育资源共享性配置方式达到灵活性、经济性和普惠性(王馥芳,2017)。这不仅促进REAW的个性化发展倾向,也赋予了REAW共享特征。

这些新特征需要建构新的REAWS教学模式(见图1)。该教学模式吸收学术英语智能写作评估的新研究,以生态语言学、共享教育理论为支撑,以在线协作、同伴互助和过程写作学习及教师反馈、智能反馈和同伴反馈理念为指导,借助人工智能技术,旨在探索一种新型的教学模式来促进学习者学术语篇拓展、语言与文化对比、交流策略使用与篇章构建等REAW能力的提升。REAWS模式的总体框架由共享资源、赋能教材、共享过程和共享评价四个模块构成,人机协作支持REAW全流程,如图1所示。学生首先利用共享资源和赋能教材开展学术英语写作知识自主学习、教师导学、线上线下混合式学习,夯实学术英语话语知识基础。REAW写作实践与教师(含专业教师和课程教师)写作督导相互作用,即教师的REAW写作督导有助于激励学生的REAW写作实践,督促辅导其完成专业研究性论文原始稿;而学生的REAW写作实践有利于推动教师提高REAW督导质量,提升教师遴选研究性论文的精准性,帮助教师建设与REAW原始稿相关度更高的语料库。此后,智能技术辅助学生原始稿和期刊论文语料库的分析比对,即师生利用智能技术采集学生原始稿和期刊研究性论文数据,并进行数据计算、分析、评估和推介,迭代比对语料库论文和学生论文原始稿,以促进学生互动参与完成REAW知识内化和重构,完成研究性英语论文初稿。之后,该模式进入研究性英语论文初稿评估阶段。

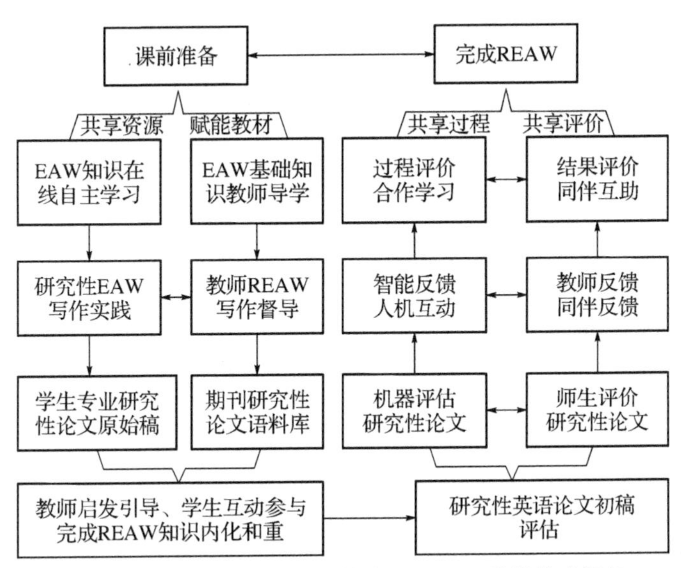

图1 研究性英语论文写作共享(REAWS)教学模式框架

在此阶段，机器评估与师生评价交互作用。机器比对学生初稿和语料库论文的相同语类，提供过程性反馈和判断分析。这一方面不断鼓励学生反复修改论文初稿，提高人机互动的频率，提升智能反馈的质量；另一方面也推动教师和同伴对 REAW 初稿进行评价。此外，同伴随机收到学生论文初稿，对论文发表同意、理解和建议性评价，形成同伴反馈。教师指导学生修改初稿，激励学生根据机器评估和学生评估的评语修改论文初稿，发挥对机器评价和同伴评价的指导作用，形成指导性的教师反馈。学生采纳机器评估、教师评价和同伴评价的意见，不断反复修改初稿，推动人机互动循环，形成智能反馈。

智能反馈激发了学生初稿与期刊论文比对的修正循环，通过不断重复写作实践和人机互动，拓展人机协作学习潜力，提高过程评价的质量，并且促进智能反馈、人机互动、教师反馈和同伴反馈的交叉融合。教师反馈的以评促写和同伴反馈的互评共享，不囿于积极引领评价内容和方式、融会贯通多元反馈的评语的类型和分布等，并且激励学生同伴互助和共享结果评价。过程评价、合作学习、结果评价和同伴互助耦合提升共享写作教学效果。共享写作不局限于 REAW 本身，强调人机协作、同伴互助、教师引领的合作学习，以过程评价和结果评价为导向，推动评价效应螺旋上升，实现共享过程和共享评价，完成 REAW 写作。学生再回到课前共享智能技术采集共享资源、赋能教材、共享过程、共享评价的数据和成果，对 REAW 初稿进行交互的、迭代的、及时的、个性化的修改，提高 REAW 初稿质量和 REAW 能力，实现研究性英语论文写作教学实践循环。该模式充分发挥了人工智能在计算、分析、评估和推介方面的优势。

4　研究性英语论文写作共享教学模式内涵

4.1　融合人工智能的赋能教材

REAWS 构建的重要内容是教材建设。各项 REAW 技能训练（包括发展语言能力）在很大程度上都围绕具体的教材组织。随着智能技术的进步，纸质教科书虽仍然是“教材”的基本形式，但是关键词抓取、采集和大数据挖掘等智能化趋势明显，现已可按不同学科知识和研究主题实时从互联网抓取研究性论文阅读语料。写作过程能在智能系统上完成，智能系统可逐篇批改学习者的 REAW 稿件并提供迭代反馈。这种基于互联网的人工智能融合的赋能教材与传统教材完全不同的地方在于其实现了效率和效果的倍增，最终形成可覆盖全时段学习的数字化、智能化教材。

4.2 以“写作实践”为中心的共享平台

REAW已有相关共享平台。REAW学习者首先要广泛阅读国际期刊中的专家研究性论文，了解研究性论文写作的宏观组织、逻辑模式和微观组织运用规范，模仿文献中的学术篇章结构、语域分析和功能句式写作来逐步提高写作能力(邹建玲，2017)。可见，研究性英语论文写作共享模式建构的关键前提是共享资源平台的建设。虽然国内外研究者已根据各自需要建设了一些小型研究性英语论文平台，如英国华威(Warwick)、雷丁(Reading)和牛津布鲁克斯大学(Oxford Brookes)联合建成的英国英语学术写作语料库BAWE(British Academic Written English)，美国密歇根大学建设的高水平学生论文语料库MICUSP(Michigan Corpus of Upper-level Student Papers)，德国萨尔布吕肯大学学术论文语料库CQPweb，中国外语教育研究中心学术英语语料库(Database of English for Academic Purpose，DEAP)等。这些研究性论文资源有效促进了REAW学习，但这些资源平台的开放性不强、教学组织形式单一、应用性较弱、评价体系匮乏。解决这些问题，既需要政府部门主导政策、科研机构注入技术，也需要高校教师高度参与，建立REAW网页，将课内教学拓展到课外，更好地为学术新手提供REAW课程学习的条件和机会。

REAWS的教学中心从普通英语的“教”或“学”转为“写作实践”。学生通过智能共享教育平台，可以自主选择共享资源、自主设计学习活动、自主创设写作社区、自主选择写作时间。学生在“写作实践”中共享人工智能赋能教材，将有效地将教师的大部分精力从物理课堂中释放出来，使教师可灵活地活跃于物理课堂和智慧课堂之间，多维地引导学生学习学术英语知识，协商式地探究REAW。教师通过组织小组讨论、设计研究项目和分解写作任务，提高学习者主动参与写作活动的积极性。REAWS以“写作实践”为中心，可凸显智能REAWS中师生角色的灵活性、多维性、交互性和协商性，以实现共享平台、教师、学生、共享资源和人工智能赋能教材五大元素的联动效应。

4.3 共享概念贯穿REAW全过程

共享概念的采用一方面促进了REAW教育资源的整体性和经济性。学习者在REAWS模式中共享学习资源和赋能教材、写作初稿、共享教师的知识导学、写作督导和REAW语料库，有效提高教育资源的利用效率和效用。另一方面加强了REAW写作实践的灵活性和普惠性。学习者在REAWS模式中共享了其研究性论文初稿的机器评估、师生评价、人机互动的智能反馈、师生互动的教师反馈、同伴互助的同伴反馈，体验写作实践中的合作学习、过程写作和多元评价，有利于发现问题、解决问题、巩固知识，以成功实现 REAW 能力的提升。

共享真实写作过程。REAWS 的教学致力于从设置目标、产生思路和组织思路的计划阶段，至付诸行动的转化和评估阶段，再到校订和修改的修订阶段的写作循环，追求写作目标和受众的真实性。现代教育技术辅助过程写作，促进学习者对共同任务开展相互交流和合作学习（何高大，2002）。这些社会互动是学生参与意义建构过程的工具，并在相互交流中自我发现意义。在 REAWS 环境里，学习者可以观察其他学习者的演示、提交自己的任务、即时参与讨论、互相帮助、与其他在线参与者共建共享真实的写作过程。

4.4 共享多元评价体系

REAWS 的教学评价基于 REAW 的学术性、交际性和实践性，坚持以多元主体的互评、共存与共享为评价的终极目标。它将智能反馈、教师反馈、同伴反馈与过程评价和结果评价等多元评价相融合，实现智能反馈、教师反馈和同伴反馈的整合，彰显多元评价体系的生态功能，全面评价学习者的 REAW 过程，促进 REAW 教学的内涵建设，共享学习者 REAW 能力的提升（Schunn et al.，2016；Patchan et al.，2018；徐锦芬 等，2019）。

5 研究性英语论文写作共享模式建构路径

REAWS 模式可深度融合 REAW 教学和信息技术，拓展混合式学习潜能。

5.1 坚持研究性论文发表为出口，明确 REAWS 模式定位

研究性论文发表不仅是专家/新手作者提高学术地位、扩大国际影响力、提升学术总体水平的重要见证，也是学习者进行国际学术交流的必备英语应用能力之一，但外语学习者输出性语言能力较差，尤其是 REAW 能力薄弱表现突出（邹建玲，2017）。这就要求 REAWS 应主动对接研究性论文发表国际标准，顶层设计 REAWS 模式规划。首先，REAWS 模式以外语课堂特色为定位、以国际学术标准为基点，强调扎根外语课堂环境，为外语学习者的 REAW 能力培养提供智能技术支持和共享资源。其次，切合学校研究性英语写作教学实际，服务于学校整体规划要求。自国家推进“双一流”大学建设以来，众多高校和科研院所陆续出台师生在 SCI、EI、SSCI 源期刊上发表论文的新要求，REAW 教学需求正日益受到重视。最后，REAWS 注重跨学科融合，基于生态语言学、建构主

义、教育学的相关理论，以外国语言学为主建学科，构建了包括新工科、新医科、新文科、新农学在内的跨学科 REAW 生态学科群。

5.2 建设人工赋能教材，打造智能立体化 REAW 课程

现有 REAW 课程建设的思路多以纸质教材辅以教师自选的国际期刊论文为主。而在 REAWS 的背景下，依托“互联网＋”、云计算、大数据等科技创新手段，突破现有 REAW 课程资源的内涵和外延，建设数字化的、多元的、线上线下的互动、多媒体共享 REAW 课程资源，极大地丰富和完善了 REAW 课程内容和课程资源观。此外，多数高校刚刚开设 REAW 课程，需要从零起步。要做好 REAW 的课程建设，需先树立 REAW 课程共享资源观。如：有些学校的 REAW 教学或因研究生人数、专业规模和课程类别以及学术英语教学力量薄弱，面临研修者数量或少或众、专业混合组班、课程资源与教学目标及考核体系相脱节等问题。REAWS 可通过数据化、集约化和智能化互联网手段采集、整合和汇编 REAW 课程资源，构建共享 REAW 资源的平台或网页，建设共享课件、共享资源、共享分析、共享反馈、共享评价的人工智能赋能融合教材，探索更多贯穿 REAW 目的、读者意识、学科特点、学术身份、学术价值观等多维的、立体的、智能的 REAW 课程，以逐步解决这些问题。

5.3 提供高效 REAW 平台服务，建构智能多元评价共享体系

在 REAWS 平台准备阶段，根据学习者的专业差异，课程教师和专业教师可以合作建设专业化 REAW 的学术词汇、短语和语篇资源库。他们可结合人工智能赋能教材，指导学生课前自主预习 REAW 知识，督促其课内课外完成 REAW 任务，建构线上线下和课内课外相融合的多维互动 REAW 教学环境。在 REAWS 平台写作阶段，专业教师解读学科研究性论文写作范式、写作步骤和写作要领，课程教师传授选词造句、语言修辞、语篇逻辑等知识，实现双师型教学团队教师之间的经验共享。他们与学生充分交流、互动反馈，积极有效地为学生提供多维的、迭代的 REAW 任务、实践和体验(Schunn et al.，2016；Patchan et al.，2018；雷鹏飞 等，2018)。REAWS 平台的课堂组织虽仍以大班教学、课堂阐释、学生演示和师生互动为主要特点，但通过线上线下混合、课上课下共享、课程教师与专业教师互动，它已将学习目标与内容、教学内容和评价有机地融合在一起，全面提升和改善了 REAW 课堂组织形式，有效促进了学习者完成研究性论文初稿写作。在 REAWS 平台的修改阶段，首先基于 REAW 专业语料库和人工智能赋能教材，利用智能技术对学习者的 REAW 初稿进行智能反馈、人机互动和迭代修改。这不仅提供了交

互的、迭代的、及时的、个性化的智能辅导，而且大大调动了学习者修改初稿的积极性，有效提高了研究性英语论文写作初稿的修改效率和质量。其次，学习者可在REAWS平台共享研究性英语论文写作二稿。在课程老师指导下，基于智能互评系统由同伴提供匿名的、有效的、互评的、可控的、积极的反馈意见(邹建玲，2017；钟家宝 等，2018；何佳佳，2019)，能更有效地改善研究性英语论文写作效果。最后，课程老师提供在线反馈管理、服务和写作语言反馈，专业教师在线坐诊提供专业论文发表反馈。学习者可以通过在线图文交互、在线习作批改反馈和在线预约面对面批改来学习、理解和接受教师反馈，完成研究性英语论文写作知识的内化和重构，逐步提高研究性英语论文写作水平。REAWS模式提供共享资源、共享教师和共享平台服务，着力实施智能反馈、人机互动、教师反馈、师生互动、同伴反馈、同伴互动实践，构建多元智能评价体系。

5.4 落实学高为范，培养双师型团队

我国REAW课堂教学形式具有师资少、学生多、专业广、方向细的特点，多数采取专业混合编班(钟家宝 等，2018)。REAWS注重学习者的研究性输出语言能力的提高，具有较强的专业针对性和实用性，强调学高为范，以培养“外语＋专业”的双师型团队。对此，一方面要提升课程老师的学术写作能力和专业写作规范水平，另一方面要聘请学校优势专业教师加盟写作团队，解读学科研究性论文写作要领，深入研究性论文批改环节。在智能共享教育理念的指导下，REAWS能畅通课程教师与专业导师沟通的渠道，发挥英语课程老师和专业教师的整合效应，打造精通REAW的双师型团队。

6 结语与启示

在数字信息时代，数字技术支持的学术英语混合式教学模式，有效促进了学术英语话语知识建构(钟兰凤 等，2020)，也呼唤教师采用人机协作的形式来实现研究性英语论文写作教学的智能化。国内外借助智能技术辅助研究性英语写作的教学方式虽越来越多，但系统性、科学性和生态性的教学模式少见。因此，本研究探索一种以“课程设计”为核心，优化整合共享资源、共享教材、共享过程、共享评价等多维互动教学元素，强调智能反馈、人机互动、教师反馈、师生互动、同伴反馈、同伴互动的多元评价体系，突出以“写作实践”为中心，建立一个完整的、系统的、开放的、互动的、互评的、弹性的和协商的研究性英语论文写作共享生态教学模式。该模式融合研究性英语论文写作教学和信息技术，整合课堂教学与自主探究，营造线上线下和课内课外多维互动的混合教学环境，实现读写

协同和人机协作学习,可广泛应用于新工科、新医科、新文科、新农科的研究性英语论文写作教学,提高研究性英语论文写作教学的效率和质量,促进我国英语论文写作教学的内涵式发展。为了更好地发挥该模式的效用,我们不仅要激励课程教师提升自身语言技能、网络智能技术和学术技能知识,成为双师型 REAW 教学能手,而且要进一步开展研究性学术论文的学术话语能力标准研究,提升共享资源、赋能教材和论文语料库的质量,还需不断完善和发展智能技术关联计算规则的精准度,提高智能技术计算、分析、评价、推介和比对学术话语的能力,为提高 REAW 能力助力。

参考文献

黄国文,陈旸,2017.作为新兴学科的生态语言学[J].中国外语,14(5):38-46.

何佳佳,2019.基于 Peerceptiv 在线同伴互评系统的学术英语写作个性化辅导模式研究[J].外语电化教学,(2):25-33.

何高大,2002.现代教育信息技术与现代外语教学[M].南宁:广西教育出版社.

雷鹏飞,徐锦芬,2018.任务重复对学术英语写作的影响:以动态系统理论为视角[J].外语界(5):46-54.

斯琴图亚,2020.在线协作学习中的集体责任与个体生成角色[J].现代教育技术,30(3):66-72.

王馥芳,2017.共享教育学 教育科学发展新趋势[N].中国教育报(6):7-9.

吴雅菲,2011.同伴互助学习在大学英语网络自主学习模式中互补发展的实证研究[J].中南林业科技大学学报(社会科学版),5(6):69-71.

武法提,黄石华,2020.基于多源数据融合的共享教育数据模型研究[J].电化教育研究,41(5):59-65+103.

徐锦芬,朱茜,2019.基于 Peerceptiv 互评系统的英语在线同伴互评研究[J].外语电化教学(2):10-16.

杨玲,2011.以过程写作教学促进英语专业学生综合能力发展:美国加州大学圣巴巴拉分校一年级写作教学启示[J].外语界(4):83-88.

张荔,2017.学术英语交际课程形成性评估模式及效果研究[J].中国外语,14(2):72-80.

邹建玲,2017.非英语专业研究生学术英语写作能力的培养[J].上海理工大学学报(社会科学版),39(1):5-9.

钟家宝，钟兰凤，2018. 学术英语智能写作评估的新研究：评《基于语类的二语研究论文智能写作评估：从设计、评估到优化》[J]. 外语研究，(4)：110-113.

钟家宝，2018. 新时代研究生学术英语语用身份建构研究[J]. 中国外语，15(5)：62-66.

钟兰凤，钟家宝，2020. 混合式 EAP 阅读 BREAD 教学模式设计及有效性研究[J]. 外语电化教学(1)：77-83+103+12.

AHANGARI S, SAMADIAN Z, 2014. The effect of cooperative learning activities on writing skills of Iranian EFL learners[J]. Linguistics and Literature Studies, 2(4): 121-130.

DAMON W, PHELEPS E, 1989. Strategic uses of peer learning in children's education[M]//BERNDT T J, LADD G W. Peer relationships in child development. Oxford: John Wiley & Sons: 135-157.

DAWSON P, VAN DER MEER J, SKALICKY J, et al., 2014. On the effectiveness of Supplemental Instruction: A systematic review of supplemental instruction and peer-assisted study sessions literature between 2001 and 2010[J]. Review of Educational Research, 84(4): 609-639.

HYLAND F, 2010. Future directions in feedback on second language writing: Overview and research agenda[J]. International Journal of English Studies, 10(2): 171.

HYLAND K, HYLAND F, 2006. Feedback in second language writing: Contexts and issues[M]. Cambridge: Cambridge University Press.

LIU J, HANSEN EDWARDS J, 2002. Peer response in second language writing classrooms[M]. Ann Arbor: The University of Michigan Press.

LI J R, LINK S, HEGELHEIMER V, 2015. Rethinking the role of automated writing evaluation (AWE) feedback in ESL writing instruction[J]. Journal of Second Language Writing, 27: 1-18.

PALTRIDGE B, WOODROW L, HARBON L, et al., 2009. Teaching academic writing: An introduction for teachers of second language writers[M]. Ann Arbor: The University of Michigan Press.

PATCHAN M M, SCHUNN C D, CLARK R J, 2018. Accountability in peer assessment: Examining the effects of reviewing grades on peer ratings and peer feedback [J]. Studies in Higher Education, 43(12): 2263-2278.

SCHUNN C, GODLEY A, DEMARTINO S, 2016. The reliability and validity of peer review of writing in high school AP English classes[J]. Journal of Adolescents and Adult Literacy, 60(1): 13-23.

TOPPING K, EHLY S, 1998. Peer-assisted learning [M]. Mahwah: Lawrence Erlbaum Associate.

THORIUS K A K, SANTAMARIA G C, 2018. Extending peer-assisted learning strategies for racially, linguistically, and ability diverse learners [J]. Intervention in School and Clinic, 53(3): 163-170.

WANG Q Y, 2010. Using online shared workspaces to support group collaborative learning[J]. Computers & Education, 55(3): 1270-1276.

YU S L, HU G W, 2017. Understanding university students' peer feedback practices in EFL writing: Insights from a case study[J]. Assessing Writing, 33(3): 25-35.

YUSUF Q, JUSOH Z, YUSUF Y Q, 2019. Cooperative learning strategies to enhance writing skills among second language learners [J]. International Journal of Instruction, 12(1): 1399-1412.

学术英语智能写作评估的新研究[①]

——评《基于语类的二语研究论文智能写作评估：从设计、评估到优化》

钟家宝　钟兰凤

1　引言

自1966年第一个智能写作评估系统PEG(Project Essay Grader)被开发利用以来(Page et al.,1995)[561],智能写作评估(Automated Writing Evaluation,以下称“AWE”)系统,如MY Access、Criterion、Holt Online Essay Scoring,经历了从单一评分、合作评分到人机交互评分的嬗变,为二语写作提供了智能评分和反馈(王勃然 等,2015)[50]。近年来,智能写作评估逐步由评估测试转变为服务语言教学。有些学者关注二语写作教学与智能写作评估的关联性,讨论智能写作评估的反馈作用、学生动机、写作质量、写作潜力、写作耐力、写作意识和写作效率等话题,尝试把智能写作评估的工具和方法应用于课堂写作教学(Cotos,2011;Li et al.,2014;Stevenson,2016;Wilson et al.,2016;Li et al.,2015;王淑雯,2017;侯芬,2015;Roscoe et al.,2017)。在过去十几年中,人工智能、自然语言处理和潜在语义分析等新技术的进步,促进了智能写作评估工具的发展,诸如E-rater、Critique、Intelligent Assessor Essay和IntelliMetric等(Stevenson,2016;王勃然 等,2015)。

由Palgrave Macmillan公司出版的《基于语类的二语研究性论文智能写作评估:从设计、评估到优化》一书正是反映了各国学者在上述种种研究中的新发展趋势,它将AWE系统作为二语研究性论文写作课堂教学评估和反馈的工具,这值得我们借鉴。该书由美国艾奥瓦州立大学博士Elena Cotos基于其博士论文核心成果“智能学术语篇评估机”(Intelligent Academic Discourse Evaluator,以下称“IADE”),优化设计出能满足来自不同学科学生需要的全新AWE系统:研究性论文写作助手(Research Writing Tutor,以下称“RWT”)。该系统基于语类语料库为研究生提供写作反馈和人机互动来提升他

① 原载《外语研究》2018年第4期,入选后有所改动。

们的研究性论文写作水平。本文将先扼要介绍各章主要内容，然后进行简评。

2 内容简介

全书由前言、第一部分（第1～4章）、第二部分（第5～7章）和结论（第9章）四个部分组成。

前言部分是全书的导论。作者首先概述了研究性英语写作对学术新手（尤其是研究生）的重要性，接着阐述了大多数二语（L2）研究生所面临的写作挑战，并指出研究生不仅需要获得高级的学术写作技能，成为有能力的学术作者，而且要克服学术英语写作教学的各种错误观念。签于此，作者论述了RWT及其主要相关概念、原则和动因，阐释了基于语类的二语研究性论文AWE系统的理论知识。

第一部分是关于基于语类的L2研究性学术论文智能写作评估（AWE）机的设计。

第1章回顾了研究性写作的教学挑战。通过讨论L2研究性写作能力的定义及其意义，作者从认知和社会学科维度建构语类概念，从认知心理学、修辞学和应用语言学互动视角阐述学术写作能力及其核心要素（语类知识），认为语类知识是二语研究性写作教学的主要障碍。作者创造性地使用专业性学科语料库来连接语言学和修辞学规则，改善语言正式知识、非语言过程知识及专门语料库的修辞知识来增强学习者的语类知识，建构了基于语类和语料库的L2研究性写作教学设计的AWE机的理论框架。

第2章综述了智能写作评估（AWE）的演变、概念、问题和潜力。作者将AWE的历史追溯到早期的智能作文评分（Automated Essay Scoring），对横跨1966年到2013年的近50种商业化和非商业化智能评估技术进行了述评，厘清了AWE的概念和问题，阐释了AWE的局限性，分析了其对L2研究性写作的潜力，为IADE的概念化提供了方向。

第3章讲述了基于语类的L2研究性学术论文智能写作评估（AWE）的概念模型。作者讨论了系统功能语言学（SFL）、第二语言习得（SLA）和技能获取理论（SAT）的主要原则、共生关系及其与二语写作的相关性，通过整合形成性评估（Formative Assessment）、智能计算机辅助学习（Intelligent Computer-Assisted Language Learning）和证据中心设计（Evidence-Centered Design）来设计IADE的概念模型。

第4章详细描述了智能学术语篇评估机（IADE）的设计理念及其应用机制。通过整合系统功能语言学、第二语言习得和技能获取理论，作者提出其研究的IADE理论模型。IADE模型先对学生撰写的研究性学术论文的前言部分进行颜色标注，再与Swalesian的修辞语步理论标注过的学科语料库进行比对。该模型个性化的形成性反馈和循证评价的判断分析，不断鼓励学习者反复修正初稿的形式和意义，激励学习者主动与 IADE 模型互动。

第二部分全面验证智能学术语篇评估机（IADE）模型，用学术写作助手（RWT）检验二语研究性学术论文写作的教学效果。

第 5 章阐述了智能学术语篇评估机（IADE）模型的教学语境、教学过程及评估效果。作者首先阐释 IADE 教学语境、教学过程和教学方法，然后以 Chapelle（2001）[55-57] 的语言学习潜力、意义聚焦、学习者适应性和影响这四个计算机辅助学习（Computer-Assisted Language Learning，CALL）特性作为测试框架的判断分析标准，设计学术论文前言写作的课堂实验，收集实验前研究生的前测、观察、有声思维报告、同步修正数据、访谈录音与视频、智能评估数据、语料库数据、论文草稿和频度，对比分析实验后的后测、开放式访谈、修订后访谈和问卷调查的定性和定量数据，来验证 IADE 的有效性。

第 6 章优化智能学术语篇评估机（IADE）模型。为了帮助读者进一步理解 IADE 的效果，作者基于 CALL 判断分析的四个特性从二语作者的洞察力、反省和统计识别来描述每个特性的实验证据。(1) IADE 模型的智能反馈激发一个以"关注话语形式"为起点经由"负面证据通知和增强理解"到"输出修改"为终点的修正循环，这种修正循环通过不断的重复实践和人机互动能拓展学生的语言学习潜力，提高学生写作的修辞质量。(2) IADE 模型建构了从"注意意义不匹配"到"反映功能意义"，再从"连接功能意义和词汇选择"到"构建新的功能意义"的循环过程。这个循环过程与修正循环相互交织在一起，能鼓励学习者聚焦话语功能意义。(3) IADE 模型的反馈、实践和帮助选项等功能使其智能反馈具有个体性、即时性和反复性，有助于提高二语学习者的适应性。(4) IADE 模型的人机互动模式为学习者提供积极经验、动机、感染认知和语用影响的证据，对学生能产生积极影响。

第 7 章描述研究性学术论文写作助手（RWT）——一个由 IADE 模型拓展的智能写作评估程序。RWT 通过分析、演示和学习三个模块拓展了 IADE 的反馈和帮助选项功能。如：其分析模块能智能分析研究性文章的各个部分；演示模块为学生提供了词语检索和颜色编码，使学生可查询每篇文章章节语步中的具体步骤；学习模块不仅提供了具体学科的语步描述，还增加了视频讲解、个体示范和语言聚焦等功能，为学生提供了更多的选择和信息，促进了学生与 RWT 的互动。RWT 增强了二语作者对于研究性写作的认知，优化了研究性学术论文写作智能评估系统，提高了学生二语研究性学术论文写作能力。

最后一章为结论，作者总结了 RWT 的意义和未来展望。

3 简评

本书的出版具有里程碑的意义，它从理论、操作、实验框架建构等方面来探讨智能写作评估助手对二语研究性学术论文写作的效果和影响。它把智能写作从单维分数评估拓展到辅助二语研究性学术论文写作教学，发展了智能写作评估的交互性、迭代性、及时性、个性化和证据化评估反馈，实现了人机互动，标志着近年来智能写作评估的最新研究成果，具有示范性和持续参与性的特点。譬如，第 2 章为我们展示了智能写作评估应用于二语写作教学的新思路。第 3. 章整合系统功能语言学、第二语言习得和技能获取理论，建构新的理论框架和操作框架，提出基于语类的二语研究性学术论文写作的智能写作评估新概念。第 4 章提出 IADE 理论模型，为二语研究者提供研究性学术论文写作教学研究的新方法。第 5 章从具体语言特征出发，研究 IADE 对二语研究性学术论文前言部分写作教学的有效性，从而探索研究性学术论文写作的普遍特征。第 6 章结合语料库技术手段对 IADE 模型的教学效果进行综合评估，探讨二语研究性学术论文写作的新路径。第 7 章介绍了基于语类的二语研究性学术论文写作的新工具——RWT。结论部分展望了 RWT 对二语研究性学术论文写作培训和实践的积极作用。

下文从理论创新、语料库设计与标注及对二语研究性学术智能写作的评估和反馈三个方面对这些研究特点分别作一简评。

首先，本书丰富了应用语言学研究实践。

本书融合了系统功能语言理论(SFL)、二语习得理论(SLA)、技能习得理论(SAT)和智能写作评估理论等四股理论，通过支持向量机(SVM)技术将二语研究性学术论文写作研究和智能写作评估纳入到一个大一统的理论框架和参数体系内，厘清了二语研究性学术论文写作智能评估研究的理论框架，阐明了智能写作评估系统给二语研究性学术论文写作提供智能评估的可行性、局限性和潜力。作者创造性地整合了计算机辅助教学(CALL)新技术与二语研究性学术论文写作教学研究新成果，建构了基于语类的 IADE 模型的概念和理论。

其次，语料库的设计和标注是本书的重要特色。

语料库既是语言知识的宝库，也是语言学家有力的研究工具。语料库的使用是语言学研究的一次革命性进步。目前，语料库的功能已可以辅助学术英语教学。使用语料库可以发现特定的学术英语中常用的各种语言框架，这种框架随着学科领域的不同而各有特色(Hunston 2002)[14]。本书建设和应用了一个能满足程序智能分析和反馈的多学科研究性文章专业语料库。该语料库收集近期发表在高水平国际期刊的1000篇研究性文章的前言部分，含有50个学科，每个学科有20篇文章。该语料库由专业编码员基于Swalesian的语步理论框架从句子层面进行人工多层标注，这不仅是IADE分析模式开发和训练的前提，也是反馈的来源。本书详细阐述了利用"文本分类法"从语料库中抽取文本标注的技术路线图，介绍并验证了产生反馈的分析引擎的效果，整合语步分析与语料库研究，开辟出新的研究思路和技术路径。这不仅满足了研究性学术论文写作教学对具体语类的教学需求，也体现了IADE在人机对话间判断分析方面的主体性，而且对未来二语研究性学术论文写作智能评估系统的研究具有示范和指导作用。该语料库开发的适合课堂教学使用的微型文本语料和操作简单的检索工具是语料库语言学的发展方向之一(卫乃兴 等,2014)[9]。

最后，本书推动了智能写作评估的发展新趋势。

Swales(1990)[45-59]认为，语类是一组具有共同目的的交际事件，交际目的是区分语类的重要因素，参与交际的成员持有某些共同的交际目的。他考查发现语类的具体实例异于典型(vary in prototypicality)。除了辨认交际目的外，我们还可以通过"定义"和了解"家族相似性"的方法来确定语类。他通过分析期刊论文引言结构之间的关系，提出期刊论文引言分析框架——CARS语类模式(Swales et al.,2012)[174]。Swalesian的语类分析理论已被广泛运用于科技学术英语研究。

AWE是指利用计算机技术对写作进行评分和反馈，以服务于评估和教学目的(Stevenson,2016)[1-2]。在过去的几十年里，CALL的研究兴趣点之一就是通过提供智能的、即时的反馈进行个性化的教学(Cotos,2011)[420]。本书融合了计算机技术和二语研究性学术论文写作教学，开发设计出二语RWT，这是一个全面基于语类的AWE程序。它能对研究性文章的所有部分提供智能分析和反馈，有助于增强学生与RWT的互动，有助于增强二语作者的语类写作认知、提高其二语研究性学术论文写作能力，能为学习者提供交互性、迭代性、及时性、个性化和证据化的智能评估反馈。

当然，本书也有值得商榷之处。虽然它提出的技术在帮助二语学习者应对具体学科学术写作的巨大挑战方面发挥重要作用，但其仅实验于英语环境的大学实验室里，没有进行非英语环境的二语教学实验验证，且需有效地提高评估模型对作文质量的预测能力(梁茂成 等,2007)[22]。同时，实验对象是受制于课程高风险的特定对象，有获取课程学分的紧迫性，这可能影响RWT的智能反馈对研究对象修正循环的激励效果。

然而，瑕不掩瑜，本书为二语研究性学术论文写作教学提供的在线智能互动的教学平台、专业标注语料库、颜色编码语类模块，不仅突出了二语研究性学术论文写作教学的真实语境、真实材料、需求分析和其以学习者为中心的核心要素,而且揭示了信息技术和智能技术被用于评估和增强二语研究性学术论文写作能力的路径,为相关研究者进行相关复制性研究或后续研究提供了范例。因此,本书更像是一位指导二语研究性学术论文写作的老师,值得向不同领域的有研究性论文写作需求的研究者和研究生推荐。

参考文献

侯芬,2015. 在线写作智能评估系统在大学英语写作教学中的应用:以句酷批改网为例[J]. 中国教育信息化(16):24-27.

梁茂成,文秋芳,2007. 国外作文自动评分系统评述及启示[J]. 外语电化教学,117(5):18-24.

王勃然,金檀,赵雯,2015. 自动写作评价研究与实践五十年:从单一、合作到交互[J]. 外语研究(5):50-56.

王淑雯,2017. 写作自动评估系统对中国大学生英语写作水平影响的历时研究[J]. 山东外语教学,38(2):51-61.

卫乃兴,李文中,濮建忠,等,2014. 变化中的语料库语言学[J]. 解放军外国语学院学报,37(1):1-9.

COTOS E,2011. Potential of automated writing evaluation feedback[J]. CALICO Journal,28(2):420-459.

CHAPELLE C A, 2001. Computer applications in second language acquisition: Foundations for teaching, testing, and research[M]. Cambridge: Cambridge University Press.

HUNSTON S, 2002. Corpora in Applied Linguistics[M]. Cambridge: Cambridge University Press.

LI Z, LINK S, MA H, et al., 2014. The role of automated writing evaluation holistic scores in the ESL classroom[J]. System, 44:66-78.

LI J R, LINK S, HEGELHEIMER V, 2015. Rethinking the role of automated writing evaluation (AWE) feedback in ESL writing instruction[J]. Journal of Second Language Writing, 27:1-18.

PAGE E B, PETERSEN N S, 1995. The computer moves into essay grading: Updating the ancient test[J]. The Phi Delta Kappan, 76(7):561-565.

ROSCOE R D, WILSON J, JOHNSON A C, et al., 2017. Presentation, expectations, and experience: Sources of student perceptions of automated writing evaluation[J]. Computers in Human Behavior, 70: 207-221.

SWALES J M, 1990. Genre analysis: English in academic and research settings[M]. Cambridge: Cambridge University Press.

SWALES J M, FEAK C B, 2012. Academic writing for graduate students: Essential tasks and skills[M]. 3rd ed. Michigan: The University of Michigan Press.

STEVENSON M, 2016. A critical interpretative synthesis: The integration of automated writing evaluation into classroom writing instruction[J]. Computers and Composition(42): 1-16.

WILSON J, CZIK A, 2016. Automated essay evaluation software in English language arts classrooms: Effects on teacher feedback, student motivation, and writing quality[J]. Computers & Education, 100(C): 94-109.

第三部分

学术英语能力发展影响因素

学术英语焦虑现状及影响因素研究①

钟兰凤　钟家宝

1　引言

焦虑一词被用来描述一种不愉快的情绪状态，这种情绪以个体感知的紧张、恐惧和担忧为主要特征，并由自主神经系统激活(Spielberger，1972)[482]。王银泉等(2001)[122] 则认为，焦虑是“个体由于预期目标不能达到或者不能克服障碍的威胁，从而自尊心与自信心受挫，或失败感和内疚感增加而形成的紧张不安、带有恐惧感的情绪状态”。两者都认为焦虑的产生与情境密不可分。心理学家和教育学者把焦虑与课堂学习情境联系起来，发现学生的焦虑程度不仅与年龄、性别等个体因素相关，还与学习任务类型及外语、数学、科学等学科相关。

随着外语教育的发展，不少心理学者和教育学者把目光转向外语焦虑研究。他们发现，外语焦虑随着语言学习和使用的情境变化而发生不同程度的变化或产生不同种类。Horwitz 等(1986)[127-128] 认为，外语焦虑是由外语学习的独特性所产生的与课堂语言学习有关的自我知觉、信念、情绪和行为的独特综合心理，包含以下三种类型：交际焦虑(communication apprehension)、测试焦虑(test anxiety)和负面评价恐惧(fear of negative evaluation)。还有不少学者就外语焦虑与外语能力(performance)之间的关系展开研究。有学者认为，外语焦虑与口语交际单位内的有效单词总数成负相关(Phillips，1992)，严重影响口语交际的流畅性和有效性。但也有学者认为，焦虑会随着学习者二语水平的提升呈“持续”降低趋势(MacIntyre et al.，1991)[111]。Scovel(1978)则认为，焦虑并不总是阻碍外语学习，在某些情形下，焦虑能促进外语学习，而在另一些情形下，焦虑又对外语学习产生负面影响。殷红梅等(2012)[809] 也发现，非英语专业硕士研究生的英语焦虑“不仅仅具有抑制作用，在一定情景下还具有促进作用”。

还有学者就诱发外语焦虑的因素展开实证研究。MacIntyre 等(2002)发现，年龄主要在 12～14 岁之间的，以法语为二语、以英语为母语的青少年的外语焦虑程度与年龄、性别有关：男性的焦虑程度普遍高于女性，而且随着年龄的增长，女性的焦虑逐渐减低，

---

① 原载《外语研究》2015 年第 6 期，入选后有所改动。

而男性仍保持原有焦虑状态。Park 等(2013)的调查发现,韩国大学生中,女性的外语焦虑高于男性。殷红梅等(2012)考察了 21～30 岁的成年英语学习者,发现 21～22 岁研究生的英语焦虑和听力焦虑均相对较高。Sparks 等(2013)发现,焦虑与二语语言学能(language aptitude)呈负相关。MacIntyre 等(1997)发现,低估自己外语能力的学习者的外语焦虑程度趋高。Radzuan 等(2011)发现,严厉且具有挑衅性的评估小组、有限的技术知识、英语水平均会引起英语口头陈述(oral presentation in English)焦虑。Piechurska-Kuciel(2012)研究了家庭背景因素对焦虑的影响。

以上除 Radzuan 等(2011)的研究是关于专门用途英语(ESP)焦虑的研究外,其余都是关于通用外语/二语的焦虑研究。作为在 ESP 教学与研究中明显占有主导地位的学术英语(EAP),是指在教学或科学研究情境下使用的英语,"具有与学科相关的语言特点"(Scarcella,2003)[9],是一种特殊的语言变体(Halliday,1994)[372]。其教学目的不是满足基本生活需求,而是帮助学习者用英语进行专业知识学习与开展学术研究(鞠玉梅,2006)。在我国,学术英语教学对象主要是硕士、博士研究生,是成年英语学习者。此外,学术英语学习过程还涉及大量的专业性知识。实际使用过程中,使用者不仅要面对某一学科领域的同行和专家学者对自己的专业知识的评价,还要面对他们对自己学术语言使用能力的评价。这些情景因素是否会导致焦虑?焦虑程度如何?与性别、年龄、家庭背景、英语口语能力以及通用英语水平又存在着怎样的关系?本文调查了 228 名理工科硕士研究生,试图回答以上问题。

2 研究设计

2.1 调查对象

本研究以江苏某省属重点大学 2013 级 228 名理工科硕士研究生为调查对象,专业分布如下:流体 11 名、能动 11 名、农机 19 名、环境工程 14 名、食品工程 17 名、药学 7 名、医学 12 名、计算机 16 名、电气 17 名、化学化工 20 名、车辆工程 12 名、生命科学 15 名和机械工程 15 名。其中,男生 108 名,女生 78 名,年龄为 22～32 岁。所有调查对象均完成了"学术英语阅读与翻译""英语学术论文写作与发表"和"国际学术会议演说"课程,且至少有一次参加校模拟国际会议交流比赛初赛的经历(根据赛程规则,每位研究生都必须参加以班级为单位的初赛),部分学生有在国际学术会议上用英语做口头陈述与交流的经历。

2.2 数据收集

我们以班级为单位，在课堂上统一发放问卷228份，进行集中调查。填写前，任课教师告知目的和填写方法。填写时间为20分钟左右，当场收回问卷。我们收回有效问卷186份，有效回收率为81.58%。调查发生在研究生一年级所有学位课程结束之后，即第二学期期末。

2.3 问卷编制

问卷分两部分：第一部分在性质上属于人口学变量调查，包括性别、年龄、家庭背景（农村、城镇、城市）、英语口语能力自我评价（代表调查对象现有的口语交际能力）和CET6成绩（代表调查对象现有的通用英语能力）；第二部分是研究者自行编制的EAP焦虑量表。该量表参照Horwitz等（1986）的外语课堂焦虑量表（Foreign Language Class Anxiety Scale，FLCAS）的3个测量维度：交际焦虑、测试焦虑和负面评价恐惧。其中，交际焦虑是指与人交流感到恐惧或害羞的体验（Horwitz et al.，1986）[127]，包括课外交际，如国际会议交流、学校举办的模拟国际会议交流比赛等。考虑到EAP教学的特殊情境，自行编制的EAP量表增加了学术英语学习焦虑维度。因此，EAP焦虑量表包含4个维度33个项目：EAP交际焦虑11项（项目1、3、4、9、13、14、18、20、29、32、33）、EAP能力负面评价恐惧8项（项目2、7、15、19、23、24、27、31）、EAP测试焦虑7项（项目8、10、16、21、25、28、30）和EAP课堂学习焦虑7项（项目5、6、11、12、17、22、26）。所有测量项目基于研究者EAP教学实践并与相关同事和专家讨论制定。EAP焦虑量表前测Cronbach's alpha系数为0.91，表明该量表可以用来测量学术英语焦虑。

FLCAS量表自公布以来，已被广泛应用于外语/二语焦虑测量，它还可用来测量母语焦虑（Sparks et al.，2013），且具有较高的内部一致性（Park et al.，2013）。此外，该量表还被不少学者改编或启发不少学者编制具体的专项语言技能焦虑量表，以满足自己的研究需求，如Zhang（2000）的外语阅读焦虑量表、Elkhafaifi（2005）的听力焦虑量表、Elliot等（2004）的外语口头陈述焦虑量表、Awan等（2010）及Yalçın等（2014）的外语口语交际量表等。

问卷采用李克特5点量表的1～5级评分形式，完全不同意计1分，不同意计2分，不确定计3分，同意计4分，完全同意计5分。所有积极的选项要颠倒记分，以便得分越高表示焦虑感越强。依据分值把焦虑分为低、中、高3种程度，区分方法如下：分值位于均值（M）±标准差（SD）区间内为中等焦虑；超出M+SD分值的为高等焦虑；低于M−SD

分值的为低等焦虑。

2.4 数据处理

使用 excel 录入数据，采用 SPSS 19.0 软件进行统计分析。

3 结果与讨论

3.1 学术英语焦虑现状

表1显示，87.1%的调查对象总体上学术英语焦虑处于中等及以上程度；87.6%的调查对象测试焦虑和负面评价恐惧处于中等及以上焦虑程度，其余依次是交际焦虑(86%)和学习焦虑(82.2%)。总体上，本研究结果比国内关于研究生的通用英语焦虑研究的结果高。殷红梅等(2012)[809] 调查研究生一年级第一学期和第二学期通用英语焦虑情况，发现第二学期通用英语焦虑(约82%)高于第一学期(约75%)，均低于我们所得的数据(87.1%)。这说明理工科研究生学术英语焦虑程度高于通用英语焦虑程度，且说明理工科研究生的学术英语总体焦虑程度偏高。

表1　学术英语焦虑现状(总数=186)

M±SD	总体焦虑 (100.3±12.35)		交际焦虑 (34.41±4.734)		负面评价恐惧 (24.45±4.054)		学习焦虑 (20.42±3.238)		测试焦虑 (21.01±3.26)	
	人数	百分比	人数	百分比	人数	百分比	人数	百分比	人数	百分比
低焦虑	24	12.9	26	14.0	23	12.4	33	17.7	23	12.4
中焦虑	132	71.0	139	74.7	144	77.4	123	66.1	142	76.3
高焦虑	30	16.1	21	11.3	19	10.2	30	16.1	21	11.3

我们对33个项目的焦虑总分进行统计发现：项目10(测试焦虑：我担心考试不及格的后果)的焦虑总分最高(682分)；焦虑总分排在第二的是项目13(交际焦虑：我不会自愿到讲台发言)，总分是657分；项目2(负面评价恐惧：我不担心学术演讲上会范错误)的焦虑总分仅次于项目13，总分是647分。

调查对象所在学校学术英语的测试成绩与奖学金和学位申请资格挂钩，如果达不到80分，就无法获得二等及以上奖学金，如果学术英语综合成绩不合格，就没有资格申请硕士学位。这种规定实质上是对学术英语水平低的同学的变相处罚。几乎所有的同学都会担心考试不及格所带来的后果，其焦虑程度就不免上升。根据 Horwitz 等(1986)[127] 的研究，怯场(stage fright)是交际焦虑的主要表现形式。项目 13 的总分排在第二位也在很大程度上表明，我们的大部分调查对象具有怯场心理，不愿意主动站到讲台上发言。同时，这也验证了 Awan 等(2010)的研究发现："在他人面前说外语"是引起焦虑的第一源头。负面评价恐惧表现为对他人评价的忧虑、避免评价性场合、预期别人会给自己否定评价(Horwitz et al.,1986)[128]。在学术演讲中犯错误难免会招致在场人员的否定评价，因而担心犯错误，从而增加焦虑程度。Radzuan 等(2011)调查了马来西亚工程学本科生在用英语做口头陈述过程中的焦虑缘由，发现严厉且具有挑衅性的评估小组是造成焦虑的主要缘由。虽然我们的调查对象在学术英语交际过程中不一定有严厉而具有挑衅性的评估小组在场，但在场的同学以及老师也是潜在的评估人员，他们能预测到潜在的评估人员会对自己的错误作出负面评价，因而焦虑程度升高。

3.2 人口学因素与学术英语焦虑相关性分析

表 2 显示，年龄($p=0.185>0.05$)、家庭背景($p=0.331>0.05$)和学术英语总体焦虑之间的相关性均没有统计学意义，但学术英语口语能力自我评价($p=0.000<0.01$)与学术英语总体焦虑之间呈极其显著性负相关，性别($p=0.048<0.05$)与学术英语总体焦虑之间亦呈显著性负相关。

表 2　学术英语焦虑与人口学统计关系

		年龄	家庭背景	自我评价	性别
总体焦虑	Pearson 相关	0.098	0.072	−0.538*	−0.145**
	显著性(双侧)	0.185	0.331	0.000	0.048

注：* $p\leqslant 0.01$ 极其显著相关；** $p\leqslant 0.05$ 显著相关。

学术英语总体焦虑与年龄、家庭背景没有相关关系，这一结果与国内外的一些研究恰好相反。殷红梅等(2012)[809] 调查了年龄在 21～30 岁之间非英语专业科研型研究生焦虑的影响因素，发现年龄对焦虑有一定影响，年龄≤22 岁的调查对象与其他年龄段的调查对象在英语焦虑上存在显著性差异。总体上，年龄越小，其英语焦虑程度越高。本研究调查对象的最小年龄为 22 岁，且调查数量远远大于殷红梅等(2012)的调查数量，因此，样本数扩大后产生了不一致的结果。Piechurska-Kuciel(2012)的研究发现，来自农村、城镇和城市的学生在焦虑水平上存在差异性，且程度依次降低，与本研究的结果相反，这可能与研究的受试群体差异有关。Piechurska-Kuciel 的研究对象为在城市就读的初中生，初中生正处于语言习得进步时期，城市学生的优越条件有利于其语言的培养，而乡村、城镇学生与之环境的差异导致了不同的焦虑程度。而本研究的调查对象是研究生群体，大部分来自农村的调查对象在高中、本科时就已就读于城镇，他们已不再觉得城市学生比自己有优越条件，并且作为成年人的研究生已具备一定的自我培养和自我独立意识，因而家庭因素对其焦虑程度的影响不显著。

研究生学术英语口语能力自我评价与学术英语总体焦虑之间呈极其显著负相关，即自我英语口语能力评价越高，焦虑程度越低，说明学术英语焦虑在一定程度上是学习者由于缺乏自信而自觉表现出的紧张不安和担忧情绪，这验证了 Spielberger(1972)的观点。此外，我们认为，自我英语口语能力评价高的调查对象更容易建构理想的二语自我(Ideal L2 Self)。根据 Dornyei(2009)的二语动机自我系统(L2 Motivational Self System)，自我处于二语学习动机和行为的中心位置。他区别了理想二语自我和应该二语自我(Ought-to L2 Self)，前者指二语学习者渴望在未来拥有的二语熟练使用者的形象(image)，后者指二语学习者为不辜负他人期待、履行义务和责任而应该拥有的一些二语学习者特性(attribute)。理想二语自我与融合型/内在动机相关，构建理想二语自我形象是缩小现实自我与理想自我之间差距的强大动力，而应该二语自我与工具型/外在动机相关。有学者研究发现，理想二语自我形象能够降低英语学习焦虑，而应该二语自我形象则使焦虑加剧(Papi，2010)。刘珍等(2012)调查了我国 706 名非英语专业的本科生和研究生，亦发现理想二语自我更能让学生享受学习过程、提升学习兴趣、降低英语焦虑。二语动机自我系统理论和刘珍、Papi 两位学者的研究发现能很好地解释我们的调查结果：为何自我英语口语能力评价越高，焦虑程度就越低；为何学术英语焦虑程度总体上远远高于国内关于通用英语焦虑研究的结果；为何交际焦虑位居四个维度之首。如前所述，调查对象所在学校的学术英语成绩与奖学金和学位申请资格挂钩，大多数调查对象为了履行义务和责任而学习学术英语，因而他们的应该二语自我比较凸显，导致总体上调查对象学术英语焦虑程度偏高。

性别与学术英语总体焦虑呈显著相关，男生的总体焦虑程度高于女生(见表 2)。已有研究对性别与英语焦虑之间的关系存在争议。有的研究发现女性英语焦虑程度高于男性，例如，Koul 等(2009)[682] 调查了泰国大学本科生的英语焦虑，发现女生的焦虑程度高于男生；Park 等(2013)调查了韩国大学本科生的英语焦虑，同样发现女生的焦虑程度高于男生。然而，也有研究发现男性英语焦虑程度高于女性，例如，Awan 等(2010)以巴基斯坦大学的本科生为调查对象，发现女性的焦虑程度低于男性；MacIntyre 等(2002)考察了年龄主要在 12～14 岁之间的 7～9 年级以法语为二语的中学生在年龄、性别与交际意愿、焦虑、自我感知的法语能力和二语学习动机之间的相关性，发现男性的外语焦虑程度普遍高于女性，而且，随着年龄的增长，女性的焦虑逐渐减低，而男性仍保持原有焦虑状态。他们认为，这主要是受成熟度的影响，因为生理上青少年男性没有青少年女性发育得成熟。但这一解释不足以支持以成年人为调查对象的研究结果。我们认为，调查成年人的外语焦虑研究之所以得到截然相反的结果，可能是由调查对象的社会文化语境的不同造成的。

我们进一步分析发现（见表 3），男生和女生在学术英语交际焦虑维度（$p=0.002<0.05$）和学术英语课堂学习焦虑维度（$p=0.045<0.05$）存在显著性别差异，男生比女生的焦虑程度高，这一研究发现刚好部分解释了男生学习学术英语和用英语进行学术交流的意愿不如女生强的事实。

表 3　男女组间 T 检验

	性别	人数	均值	标准差	显著性（双侧）
交际焦虑	男	108	35.2685	5.21967	0.002
	女	78	33.2308	3.67838	
负面评价恐惧	男	108	24.7315	3.32256	0.260
	女	78	24.0513	4.88543	
课堂学习焦虑	男	108	20.8056	3.65180	0.045
	女	78	19.8974	2.48418	
测试焦虑	男	108	21.2315	3.60064	0.278
	女	78	20.7051	2.71173	

3.3　通用英语水平（CET6 成绩）预测学术英语焦虑的回归分析

我们采用回归分析来检验通用英语水平与学术英语焦虑之间是否存在一定的依赖关系，即通用英语水平是否影响学术英语焦虑，或者说通用英语水平在多大程度上能解释学术英语焦虑。鉴于全国大学英语 6 级测试（CET6）成绩的权威性，本回归分析采用调查对象的 CET6 成绩作为预测变量来进行回归分析，预测学术英语焦虑。表 4 中，ANOVA 回归分析发现 $F=4.881$，$p=0.028<0.05$，表明本回归分析有效，CET6 成绩与学术英语焦虑存在线性相关。此外，CET6 成绩非标准化回归系数 Beta$=-0.048$，$T=-2.209$，$p=0.028<0.05$，表明本回归分析具有统计学意义，由此可得线性回归方程：学术英语焦虑$=121.466+(-0.048)\times$CET6 成绩。这表明，CET6 成绩与学术英语

焦虑呈显著性负相关关系，且CET6成绩每增加1分，学术英语焦虑就降低0.048分。调整后的$R_{方}$为0.021，显示CET6成绩对学术英语总体焦虑有2.1%的解释力，即CET6成绩与学术英语焦虑有2.1%的拟合度。

表4　CET6成绩与学术英语焦虑的回归分析数据摘要

		非标准化系数		T值	F值	显著性	$R_{方}$	调整$R_{方}$
		Beta	标准误差					
系数	常量	121.466	9.624	12.621		0.000		
	CET6成绩	−0.048	0.022	−2.209		0.028		
ANOVA回归					4.881	0.028		
模型汇总							0.026	0.021

注：因变量为学术英语总体焦虑，预测变量为CET6成绩。

外语焦虑与外语学业成绩之间的关系一直以来在外语教学研究领域颇受争议。有研究发现两者之间存在正相关关系，如Alpert等(1960)、Kleinmann(1977)、Scovel(1978)的研究。但也有更多的研究发现两者之间存在显著负相关关系，如Young(1986)、MacIntyre等(1991)、Phillips(1992)、Cheng等(1999)、殷红梅等(2012)、Hewitt等(2012)、Ghorban等(2013)的研究。本研究的发现与大多数研究一致：学术英语焦虑与CET6成绩之间存在显著负相关。不同于之前研究的是，本研究向前迈出了一步，通过使用回归分析，用学业成绩预测焦虑程度，即通用英语学业成绩每增加1分，学术英语焦虑也随之降低0.048分。这个结果也为本研究领域一句流行的断言提供了统计依据，即外语焦虑与外语成绩之间存在着恶性循环(vicious circle)(Cheng et al.,1999)，也验证了这一断言：通用英语能力在一定程度上影响着学术英语语言实践(钟家宝 等 2014)[62]。

Chastain(1975)考察了以法语、德语和西班牙语为外语的学习者的焦虑与学业成绩之间的关系，发现以法语为外语的学习者的焦虑在听说法学习情境中与学业成绩呈显著负相关，而在传统课堂学习情境中却不存在显著关联。由此，他认为，听说法课堂上发生的事情可能会增加学习者考试时的焦虑。目前，听说法在我国高校英语课堂还比较盛行，也比较受师生欢迎。听说法要求学习者及时对老师或同伴的语言输入做出回应，并预知可能地在场评价，这不可避免地在不知不觉中增加了学习者的焦虑。而学习者有可能把这种不自觉的焦虑带入CET6测试情境中，从而对CET6测试产生负面影响。

4 结语

本文参照已被许多研究证明有效的 Horwitz 等(1986)的外语课堂焦虑量表，自制学术英语焦虑量表，测量 186 名理工科研究生学术英语焦虑状态，并尝试探讨影响学术英语焦虑的可能因素。研究发现，绝大部分调查对象的学术英语焦虑处于中等及以上程度，并且性别、二语自我和通用英语水平是影响学术英语焦虑的主要变量。该研究发现启发我们，在学术英语学习情境中，任课教师要利用学术英语的实用目的，引导学习者建构积极的二语自我，即理想二语自我，提供鼓励性评价为主的师生反馈，营造积极的学术英语实践氛围。此外，理工科学术英语学习者中，男性所占比例远远大于女性，任课教师应意识到学术英语焦虑中的性别差异，避免使用单一的听说法教授学术英语，而应采用多种教学方法，设计多样的学术英语学习活动，以缓减性别差异造成的焦虑。最后，在学术英语教学过程中，任课教师要适当增加通用英语的学习材料和内容，以期通过提高学习者通用英语水平来增强其学术英语学习的自信心，缓解学术英语焦虑。

参考文献

鞠玉梅，2006. 国外 EAP 教学与研究概览[J]. 外语教学(2)：1-6.

刘珍，姚孝军，胡素芬，2012. 大学生二语自我、焦虑和动机学习行为的结构分析[J]. 外语界，(6)：28-37+94.

王银泉，万玉书，2001. 外语学习焦虑及其对外语学习的影响：国外相关研究概述[J]. 外语教学与研究，(2)：122-126.

殷红梅，王颖，刘开泰，2012. 非英语专业硕士研究生英语学习焦虑状况调查[J]. 中国公共卫生，28(6)：808-809.

钟家宝，陈红，2014. 实施“流利领先法”，培养理工科硕士研究生学术英语能力：以报刊、学术杂志文章为课程材料[J]. 外语研究(4)：58-64.

ALPERT R, HABER R N, 1960. Anxiety in academic achievement situations[J]. Journal of Abnormal and Social Psychology, 61(2)：207-215.

AWAN R U N, AZHER M, ANWAR M N, et al., 2010. An investigation of foreign language classroom anxiety and its relationship with students' achievement[J]. Journal of College Teaching & Learning (TLC), 7(11)：33-40.

CHASTAIN K,1975. Affective and ability factors in second-language acquisition [J]. Language Learning,25(1):153-161.

CHENG Y S, HORWITZ E K, SCHALLERT D L, 1999. Language anxiety: Differentiating writing and speaking components[J]. Language learning,49(3):417-446.

DORNYEI Z, 2009. The L2 motivational self system [M]//DORNYEI Z, USHIODA E. Motivation, language identity and the L2 self. Bristol: Multilingual Matters:9-42.

ELKHAFAIFI H, 2005. Listening comprehension and anxiety in the Arabic language classroom[J]. The Modern Language Journal,89(2):206-220.

ELLIOT J, CHONG J L Y, 2004. Presentation anxiety: A challenge for some students and a pit of despair for others [EB/OL]. [2014-12-18]. http://isana.proceedings.com.au/docs/2004/paper_elliott.pdf.

GHORBAN D F, NASAB A H F, 2013. Examination of the relationship between perfectionism and English achievement as mediated by foreign language classroom anxiety[J]. Asia Pacific Education Review,14(4):603-614.

HALLIDAY M A K,1994. A language development approach to education[M]// WEBSTER J. Language and education. Beijing:Peking University Press:368-397.

HEWITT E, STEPHENSON J, 2012. Foreign language anxiety and oral exam performance:A replication of Phillips's MLJ study[J]. The Modern Language Journal, 96(2):170-189.

HORWITZ E K, HORWITZ M B, COPE J, 1986. Foreign language classroom anxiety[J]. The Modern Language Journal,70(2):125-132.

KLEINMANN H H, 1977. Avoidance behavior in adult second language acquisition'[J]. Language Learning,27(1):93-107.

KOUL R, ROY L, KAEWKUEKOOL S, et al., 2009. Multiple goal orientations and foreign language anxiety[J]. System,37(4):676-688.

MACINTYRE P D, GARDNER R C, 1991. Investigating language class anxiety using the focused essay technique[J]. The Modern Language Journal,75(3):296.

MACINTYRE P D, NOELS K A, CLÉMENT R, 1997. Biases in self-ratings of second language proficiency: The role of language anxiety[J]. Language Learning, 47 (2):265-287.

MACINTYRE P D, BAKER S C, CLÉMENT R, et al., 2002. Sex and age effects on willingness to communicate, anxiety, perceived competence, and L2 motivation among junior high school French immersion students[J]. Language Learning, 52(3): 537-564.

PAPI M, 2010. The L2 motivational self system, L2 anxiety, and motivated behavior: A structural equation modeling approach[J]. System, 38(3): 467-479.

PARK G P, FRENCH B F, 2013. Gender differences in the Foreign Language Classroom Anxiety Scale[J]. System, 41(2): 462-471.

PHILLIPS E M, 1992. The effects of language anxiety on students' oral test performance and attitudes[J]. The modern language journal, 76(1): 14.

PIECHURSKA-KUCIEL E, 2012. Language anxiety levels in Urban, Suburban and Rural secondary grammar school students[M]//PAWLAK M. New perspectives on individual differences in language learning and teaching. Berlin Heidelberg: Springer: 169-183.

RADZUAN N R M, KAUR S, 2011. Technical oral presentations in English: Qualitative analysis of Malaysian engineering undergraduates' sources of anxiety[J]. Procedia-Social and Behavioral Sciences, 29: 1436-1445.

SCARCELLA R, 2003. Accelerating academic English: A focus on the English learner[M]. California: Regents of the University of California.

SCOVEL T, 1978. The effect of affect on foreign language learning: A review of the anxiety research[J]. Language Learning, 28(1): 129-142.

SPARKS R L, PATTON J, 2013. Relationship of L1 skills and L2 aptitude to L2 anxiety on the foreign language classroom anxiety scale[J]. Language Learning, 63(4): 870-895.

SPIELBERGER C D, 1972. Conceptual and methodological issues in anxiety research[M]//SPIELBERGER C D. Anxiety: Current trends in theory and research. [C]. New York: Academic Press: 481-494.

YALÇIN Ö, INCEÇAY V, 2014. Foreign language speaking anxiety: The case of spontaneous speaking activities[J]. Procedia-Social and Behavioral Sciences, 116: 2620-2624.

YOUNG D J, 1986. The relationship between anxiety and foreign language oral proficiency ratings[J]. Foreign Language Annals, 19(5): 439-445.

ZHANG L J, 2000. Uncovering Chinese ESL students' reading anxiety in a study-abroad context[J]. Asia Pacific Journal of language in education, 3(2): 31-56.

不同学习风格学习者学术英语语言技能需求分析[①]

钟家宝　钟兰凤　陈　红

1　引言

鉴于教育国际化和建设高水平大学的需要，很多大学尤其是重点大学专门用途英语（English for Specific Purposes，ESP）的主要分支——学术英语（English for Academic Purposes，EAP），在各个大学受到不同程度的关注。近年来，学术英语（EAP）在我国大学英语阶段的重要性和必要性得到专家学者的认同和支持（罗娜，2006；蔡基刚 等，2010；龙芸 等，2012）。蔡基刚（2012）认为，设计和开设学术英语课程正成为各大学英语教学的改革方向。学术英语（EAP）从学习者与学习情境着手，而普通英语从语言着手，因此，了解学习者的学习需求是学术英语（EAP）课程设计的出发点（Hamp-Lyons，2001）。但很少有研究关注不同英语学习经验学习者的学术英语（EAP）语言技能（听、说、读、写）需求的差异，更少有研究调查不同学习风格的 EAP 学习者对学术英语（EAP）学习需求的差异。

需求分析是指收集和评估与课程设计相关的信息。随着对学习者了解的深入，我们需要调整教学设计和课程内容。实际上，需求分析是通过一个连续的评估过程去建设有效的课程（Hyland，2007）。需求就像一把伞，它包含着很多方面：学习者的具体目标和背景、语言水平、参加课程的理由、授课老师、学习风格和交流情景。需求涉及学习者知道的和不知道的或想知道的，能用种种方法收集和分析（Brindley，1989）。需求分析是 EAP 课程设计和教学的基础，是 EAP 鉴别学习者语言需求、文本选择、任务设计和材料开发的出发点（Hamp-Lyons，2001）。

自 20 世纪 80 年代后期以来，有大量研究调查了解学习者的学术英语学习需求。早期学术英语（EAP）需求分析有关注学术英语语言能力（Leki et al.，1994）、学术英语写作（Casanave et al.，1992）、学术英语口语交流（Ferris，1998）的，有针对学习者通用和具体

① 原载《江苏大学学报》（社会科学版）2014 年第 4 期，入选后有所改动。

需求的(Leki et al.,1994),也有注重教师需求或教师和学生需求都分析的(Huang,2010;龙芸 等,2012;罗娜 等,2012)。可见,对学习者学术英语的学习需求分析和评估是非常适切的和多元的。但少有涉及学习者EAP学习需求的个体差异的研究,尤其是没有考虑不同学习风格个体对EAP需求的影响。

学习风格是学习者"在获取、处理和记忆新信息、新技能时自然的、习惯性的风格方式"(Reid,1995)[viii]。不同的学习风格适合不同领域的学习任务(Kolb et al.,2005a),个体对其学习风格情有独钟进而拒绝掌握学术能力需求的其他学习风格。Kolb认为,学习风格是影响个体学术能力的重要因素之一(Kolb et al.,2005b)[1-72]。为了提升学术各个领域的学习,他提出需要为不同学习风格的学习者提供培养技能的环境,注意到不同学习风格对学术能力需求的影响,但少有研究对学习者学习风格和学术英语需求的关联性做实证研究。

Johns和Dudley-Evans认为,学习者的需求决定学术英语的课程发展,是确定学习者学习目标英语语境的因素(Johns et al.,1991)。没有学习者个体的EAP学习需求信息,EAP教师、课程和材料开发者制定课程计划时只能凭借个人的观念、经验和直觉。因此,本研究从EAP学习者的EAP学习视阈出发,通过测量EAP学习者的学习风格、EAP语言技能重要性、EAP语言技能需求内容和EAP语言技能需求频度等,获取学生个体的学习风格差异性和EAP听、说、读、写技能学习需求的程度、内容和频度等信息,以分析EAP学习者的个体学习风格与EAP学习需求的关联性,为在外语学习语境下的学术英语教学及课程建设提供建议。

2 研究设计

2.1 研究对象

本研究以某省属重点大学选修本科公共选修"实用学术英语"课程的126名学习者为研究对象。本研究采取自愿的原则,发放调查表126份,收回有效调查表104份,回收率82.54%。其中,男生56人(53.8%),女生48人(46.2%),年龄最大为23岁,最小为18岁,平均年龄为21.40±1.066岁,众数为22岁(38.5%)。学习者有一年级10人(9.6%)、二年级44人(42.3%)及三年级50人(48.1%),分别来自医学检验(4人,3.8%)、工业工程(18人,17.3%)、卫生事业(6人,5.8%)、化学化工(10人,9.6%)、会计(6人,5.8%)、通信工程(2人,1.9%)、自动化(10人,9.6%)、机械(22人,21.3%)、国贸

(18人,17.3%)、材料(4人,3.8%)以及车辆(4人,3.8%)共11个专业。

2.2 研究问题

本研究主要针对以下四方面的问题开展:

(1) EAP学习者学习风格差异性特点是什么?

(2) EAP学习者的学习风格与EAP语言技能需求态度有怎样的关联性?

(3) EAP学习者的学习风格是否影响EAP听、说、读、写需求的内容?

(4) EAP学习者学习风格差异与EAP听、说、读、写需求频度关系如何?

2.3 研究工具

问卷由两部分组成:第一部分是《Kolb学习风格量表》,用于调查学习者的学习风格类型;第二部分是学术英语学习需求调查表,用于了解学习者EAP四项语言技能需求态度、EAP需求领域和EAP语言技能需求频度。

学习风格量表。本研究采用1985版《Kolb学习风格量表》,对参加对象的学习风格进行调查。该量表包含12个项目,各含4种描述,代表学习过程的4个环节:抽象概念(AC)、具体经验(CE)、主动实践(AE)和反思观察(RO),研究对象根据自己的学习情况符合程度对4个选项进行排序,从最适合自己到最不适合自己给予4~1分,每一环节得分范围为12~48分,然后计算各自学习方式序号总分。抽象概念减去具体经验的差值(AC-CE),反映其在信息获取维度上的抽象或具体风格程度;主动实践减去反思观察的差值(AE-RO),反映其在信息处理维度上的实践或反思风格程度。根据研究对象的两个维度形成4个象限,每一个象限代表1种学习风格类型,对照LSI学习风格类型图可知其所属类型。该量表的Cronbachα系数较高,AC为0.80,CE为0.72,AE为0.77,RO为0.80,AC-CE为0.85,AE-RO为0.83,与Smith和Kolb的结果十分接近(相应数据为0.82、0.73、0.83、0.78、0.88、0.81)(Smith et al.,1996)[28]。

学术英语需求调查表。问题的编制参照Rosenfeld等(Rosenfeld et al.,2001)[1-104]和蔡基刚(2012)的研究成果,前者首次评估了EAP学习者听说读写学术成就的重要性,后者评估了国内知名大学EAP学习者的学术英语课程需求。本研究选用相关问题并做了调整,分3个维度共12道题:(1) 学术英语四项语言技能需求态度调查。其中,⑤代表非常重要,④代表重要,③代表一般,②代表不很重要,①代表不重要。(2) 学术英语需求领域调查,调查研究对象读写学术材料的类别和参与英语学术活动的情况。调查阅读英语学术材料的种类时,用①代表专业文章、②代表专业教材、③代表专业信息、④代表从不用英语阅读的 EAP 材料；在调查撰写学术英语的类别时，用①代表摘要、②代表文献综述、③代表实验报告、④代表从不写 EAP 材料；在调查口语参与学术活动时，用①代表会议发言、②代表讲座提问、③代表参加学术讨论、④从不需用英语口语参加 EAP 活动；在调查参加学术活动需要英语听力技能时，用①代表听学术报告、②代表听专业英语课程、③代表参加学术交流、④代表从不听 EAP 活动。(3) 通过学术英语使用频度，调查研究对象用听、说、读、写技能参与 EAP 活动频度，用⑤代表经常参加、④代表有时参加、③代表偶尔参加、②代表不常参加、①代表从不参加。学术英语学习需求调查表参照李克特量表等级从学术英语四项语言技能需求态度和使用频度两维度分别设计 5 个等级记分，即①记 1 分、②记 2 分、③记 3 分、④记 4 分、⑤记 5 分。得分≧3 分表示重要程度高于一般或频度高于偶尔。

2.4 数据收集分析

调查数据全部录入 EXCEL 后，用 SPSS 19.0 进行统计分析。

3 研究结果

3.1 研究对象学习风格分布特征

调查发现，研究对象中具有发散型学习风格的最少(12 人，11.5%)，最多也是众数的是聚合型学习风格(43 人，41.3%)，同化型和调适型学习风格各占不到 25%。性别 Pearson $X^2(3)=6.379$，$p=0.095>0.05$，说明性别与学习风格类型之间相互独立，没有显著关联(具体见表 1)。

表 1 研究对象的学习风格分布

	发散型 (divergers)	同化型 (assimilators)	聚合型 (convergers)	调适型 (accomodators)	合计
N	12	24	43	25	104
百分比/%	11.5	23.1	41.3	24.0	100.0
性别	Pearson 卡方 6.379(值) 3(*df*) 0.095(渐进 Sig. 双侧)				
年级	Pearson 卡方 14.604(值) 6(*df*) 0.024(渐进 Sig. 双侧)				
专业	Pearson 卡方 121.678(值) 30(*df*) 0.000(渐进 Sig. 双侧)				

年级 Pearson $X^2(6)=14.604$，$p=0.024<0.05$，表示年级与学习风格类型之间具有显著性关联。专业 Pearson $X^2(30)=121.678$，$p=0.000<0.001$，表明专业与学习风格类型具有极其显著性关联（见表 1）。

3.2 EAP 语言技能的重要性

研究显示，同化型学习风格的学习者认为 EAP 阅读技能重要或非常重要（均值 4.18 ±0.0381），而不太重视 EAP 写作技能。总体来看，多数 EAP 学习者认为阅读技能对 EAP 的作用一般或比较重要。方差齐性检验达极其显著（$p=0.000<0.001$），表示四种不同学习风格类型的离散情形存在明显差别。整体检验结果说明，不同学习风格的学生对 EAP 阅读技能重要性的认识存在极其显著差异（$p=0.000<0.001$）；聚合型学习者认为 EAP 写作技能重要或非常重要，不太重视 EAP 阅读技能。学生综合表述为英语 EAP 写作技能比较重要，方差齐性检验达显著水平（$p=0.014<0.05$），这表明研究对象认同写作技能对 EAP 的重要性，但存在差异。ANOVO 检验表明，不同学习风格的学习者对 EAP 写作技能重要性的态度有显著差异（$p=0.000<0.001$）；学生普遍认为 EAP 口语技能重要或非常重要，但不同学习风格学习者的态度存在极其显著差异（$p=0.000<0.001$），其程度从高到低分别是调适型、同化型、发散型、聚合型，同时方差齐性检验（$p=0.004<0.05$）也显示四个不同学习风格类型的离散情形存在明显差别；发散型学习风格特别重视 EAP 听力技能，不同学习风格的学习者关于听力技能对 EAP 的重要性认识虽有显著差异（$p=0.000<0.001$），但其方差齐性检验（$p=0.133>0.05$）显示四个不同学习风格类型的离散情形不具有显著差别，其均值说明学习者认为听力技能对 EAP 的重要性在一般和重要之间（具体见表 2）。

表 2　不同学习风格 EAP 学习者 EAP 语言技能重要性的均值变异分析

ANOVA		平方和	*df*	均方	*F*	显著性
EAP 阅读技能重要性	组间	96.807	3	32.269	142.989	0.000
	组内	22.568	100	0.226		
	总数	119.375	103			
EAP 写作技能重要性	组间	38.350	3	12.783	22.189	0.000
	组内	57.611	100	0.576		
	总数	95.962	103			

续表 2

ANOVA		平方和	df	均方	F	显著性
EAP 口语技能重要性	组间	28.109	3	9.370	22.721	0.000
	组内	41.237	100	0.412		
	总数	69.346	103			
EAP 听力技能重要性	组间	12.764	3	4.255	6.712	0.000
	组内	63.390	100	0.634		
	总数	76.154	103			
方差齐性检验		Levene 统计量	$df1$	$df2$	显著性	
EAP 阅读技能重要性		14.881	3	100	0.000	
EAP 写作技能重要性		3.725	3	100	0.014	
EAP 口语技能重要性		4.796	3	100	0.004	
EAP 听力技能重要性		1.910	3	100	0.133	

3.3 研究对象学术英语需求内容

研究表明，学术英语需求内容存在差异，EAP 阅读类型需求集中于专业学术英语教材和专业学术信息获得，其 Pearson $x^2(9)=11.426$，$p=0.248>0.05$，故不同学习风格学习者与 EAP 阅读材料类型需求之间的关联不具显著性。不同学习风格的研究对象对 EAP 写作类型的需求分别为：发散型集中于摘要和实验报告，没有写文献综述和从不写学术论文的；同化型也主要是写摘要和实验报告，写文献综述和从不写学术论文的只有 1%；聚合型学习者的需求前两类分别是写摘要和实验报告，其 Pearson $x^2(9)=16.800$，$p=0.052>0.05$，说明学习风格类型与 EAP 写作需求也不具有显著关联性。参加 EAP 口语活动中，四种学习风格类型需求最多的是讲座提问，聚合型和调适型需要参与学术交流的较多，参加 EAP 口语类型需求与学习风格类型关联性[Pearson $x^2(9)=10.492$，$p=0.312>0.05$]未达显著水平。EAP 听力需求主要是听学术专业课程，同时也有听学术报告和学术交流的，没有人从不听 EAP 学术活动。尽管不同学习风格学习者的 EAP 听力需求存在差异，但关联性也不显著[Pearson $x^2(6)=3.739$，$p=0.712>0.05$]。

3.4 研究对象学术英语需求频度

通过交叉表对 EAP 需求频度和学习风格类型卡方检验发现，在 EAP 阅读频度维度上，发散型偶尔占58.3%、不常占41.7%、其他为零；同化型有时占41.7%、偶尔占33.3%、经常占25.0%、其他没有；聚合型不常占69.8%、偶尔占27.9%、其他合计不足3.0%；调适型不常占80.0%、偶尔占16.0%、经常占4.0%，其他没有，其Pearson $x^2(12)=74.430$，$p=0.000<0.001$，呈显著关联。在EAP写作频度维度上，发散型学习类型不常占41.7%、偶尔占58.3%，其他没有；同化型学习类型中，不常占20.8%、偶尔占62.5%，从不和有时各占8.3%和8.4%；聚合型学习风格中，偶尔占67.4%、有时占25.6%，其他合计仅占7%；同化型学习风格类型中，偶尔占61.5%、不常占21.2%，有时占14.4%、从不占2.9%。各类学习风格类型经常写作EAP的没有，其Pearson $x^2(9)=23.117$，$p=0.006<0.05$，卡方值达显著。在EAP口语频度维度上，发散型偶尔为66.7%，有时和不常各为16.7%和16.6%，其他没有；同化型偶尔为54.2%，有时为29.2%，不常为12.5%，经常为4.2%；聚合型有时为16.3%，偶尔为55.8%，不常为27.9%；调适型有时为44.0%，偶尔为56.0%，其Pearson $x^2(12)=21.669$，$p=0.041<0.05$，变量的关联度达显著性。EAP频度听力维度，发散型有时为41.7%，偶尔为33.3%，不常为16.7%，经常为8.3%；同化型不常为37.5%，偶尔为37.5%，有时为20.8%，经常为4.25%；聚合型偶尔为41.9%，有时为39.5%，不常为16.3%，经常为2.3%；调适型偶尔为43.3%，有时为30.8%，不常为22.1%，经常为3.8%，其Pearson $x^2(9)=9.001$，$p=0.437>0.05$，EAP听力频度与学习风格类型没有显著关联。

4 讨论、结论与启示

4.1 EAP学习者个体学习风格存在差异性

研究发现，男生的学习风格集中于聚合型和同化型，而女生的主要是聚合型和调适型，男生的聚合型比例高于女生，但性别与学习风格没有显著关联性，年级与学习风格之间存在显著关联，这与Reid(1987)、Alumran等(2008)的研究结果相异，而与Heffler(2001)和Loo(2002)的研究结果相同。这除与样本大小、样本种族、文化差异以及不同量表测量纬度差异相关外，也可能与中国90后独生子女比例高有关。

早期的教育体验方式潜移默化地对学习风格施加积极影响并可以固化个体的学习风格。高中到大学的过渡加速了这种影响的倾向性，促使个体学习风格和教育专业之间形成特殊关系。本研究显示，医学检验、化学化工、通信工程、会计专业学生较多是同化型学习风格，工业工程、自动化、机械工程、材料和车辆专业的学生多为聚合型学习风格，国贸专业的学生偏向于调适型学习风格而卫生事业专业的学生同化型和调适型学习风格各占一半，这说明专业与学习风格之间具有极其显著关联性，也验证了之前研究（Kolb et al.,2014）。

4.2 学习风格与EAP语言技能需求重要性的关系

研究结果显示，不同学习风格类型的EAP学习者对EAP语言技能重要性的认识存在显著差异。聚合型学习风格的EAP学习者非常重视EAP写作技能，不太重视阅读技能，对听力技能和口语技能重视程度也不高，这与之偏好思考和行动、学习演绎推理和体验新思想的类型特征有关，这种特征缺乏情感、仓促行事、缺乏美感和想象力，并且有点心灵封闭，但有利于成就专门人才和技术职业；同化型学习风格的学习者认为，阅读和口语技能非常重要，不太重视写作和听力技能，这符合其喜好反思观察与抽象经验、偏好阅读和演讲、探究分析思考和观察学习的特征；发散型学习风格的学习者重视听力和口语技能，认为写作和阅读技能作用一般，验证了其偏好观察和感知学习，善于倾听、与人合作，对文化感兴趣，倾向于文科专业的特征；调适型学习风格的学习者特别重视口语技能，不太重视阅读、写作和听力技能，反映了其喜好感知和行动、容易适应新环境、需要同伴、愿意与人合作，适合市场开发和销售职业的类型特征，这验证了Kolb之前的研究观点（Kolb,1999）[20]。这不仅说明学习风格显著影响个体对EAP语言技能的需求，也说明不同学习风格的学习者对具体的EAP环境和教育实践有显著不同的EAP语言技能需求。

4.3 学习风格与EAP需求内容的关系

本研究发现，EAP需求内容集中度高，EAP阅读需求集中于专业学术英语教材和专业学术信息；EAP写作需求集中于摘要和实验报告；EAP口语需求主要集中于讲座提问；EAP听力需求集中于学术专业课。尽管不同学习风格学习者的学术英语需求内容存在差异，但这种需求与学习风格的关联不具有显著性。调查表明，这种需求与该校已开设7个专业11门国际化英语授课精品课程、聘请外国专家开展讲座和授课、中外学生同堂上课以及推动教育国际化系列措施有关。这也说明，英语越来越多地成为传播学术知识的主要语言，只有熟练掌握英语学术环境下的常规技能，才能了解他们所学的学科（Hyland et al.,2002）。

4.4 学习风格与EAP需求频度的关系

研究结果显示，EAP学习者的EAP需求频度不高。不同学习风格的EAP学习者在相同的EAP学术环境下，对EAP的听力需求频度都集中在偶尔程度。学习风格类型对EAP听力需求的影响不显著，但是不同学习风格的EAP学习者与EAP写作、阅读和口语需求频度均呈显著关联。其中，发散型学习风格类型的EAP口语需求频度明显高于阅读和写作频度；同化型学习风格的EAP阅读需求频度高于写作和口语需求频度；聚合型学习风格的写作需求频度高于阅读和口语需求频度；调适型学习风格阅读需求频度低于写作和口语，这与不同风格类型学习偏好特征相似，也说明学习者的学习风格显著影响EAP学习需求，进而影响EAP需求频度。

4.5 研究结论对EAP教学启示

本研究表明，EAP学习者的学习风格存在年级和专业的显著差异性，这种差异与EAP学习者对EAP语言技能重要性的认识存在显著关联，学习风格与EAP语言技能需求频度也存在显著关联，对EAP教学有一定的实践意义。首先，关注学习风格对EAP需求的影响力，意识到学习风格差异的教师就会调整教学模式和建构更加有效的EAP课堂教学环境，以满足不同学习风格学习者的EAP需求。其次，学习者的学习风格虽然与稳定的、习惯性的学习方式紧密相连，但在特定学习任务中并非一成不变，如训练聚合型学习风格的学习者学会倾听、与人合作、对文化感兴趣和吸收信息，可以提高他们理解、反馈和产生许多构想的能力，培养他们EAP口语和听力能力。最后，通过理解不同学习风格学习者对于EAP需求的差异，教师就能有更好的机会满足所有学习者的不同学习需求。教师可以根据不同学习风格类型，给选修学术英语课程的学生分班、设计个性化EAP课程、提供差异化EAP材料，开发和创设EAP学术环境，以便更好地满足和调整他们对于EAP需求的差异。

4.6 研究局限性和未来研究

本研究结果有一定的局限性，一方面，本研究的对象是来自一所大学选修学术英语课程的EAP学习者，其专业构成也只与该校特点相适应，并且受选修课的影响，学习风格类型分布受到一定影响，这需要在未来扩大调查范围以及随机性选择研究对象来改进；另一方面，虽然EAP需求调查参考了之前的研究成果，问卷调查是在学术英语课程结束时进行的，但学习者的真实需求是很难具体化的，也很难避免调查对象表达的不是真实意图和正确判断，也难排除调查对象对EAP需求理解的偏差和草率，这些会或多或少地影响需求问卷的信度。

中国学习者对EAP听、说、读、写四项技能都有需求，但对不同技能的需求程度、需求频度存在很大的差异性，造成这种差异的主要原因之一是学习风格的异同。在未来的研究中，我们可以进一步探讨影响EAP学术需求的非智力因素及EAP需求测量标准等。

参考文献

蔡基刚，廖雷朝，2010. 学术英语还是专业英语：我国大学ESP教学重新定位思考[J]. 外语教学，31(6)：47-50.

蔡基刚，2012. “学术英语”课程需求分析和教学方法研究[J]. 外语教学理论与实践(2)：30-35+96.

罗娜，2006. EAP，我国大学英语教学中不容忽视的领域[J]. 广东外语外贸大学学报(1)：85-88.

罗娜，陈春梅，2012. 理工科硕士研究生学术英语需求分析[J]. 当代外语研究(5)：38-42+77.

龙芸，吴军莉，2012. 专用学术英语课程在大学英语阶段的教学研究：意义、途径和实践[J]. 山东外语教学，33(4)：67-72.

ALUMRAN J I A, PUNAMKI R L, 2008. Relationship between gender, age, academic achievement, emotional intelligence, and coping styles in Bahraini adolescents [J]. Individual Differences Research, 6(2): 104-119.

BRINDLEY G, 1989. The role of needs analysis in adult ESL programme design [J]. The Second Language Curriculum, 63: 78.

CASANAVE C P, HUBBARD P, 1992. The writing assignments and writing problems of doctoral students: Faculty perceptions, pedagogical issues, and needed research[J]. English for Specific Purposes, 11(1): 33-49.

FERRIS D, 1998. Students' views of academic aural/oral skills: A comparative needs analysis[J]. TESOL Quarterly, 32(2): 289.

HAMP-LYONS L, 2001. English for academic purposes [M]//NUNAN D, CARTER R. The Cambridge guide to teaching english to speakers of other languages. Cambridge: Cambridge University Press: 126-130.

HEFFLER B, 2001. Individual learning style and the learning style inventory[J]. Educational Studies, 27(3): 307-316.

HYLAND K, 2007. English for academic purposes: An advanced resource book[J].

Miscelánea: A Journal of English and American Studies(35):99-108.

HYLAND K, HAMP-LYONS L, 2002. EAP: Issues and directions[J]. Journal of English for Academic Purposes, 1(1):1-12.

HUANG L S, 2010. Seeing eye to eye? The academic writing needs of graduate and undergraduate students from students' and instructors' perspectives [J]. Language Teaching Research, 14(4):517-539.

JOHNS A M, DUDLEY-EVANS T, 1991 English for specific purposes: International in scope, specific in purpose[J]. TESOL Quarterly, 25(2):297.

KOLB D A, 1999. Learning style inventory: Version 3[M]. [S. I.]: Hay/McBer Training Resources Group.

KOLB D A, BOYATZIS R E, MAINEMELIS C, 2014. Experiential learning theory: Previous research and new directions [M]//Sternberg R J, Zhang L-f. Perspectives on thinking, learning, and cognitive styles. Mahwah: Lawrence Erlbaum Associates: 227-247.

KOLB A Y, KOLB D A, 2005a. Learning styles and learning spaces: Enhancing experiential learning in higher education [J]. Academy of Management Learning & Education, 4(2):193-212.

KOLB A Y, KOLB D A, 2005b. The Kolb learning style inventory—version 3. 1: 2005 technical specifications[M]. Boston: Hay Resources Direct.

LEKI I, CARSON J G, 1994. Students' perceptions of EAP writing instruction and writing needs across the disciplines[J]. TESOL Quarterly, 28(1):81.

LOO R, 2002. The distribution of learning styles and types for hard and soft business majors[J]. Educational Psychology, 22(3):349-360.

REID J M, 1987. The learning style preferences of ESL students [J]. TESOL Quarterly, 21(1):87-111.

REID J M, 1995. Learning styles in the ESL/EFL classroom[M]. Boston: Heinle & Heinle.

ROSENFELD M, LEUNG S, OLTMAN K P, 2001. The reading, writing, speaking, and listening tasks important for academic success at the undergraduate and graduate levels[M]. [S. I.]: Educational Testing Service.

SMITH D M, KOLB D A, 1996. User's guide for the learning-style inventory: A manual for teachers and trainers[M]. Boston: Hay/McBer Resources Training Group.

新时代学术英语语用身份建构研究[①]

钟家宝

1 引言

《学位与研究生教育发展“十三五”规划》(以下简称《“十三五”规划》)提出,研究生教育实践要向服务需求、提高质量的内涵式发展转型,确保健全研究生教育质量保证体系,以便显著增强国际影响力,加快培养能够参与国际事务和国际竞争的高层次专门人才。这对新时代研究生学术英语教学提出诸多挑战和更高要求,培养单位要能认识、理解和应用研究生的研究属性,以《“十三五”规划》为新时代学术英语培养目标,致力于培养和提高研究生学术英语写作水平。

研究生受教育的过程是研究生学术学习和发展及学术身份认同的旅程。在这个旅程中,研究生通过原创的写作方式、方法来拓展现有知识,建构新知识,以适应进入学术界的过程,从而更好地认识自我、认识与学术的关系,并准备成为学界的一部分(Wasityastuti et al.,2018;Mcculloch,2013)。学术写作既传递了学科思想内容,也传播了自我表征。学术论文需要作者通过投射个人权威的身份获得可信度,展现出他们对观点评价的自信和坚持(Hyland,2002a)。但学术话语与实践支持的身份限制了作者与读者交流的完整性,建构一个可信的、适合融入学界的语用身份常常困扰着学术新手或专家(Hyland,2002b)。因此,建构研究生学术英语语用身份是培养新时代国际化高层次人才的重要途径,是新时代国家人才竞争和学术话语竞争的路径之一。学术英语语用身份的建构为高校研究生的成长与教育开辟了一条全新的道路,而高校研究生学术英语语用身份的研究与思考则是对新时代研究生培养质量和学术英语写作教学实践的积极回应。本研究梳理了学术英语语用身份建构的模式,以期帮助研究生在学术旅途中建构自己的学术身份。

① 原载《中国外语》2018年第5期,入选后有所改动。

2 身份及学术语篇语用身份

身份是人文社会科学的一个重要概念和热点话题(Grad et al.,2008;陈新仁,2013)。社会学传统本质观认为,身份是静态的、持久的、不变的、先设的观念(Hall,1992)。而语言学者从后现代的社会建构主义观出发,提出身份是在不同语言环境的交际过程中构建的(陈新仁,2013),是一个跨越时空的、动态的、复杂的、矛盾的、多维的概念(Norton,1997;Ivanic,1998)。该观点动摇了身份的传统本质观,使身份观逐步由本质主义向建构主义转变,经历了从对语言与身份的静态反映关系研究到对话语与身份的动态建构关系研究的嬗变。学者更多地关注社会行为(身份相关的)而非心理建构,强调身份是一个始终融入社会实践的过程(陈新仁,2014)。建构主义视角下,社会语言学关注身份变量在语言中的反映,二语习得研究聚焦二语学习者自我认同的变化,如,Ivanic(1998)认为自传身份(autobiographical self)、语篇身份(discoursal self)、作者身份(authorial self)和潜势身份(possibilities for self-hood)是相互关联的、复合的、动态的自我概念。自传身份指作者以过往经验和学术实践在文本中塑造和建构自我身份;语篇身份是指作者创造文本的自我表现,作者通过反映话语的价值观、世界观和影响力来建构写作背景下的身份关系;作者身份是从作者的角度在文本中建构作者的权威;潜势身份是指作者在社会语境中选择建构自我身份的可能性。这4个要素常常交织在一起构建作者身份。语用学更加关注身份的交际属性而非社会属性或心理属性(陈新仁,2014)。

随着语用学思想的融入,学术语篇中的作者身份研究越来越受到学界的重视。在学术语篇写作这一言语交际活动中,作者会通过各种话语策略在学术社区内对自我身份进行协商、构建和创造。在交际过程中,人们更加渴望学术身份的归属和认可,而不仅仅是个人信息交流(Norton,1997)。这种交际属性不仅能使学术语篇传递命题内容,而且能使作者通过表征自我来推介自己的研究成果,达到确定自己研究地位的目的(Hyland,2002a)。语用学视角下,作者需要基于所属学术社区所公认或惯有的体裁范式和社会文化网络等语境因素,进入学术社区,采纳它的观点和解释,根据交际需求选用适切的语用资源以使作者的价值观和世界观与特定身份保持一致。交际者从若干身份中选择甚至新建某个特定的身份进行交际,从而建构不同类型的语用身份。

3 研究生学术英语语用身份理论框架

学术新手建构一个综合身份是其适应个体和社会的一个突出的发展任务(Erikson,1968)。刚进入学术社区的研究生会发现,学科实践和语篇支撑的身份不同于传统的身份,需要其作为学术社区成员在写作中通过各种话语策略对自我身份进行协商、构建和创造(Ivanic,1998),以确定在学术社区内的定位和作用。这种身份的交际属性正是语用学研究身份的切入口。从陈新仁(2013)的语用身份观视角(见图1)来看,研究生在学术话语实践的多种语境资源的驱动下,基于学术交际的动态需求,会进行特定的语用身份和话语实践的选择,并进而通过话语选择来加以建构,最终服务于交际效果。

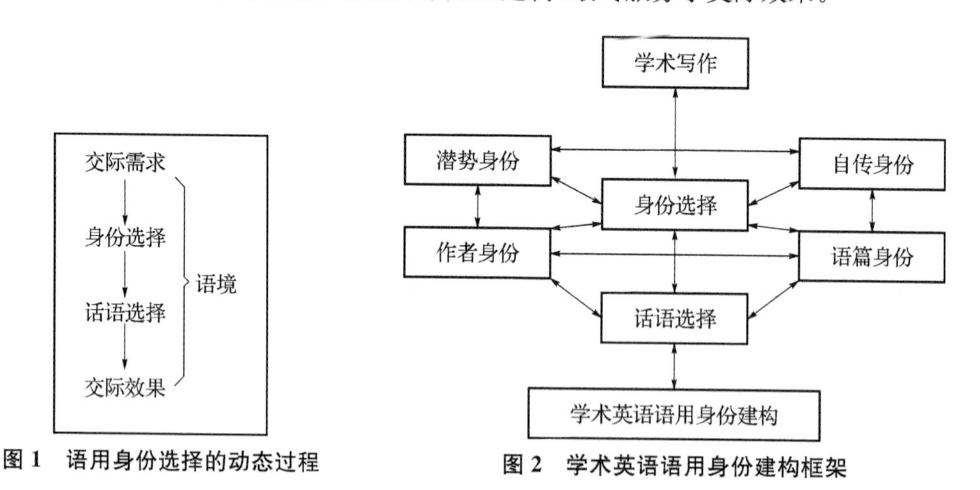

图1 语用身份选择的动态过程

图2 学术英语语用身份建构框架

国内外已经有很多学者对学术写作中的身份建构进行了研究。Rahimivand 等(2014)以元话语模型分析 30 篇研究文章的摘要、介绍、方法、讨论和结论等 5 个部分,发现学术身份建构不只是专家作者也是学生作者学术写作的关键任务。根据图 1 的语用身份建构及学术话语相关研究,借鉴 Ivanic(1998)提出的研究作者身份的 4 个要素,本研究提出学术英语语用身份建构分析框架,如图 2 所示。

该图表明,学术英语语用身份在学术写作过程中具有动态社会文化性,表现在语用身份建构的自传性、资源性和权威性上。学术语篇和实践的功能在于满足学术论文作者的交际需要。在特定的学术语境中,作者为了满足不同的交际需求,会选择不同话语方式或新建一些语用身份,以实现不同的交际效果。首先,任一学术论文作者都希望在特定的社会文化和制度环境中选择某一潜势语篇形式，从而服务于其当下或者以后诚信和承诺的适切交往目的。所以，作者首选熟悉的背景知识和过往经验来塑造和建构学术文本中的自传身份。其次，学术语篇和实践提供了可供学术论文作者选择的各种潜势语篇资源以满足社会文化性的需要。学术论文作者交际需要实现与否很大程度上取决于这些语篇资源是否运用得适切，作者通过撰写能反映社会文化背景的价值、信念和权威的特色语篇，有意或无意地将其传递给读者，潜移默化地建构自传身份和话语身份。再次，潜势语篇资源的选择与意义以及功能之间具有可商讨性。作者面对众多潜势身份时，常常采用适切的、有利的潜势资源表达自己的观点、信仰和价值，发出自己的声音，突出其话语身份的权威性，建构学术语篇的作者身份。潜势语篇资源使用原则与策略的灵活性引导语篇使用者做出选择行为。在动态语境的制约下，语篇使用具有可商讨性。最后，以上四个要素并不是处在同一层面的，而是双向相互交织在一起的。正是由于语篇具有自传性、资源性和权威性，其社会文化性才成为可能，没有语篇的自传性、资源性和权威性，就没有社会文化性的内容。因此，社会文化性是处于更高层次的属性，研究学术语篇的社会文化性，必须考虑其他三个方面的属性。

4 研究生学术英语语用身份建构

研究生的学术英语使用者身份不能被学术社团中的专家或其他成员所认同，或者研究生无法在用英语进行学术交流时成功建构自己的学术英语使用者身份，是新时代研究生学术英语培养亟待处理的危机。参照陈新仁(2013)的语用身份观和本文的学术英语语用身份建构框架，本部分结合现有文献，从研究文章的摘要、致谢、介绍、方法、讨论和结论等章节来梳理学术语篇语用身份建构的路径。

路径一：将学术作者选择、构建的身份视为一种解读资源(interpretive resource)，从身份角度解读话语的意义，如话语的施为用意，当然也包括其中的词汇意义。如，孙莉(2015)分析了中国硕士学位论文英文摘要部分的语用身份建构和话语资源选择，并将其与国际学者的研究进行对比后发现，中国学生较少建构对话者身份，不善于用熟悉的背景知识和过往经验建构学术文本中的自传身份。

路径二：将学术作者选择、构建的身份视为一种施为资源(illocutionary resource)或行事资源(transactional resource)，考察学术作者如何通过构建特定的身份达到具体的交际目标。例如，李娟(2016)以中文语境下博士毕业论文的致谢话语为主要研究对象，发现博士在毕业论文致谢语这一特定学术语境中通过选择、建构特定身份传达自己的话语意义,通过实施致谢等施为目标建构了多重语用身份。

路径三:将学术作者选择、构建的身份视为一种体现认同取向的人际资源(interpersonal resource),探究学术作者如何选择、建构特定的身份以达到诚信或承诺读者的目的。例如,Hyland(2002a)通过考察香港学生论文中人称代词的使用情况来探讨二语写作学术身份,研究表明,学生论文在涉及论证或主张时,偏向避免使用人称指代。与专家作者相比,这淡化了他们在研究中的作用,抑制了他们学术身份的获得和认同。他建议,教师在指导亚洲学生学术论文写作时,需要传授学生学术惯例,寻求调和学术新手特定社会文化语境的话语身份和作者身份的观念,探究学术新手如何选择、建构特定的身份以达到亲近读者的目的。

路径四:将学术作者选择、构建的(语用)身份视为一种阐释资源(explanatory resource),用来解释特定话语特征的形成原因。例如,Correa(2011)反思写作和身份的关系时,发现写作和身份的关系不是静态的预先设定的,而是动态的不断建构的。在写作的社会实践过程中,作者要充分认识整合写作和身份关系的重要性。

路径五:将学术作者选择、构建的(语用)身份视为一种评价资源(evaluative resource),考察特定学术交际情境中的话语是否具有适切性、得体性、正当性。Rahimivand 等(2014)根据 Hyland 的元话语模型分析了学术语篇的证据(evidential)、模糊词(hedge)、强调词(booster)、态度标识(attitude marker)和自我指称(self-mention)等修辞特色,揭示出学术写作过程中作者通过选择修辞词和潜势语篇建构他们的语篇身份,并主要在介绍章节通过元话语修辞词建构适切的作者身份。他们发现,使用证据不仅可强化作者的语篇身份,也可使作者的身份更有信誉,强调词和自我指称是提升作者身份最明显的标识。Matsuda 等(2007)调查了观点在学术论文模拟盲审过程中的作用,发现盲审人对作者的观点认知决定对作者的立场,认为作者观点在学术写作中起关键作用,有利于建构作者身份。

上述五个路径的分析不是一成不变的。有时,同一个研究可能会同时考虑两个甚至更多的路径,同一篇学术话语也可能从两个甚至更多的路径加以分析。学术写作构建的多重语用身份在取得了学术交际效果的同时,也可能会被作为施为资源使用,以实现提高学术语用能力的目的。

5 结语

本文梳理了国内外后现代社会建构主义观的学术英语语用身份研究的相关成果,厘清了语用学视域下学术英语作者建构身份的模式，在提出学术英语语用身份建构框架的基础上，指出了一些可以体现学术语用学学科主旨的身份研究问题，提供了一些语用学视阈下学术英语身份研究可以采纳的路径。本文认为，新时代研究生学术英语语用身份研究的关注点主要在于培养学生的洞察能力、创新能力、思辨能力以及学术话语权的自信心和自觉性——对学术生涯的预判、计划、构建，甚至塑形能力。研究生学术英语语用身份研究的兴起无疑给新时代研究生提供了一个面向和思考学术英语的新视角，为一个新的语用学分支学科——语用身份学的构建和发展提供了实践基础。因此，笔者建议，研究生学术英语教师应在课堂上开展话语身份讨论和语用身份意识培养实践，提高研究生对学术话语语用身份的认知，帮助他们融入学术界，树立、建构中国特色学术英语语用身份的自信心和自觉性。同时，期望本文的一些观点能给学术英语未来的身份研究提供一些启示。

参考文献

陈新仁，2013. 语用身份：动态选择与话语建构[J]. 外语研究(4)：27-32+112.

陈新仁，2014. 语用学视角下的身份研究：关键问题与主要路径[J]. 现代外语，37(5)：702-710+731.

李娟，2016. 语用身份视角下的博士论文致谢语研究[J]. 外语研究，33(2)：33-38.

孙莉，2015. 中国硕士学位论文英文摘要的语用身份建构研究[J]. 外语与外语教学(5)：15-21.

CORREA D A，2011. Aspects of writing and identity[J]. Language Sciences，33(4)：667-671.

ERIKSON E H，1968. Identity，youth and crisis[M]. New York：Norton.

Fina D A，SCHIFFRIN D，BAMBERG M，FINA A，2006. Discourse and identity[M]. Cambridge：Cambridge University Press.

GRAD H，MARTIN-ROJO L，2008. Identities in discourse[M]//DOLON R，TODOLI J. Analyzing identities in discourse. Amsterdam：John Benjamins Publishing Company：3-28.

HALL S，1992. The question of cultural identity[M]//STUART H，MCGRAW T. Modernity and its futures. Cambridge：Polity Press：273-326.

HYLAND K，2002a. Authority and invisibility：Authorial identity in academic writing[J]. Journal of Pragmatics, 34(8): 1091-1112.

HYLAND K, 2002b. Options of identity in academic writing[J]. ELT Journal, 56(4): 351-358.

IVANIC R, 1998. Writing and identity: The discoursal construction of identity in academic writing[M]. Amsterdam: John Benjamins.

MATSUDA P K, TARDY C M, 2007. Voice in academic writing: The rhetorical construction of author identity in blind manuscript review[J]. English for Specific Purposes, 26(2): 235-249.

MCCULLOCH A, 2013. The quest for the PhD: A better metaphor for doctoral education[J]. International Journal for Researcher Development, 4(1): 55-66.

NORTON B, 1997. Language, identity and the ownership of English[J]. TESOL Quarterly, 31(3): 409.

RAHIMIVAND M, KUHI D, 2014. An exploration of discoursal construction of identity in academic writing[J]. Procedia-Social and Behavioral Sciences, 98: 1492-1501.

WASITYASTUTI W, SUSANI Y P, PRABANDARI Y S, et al., 2018. Correlation between academic motivation and professional identity in medical students in the Faculty of Medicine of the Universitas Gadjah Mada Indonesia[J]. Educación Médica, 19(1): 23-29.

第四部分

学术英语能力标准建设研究

学术英语能力标准建设的基本路径[①]

钟兰凤

1 引言

目前，国外有影响力的语言能力标准主要有美国跨部门语言圆桌量表、美国外语教学委员会语言能力分级标准、加拿大语言量表、欧洲语言测试者协会的能力描述、欧洲语言共同参考框架和澳大利亚第二语言能力量表。我国真正意义上的语言能力标准是2018年由中华人民共和国教育部和国家语言文字工作委员会共同颁布的《中国英语能力等级量表》。而此前对外语能力标准的描述主要体现在不同学段的课程标准和要求中。

这些语言能力标准和量表以及各学段的课程标准与要求主要是为通用英语教学与评估服务，几乎没有涉及专门用途英语能力描述。随着我国英语教学改革的推进以及我国高等教育国际化进程的加快，各个高校都在推进英语教学改革，把能用英语进行国际学术交流作为英语学习的主要目的和动机。从通用英语教学向学术英语教学转型是大学英语教学改革的趋势之一。但目前，我国学术界对学术英语能力内涵的认识及研究非常有限，致使我国大学学术英语教学在内容的选择及教学模式的建设方面存在盲目性与不确定性，这严重阻碍了我国大学英语教学从通用英语教学向学术英语教学的成功转型。为切实解决当前学术英语教学及评估的困境，有必要系统研究学术英语能力标准的内涵及其建设路径。

本文在近几年开展的实证研究的基础上，尤其是基于语类的英文科技学术话语能力表现研究（钟兰凤 等，2015；钟兰凤 等，2020；喻志刚 等，2016；赵梦娟 等，2016），尝试提出基于语类的话语能力表现研究是建设学术话语能力标准建设的基本路径，以期丰富语言能力标准建设的模式，突破制约当前语言能力标准建设的瓶颈——主观的、经验式的语言能力描述。

① 原载《品位·经典》2020年第7期，入选后有所改动。

2 概念界定

2.1 学术英语与英文科技学术话语

学术英语(English for Academic Purpose,EAP)是指“老师和学生使用的语言”,是“在专业书籍中使用的英语,具有与学科有关的语言特点”(Scarcella,2003)[9],是一种特殊的英语语言的功能变体。

我们用图1来揭示学术英语和英文科技学术话语在英语家族谱系中的位置以及它们之间的关系。

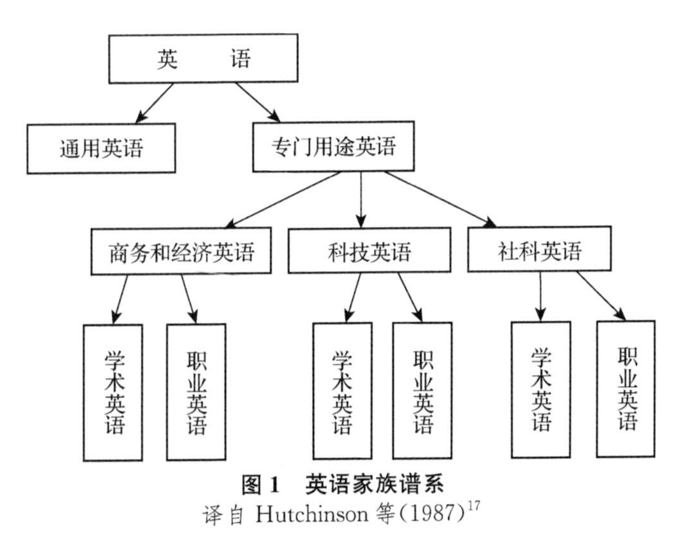

图1 英语家族谱系

译自 Hutchinson 等(1987)[17]

图1显示,英文科技学术话语是专门用途英语的一个分支,是相对于社科学术英语、商务和经济学术英语而言的,也就是我们通常所说的科学语言。英文科技学术话语是指用英语来开展科学学术活动的各种形式的话语。这些话语不是一个个语篇实例的集合,而是创造意义的系统资源。科学英语是现代英语语言的一个功能变体或语域,是读写语言,这种语言能力只有通过正式的学习才能获得。我们把科学话语能力理解为“以语言为介质做科学的能力”(Lemke,1990)[ix],这里的“做科学”包括观察、描述、对比、分类、分析、讨论、假设、理论化、质疑、挑战、辩论、设计实验、遵循步骤、判断、评价、判决、总结、概括、报告、写作、讲座和教学等活动。

2.2 语类与科技学术语类

语类是个复杂的构念(construct),是多学科研究的话题,如文学、修辞学、语言学、语言教学。每个研究领域都从各自的研究视角给出了定义和解释,在此不一一赘述。本文采用专门用途英语教学研究领域的学者 Swales 对语类的界定:“语类是指具有共同交际目的的一类言语交际事件”(Swales,2001)[58]。Swales 认为,只有母话语社区(parent discourse community)的行家能手才能识别共同的交际目的。交际目的影响话语的总体结构,影响并限制内容和形式的选择。因此,共同的交际目的是识别特定语类的基本原则。如果某个语篇在结构、内容、风格和目标读者方面呈现出高相似度,就会被母话语社区认为是某个语类的典型语篇。而且,某个新语类的命名也要得到母话语社区的认可才能生效。

Swales 对语类的解释中提及了话语社团在语类运作中的作用,并指出界定语类的根本因素是交际目的,这些与构成专门用途英语的主要因素相一致。他的界定对科技学术语类很有解释力。如下的学术语类都符合 Swales 的语类定义:教材、各类提案、期刊论文、会议论文、学位论文、学术演讲、投稿附信和致谢。有的学者甚至把科普读物和科幻小说也纳入科技学术话语的范畴(钟兰凤 等,2014)[5]。

以上提及的学术语类都是完整的语篇语类。此外,构成完整语篇的摘要、引言、实验或方法、研究结果、讨论、总结或结束语也具有特定的交际目的,也构成了特定的语类,吸引了许多学者的眼球,并且研究成果颇丰。本文把此类语类称为构成语类,与完整的语篇语类相对。

杂志论文对学术话语社团的重要性不言而喻,因而成为专门用途英语研究的主要对象。随着自然科学研究者的职业认同和自我意识的增强,杂志论文的种类也在不断丰富,即交际目的越来越精密化。我们以化学学科为例,考察了一级学科下设的 5 个二级学科的 20 本高影响力的杂志,发现化学类杂志对文章类型有明确、细腻的分类,并且都有详细的定义。尽管不同杂志根据各自的期刊特色和主张,采用了不同分类方法和标识,但基本上都是根据内容的创新性、写作方式和篇幅来分类和标识文章。我们从这 3 个方面对 20 本杂志上的文章类型进行了整合归纳,共整理出 5 类语篇类型(详见表 1)。根据我们的观察,这 5 类语篇类型基本可以涵盖科学学术期刊上的语篇类型。

(1) 研究类:指原创文章,根据篇幅又标识为通讯类文章和全文。前者指对创新研究有个初步完善结果并先发布的文章,后者指待更完整、系统的文章完成后再发表的文章。前者篇幅一般控制在 1～4 杂志页,后者一般无篇幅限制。

(2) 综述类:指对已有成果、研究的介绍、整理和评价,又大致细分为辅导类综述、批判类综述和观点类综述三类。辅导类综述比较通俗易懂，有明确的读者群，主要针对大学本科生和普通读者，一般没有明确的篇幅限制；批判类综述则学术性较强，强调深度、平衡、全面的讨论，主要面向学科领域的专业人员，如研究生和科学研究者等，一般要求10000字以上；观点类综述则强调个人看法，一般应杂志主编邀请而写，并有篇幅限制，2000～5000字不等。

(3) 技术类：主要是指方法、工具、技术的改进而导致的新数据的文章。

(4) 访谈类：指对高端化学家访谈的文章，主要包括被访谈者的生平、主要科学贡献等信息，一般限制在1～2杂志页。

(5) 评论类：指对杂志已发表的某一文章的评论，或者对会议讨论的评论，通常与作者的回复一并发表。

表1　化学期刊文章类型标识

类别	期刊中的英文标识
研究类	research article/paper, original article/paper, full paper (short) communication, paper, article, letter, edge article, discussion (paper), feature, featured article
综述类	review, review article/paper, tutorial review/account, critical review, editorial, minireview, perspective, opinion, highlight, frontier, focus article, reviewer, viewpoint
技术类	technical note/note, method, analysis article
访谈类	profile, interview
评论类	comment, general discussion

3　基于语类的学术话语能力表现研究

基于语类的学术话语能力表现研究是指以某一真实学术交际中的话语活动的产品——语篇为研究对象，对比分析学生作者参加学术交流活动而独立自主撰写的产品——学术论文和高影响力学术期刊上发表出来的论文在某个典型的话语项目上的相同之处和不同之处，以了解学生实际话语能力和目标话语能力之间的差距。

开展这样的研究可以同时获得以下三个方面的信息和数据：对有影响力学术期刊上的论文中的某个话语项目的分析结果，代表能做什么，是学生作者努力的方向；对学生作者撰写的学术论文初稿中相同的话语项目的分析结果代表学生实际做了什么，反映了学生现有的学术话语水平；用科学统计手段测量出来的两者之间的差距代表学生能做什么和实际能做什么之间的距离,反映了学生作者在多大程度上缺乏使用某一话语项目的能力。

基于语类的学术话语能力表现研究聚焦某一具体语类的一定数量的语料库,应用话语分析理论指导研究设计,采用科学统计手段处理数据,能够从理论语言学研究——语类理论、语料库理论、话语分析理论中得到给养,充分保障了该研究范式所得到的研究成果的效度和信度,尤其是保障了对学生作者现有学术话语能力的描述的精准性,这是其他研究方法无法比拟的。

4 学术话语能力表现研究与能力标准建设

我们从语言能力标准的定义以及我国 2018 年颁布的最具权威的《中国英语能力等级量表》对语言能力的描述和能力标准建设框架两个方面,来阐述学术话语能力表现研究是能力标准建设的基本路径这一论断。

韩宝成(2006)认为,“语言能力标准是对语言使用者运用某种语言能力的一系列描述”。这个定义的核心概念就是语言能力。教育部、国家语言文字工作委员会 2018 年共同发布的《中国英语能力等级量表》是这样界定语言能力的:“语言学习者和使用者运用自己的语言知识、非语言知识以及各种策略,参与特定情境下某一话题的语言活动时表现出来的语言理解能力和语言表达能力。”(教育部考试中心,2018)[1] 这个定义非常明确地指出语言学习者和语言使用者表现出来的能力才是语言能力,同时指出了语言表现与语言知识的关系,即前者是后者的体现。这个定义还限定了语言表现的语境——特定情境下某一话题的语言活动,这与语类有关。这个定义从概念上为我们厘清了语言知识、语言能力与话语活动的关系。也就是说,通过观察语言使用者在一定话语活动中实际表现出来产品——文本,我们可以反窥其语言能力。如果我们把语言能力理解为表现出来的能力,那么语言能力标准中对语言能力的系列描述就是对语言能力表现的系列描述。语言能力表现是个动态过程,很难捕捉。但观察固化或者说静态的产品—文本中的语言能力表现,还是能做得到的,也是值得做的,尽管需要充足的时间,并且会花费很大的力气。

此外,《中国英语能力等级量表》在其开篇这样描述该量表的适用范围:本规范规定了中国英语学习者和使用者的英语能力等级,描述了各等级的能力表现特征。本规范适用于英语测评,可供英语教学、学习及其他参考(教育部考试中心,2018)[1]。此处,也把对语言能力表现特征的描述作为该量表的内涵来处理。我们从以上分析可以看出,语言能力表现及其描述是语言能力标准的唯一内容,是一枚硬币的两个面而已。

张蔚磊(2016)通过比较发达国家外语能力标准，总结出我国外语能力标准研制的框架或者说7个步骤：需求分析、现状研究、确定核心素养模型、构建能力框架、界定构成维度、描述能力表现水平、阐释不同能力表现水平的发展机制。这7个步骤看上去是线性建设模式。但基于语类的学术话语能力表现研究不用沿着线性步骤，也可以解决这个框架中的主体内容：需求分析、确定核心素养模型、构建能力框架、界定构成维度、描述能力表现水平。而且，基于语类的学术话语能力表现研究所开展的需求分析不是基于专家学者问卷访谈的自我报告式的期待数据的，而是基于分析学生实际的语言能力表现与被其所在话语社团认同的话语表现的。建立在这样分析基础上的核心素养、能力框架、能力构成及能力表现描述更符合现实情况，对学术英语教学与学习更具有实践性的指导意义。基于语类的学术话语能力表现研究能较好地回答学术英语能力标准建设的核心问题：什么样的语言能力表现值得描述？如何描述？语言能力表现从何而来？从这个意义上说，学术话语能力表现研究是标准建设的基本路径。

5 结语

语言能力标准建设是个复杂而庞大的任务，一般是由国家政府部门或者某个相关机构组织实施的。个人或某个团队很难独立完成这么庞大的工作。个人或某个团体的研究只能为语言能力标准建设添砖加瓦。英文科技学术话语能力标准是为特定的社团服务的。通用语言能力标准建设的路径及方式虽然有借鉴价值，但不一定适用于专门用途英语语言能力标准的建设。因此，我们需要另辟蹊径，寻找新的建设路径。本文提出的基于语类的英文科技学术话语能力表现研究就是一条不同于通用语言能力标准建设的新路径，希望本提议能起到抛砖引玉的功效。

参考文献

韩宝成，2006. 国外语言能力量表述评[J]. 外语教学与研究(6)：443-450+480.

教育部考试中心. 2018. 中国英语能力等级量表[M]. 北京：高等教育出版社.

喻志刚，钟兰凤，2016. 理工科英语科研论文“引言部分”研究空间构建对比研究[J]. 外语界(6)：77-85.

张蔚磊，2016. 发达国家外语能力标准比较研究与我国外语能力标准构建[J]. 外语界(6)：71-76.

赵梦娟，钟兰凤，2016. 学生研究者英语学术论文中的引用研究[J]. 外国语言文学，33(1)：32-41+52.

钟兰凤，陈希卉，2015. 学术英语隐喻产出能力研究[J]. 现代外语，38(3)：386-395+439.

钟兰凤，郭晨璐，2020. 化学学科学生作者立场标记语使用能力研究[J]. 外语研究，37(1)：62-66.

钟兰凤，钟家宝，仲跻红，等，2014. 英文科技学术话语研究[M]. 镇江：江苏大学出版社.

DICKER C, CHAMOT A U, O'MALLEY J M, 1994. The CALLA handbook: Implementing the cognitive academic language learning approach[M]. New York: Addison Wesley Longman.

SCARCELLA R, 2003. Accelerating academic English: A focus on the English learner[M]. Oakland: Regents of the University of California.

HUTCHINSON T, WATERS A, 1987. English for specific purposes: A learning-centred approach[M]. Cambridge: Cambridge University Press.

LEMKE J L, 1990. Talking science: Language, learning, and value[M]. Norwood: Ablex Publishing Corporation.

SWALES J M, 2001. Genre analysis: English in academic and research setting[M]. Shanghai: Shanghai Foreign Language Education Press.

学术英语能力标准设计原则及模式[①]

钟兰凤

1 引言

语言能力标准，又称语言能力量表，“是对语言使用者运用某种语言能力的一系列描述”（韩宝成，2006）[443]。语言能力标准服务的对象不同，其编排和设计模式也有所不同。如，用来描述语言学习者学习目标的语言能力标准主要为语言教学服务，这样的语言能力标准一般会规定具体的语法项目、词汇量以及教学方法和评价方法，这样的语言能力标准与课程标准或者教学大纲很难区分开；用来衡量语言学习者语言水平的能力标准主要为确定被测者的语言能力等级服务，这样的语言能力标准一般会分等级描述语言能力表现，而不会规定具体的语法项目等。

张蔚磊（2016）考察了发达国家的外语能力标准，归纳了三种外语能力标准的编排和设计模式：以美国为代表的能力水平案例例证模式，以英国、欧盟为代表的跨年级连续性尺度模式和以澳大利亚、加拿大为代表的分年级成就图模式。虽然这三种能力标准设计模式具有很强的借鉴价值，但由于其在本质上属于通用英语语言能力标准，故对专门用途英语语言能力标准设计模式的参考价值有待商榷。同时，这三种设计模式所依据的设计原则也没有在文中展开讨论。语言能力标准的设计原则是依据一定的理论建立的，对其编排模式具有指导作用，是不可忽视的环节。本文主要就英文科技学术话语能力标准设计原则展开讨论，并在此基础上提出其设计模式。在讨论设计原则之前，我们有必要认识英文科技学术话语的本质属性及其教学地位。

2 英文科技学术话语的本质属性及其教学地位

蔡基刚（2015）回顾了大学英语教学发展史上的四次争论，即大学生应该学什么样的英语。这四次争论依次是普通英语与科技英语之争、文学英语与实用英语之争、强调阅读与听说领先之争、通识英语与学术英语之争。蔡基刚（2015）认为，尽管四次争论的内

① 原载《考试与评价·大学英语教研版》2020年第3期，入选后有所改动。

容不完全一样，但背后反映的都是国家外语能力要求与外语教学规律要求的博弈。这四次博弈没有涉及讨论科技英语的本质属性。而博弈中所提及的外语教学规律显然指的是通用英语教学规律。在没有认识到科技英语的本质的情况下就贸然否定科技英语的地位并用通用英语的教学规律来否定科技英语在大学中的教学地位，显然是没有依据的行为。

Hutchinson 等(1987)[17] 依据英语的用途，把英语分为通用英语(General English)和专门用途英语(English for Specific English)。专门用途英语又进一步分为科技英语(English for Science and Technology)、商贸英语(English for Business and Economics)和社科英语(English for Social Sciences)。每个分类下又有两个用途：学术用途(English for Academic Purpose)和职业用途(English for Occupational Purpose)。因而，就诞生了科技学术英语、科技职业英语、商贸学术英语、商贸职业英语、社科学术英语和社科职业英语。Hutchinson 等(1987)[16-18] 认为，社科英语与基于人文的通用英语区别不大。目前，在我国，商贸英语已经作为一个专业荣登教育部本科专业招生目录，大学英语教学实践一直倡导英语的人文属性，通用英语是主要的学习对象，只有科技英语没有得到应有的认同，这是由于我们对科技英语的认识和研究不足造成的。

科技英语在二十世纪六七十年代与专门用途英语被认为是同义词(Hutchinson et al.,1987)[7]。对科学语言(language of science)本质的认识有助于我们理解科技英语。Reeves(2005)[19] 认为，科学语言是人类产品，是可渗透的，并总是随着环境的变化而变化。它不同于我们日常所用的和听到的语言。科学语言的目标旨在指示地、客观地、尽可能真实地、不带任何偏见或情感地和具有文化意义地体现自然现象。但语言总是试图抵制这些目标，因为科学家和我们一样，受到文化和情感的影响，他们的语言泄露了这些影响，因而不可能完全是公正的和客观的。这一点也被 Susan(1989)对生物化学实验研究论文中的评价资源进行研究所证实。这暗示英文科技学术话语活动实质上是一种社会实践活动。

话语(discourse)在学术界是个颇为混乱的术语，但多数研究是把话语作为语言学范畴的概念。Schiffrin(1994)[23-41] 归纳了语言学范畴内话语的三个含义：(1) 话语是指句子以上的语言(language above the sentence)；(2) 话语是指实际使用中的语言(language in use)；(3) 话语就是说话(utterance)。本文所说的话语是第二个含义的话语。

英文科技学术话语是指在学术交流领域中使用的各种样式的英语，包括口语和书面语。Halliday(1993)认为，科技英语并不是另外一种英语，而是现代英语的功能或语域变体。这个变体是一簇相关联的、有共现倾向的特征。就像方言一样，这个变体在任何焦点精密阶(delicacy of focus)都可以被识别。Halliday(1993)用历史的方法考察了过去4～6个世纪的物理科学语言,发现科学话语为了满足科学方法、科学论证和科学理论的需求而不断演变,形成了不同于日常话语的科技英语特征。这些特征满足了专家的需求,但同时给科学新手或学习者造成了困难。他认为,学科学等同于学科学语言,学生在掌握这些困难的同时也掌握了科学概念和原理。因而,科技英语要通过专门的学习或者训练才可以获得,即便是英语母语者也是如此,更不用说是英语二语或者外语学习者。Halliday对科技英语的本体研究和发现为在学校开设科技英语教学提供了理论依据和实践基础。

我国大学英语教学发展史上的四次争论中,科技英语一直没有得到应有的地位,这在很大程度上是因为我国外语界缺乏对科技英语的本体研究,且也不重视对国外学者的大量的科技英语本体研究的引介,也就是没有做到Hutchinson等(1987)[55]所说的对于目标情景的必要分析(学习者必须知道的知识),更不用说缺乏分析(学习者必须知道的知识与已经知道的知识之间的差距)了。倡导大学生应该学习科技英语或者说学术英语的学者因没有拿出有说服力的证据而败给倡导学通用英语的学者。

3 设计原则

以上对科技学术英语的认识及对其教学地位的讨论有助于我们设定英文科技学术话语能力标准的基本原则,指导设计模式的构思在一定的框架内进行,避免盲目性或者任意性。本文提出以下四个设计原则。

3.1 问题意识

英文科技学术话语能力标准设计首先要考虑为何要构建能力标准,即能力标准构建是为了满足什么样的需求,解决什么样的问题？为谁服务？

通常来说,构建语言能力标准有两个目的:一是为测评服务,为测试构念、知识和技能的确定以及测试成绩的评价提供依据,同时满足对测试结果解释的需求;二是为教学服务,为教学目标的设定、教学大纲的制定、教学材料的选择、教学方法的运用以及评价方式提供依据。有的语言能力标准只为其一服务,而有的则是两者兼顾。

英文科技学术话语涉及的是特殊群体对一种英语语域变体的需求,即科学学术新手对科技英语的需求。随着我国高等教育国际化的发展,理工科本科生也逐渐加入科学研究的队伍,成为未来科学工作的强有力的后备军,更不用说研究生了。虽然这一群体本科之前也学习英语，获得了较高水平的英语能力，但所获得的是通识英语能力，无法满足科学研究国际化的需求。因此，他们迫切需要获得科技英语方面的能力。英文科技学术话语能力标准设计要充分考虑这个问题，并尝试解决这个问题，为科学学术新手服务。

3.2 关系意识

国内外英语语言能力标准告诉我们，语言能力标准由各种能力和知识构成，主要包括听、说、读、写、译五项技能和语言知识，如词汇、语法、语用等。这些项目都是以离散的语言项目和技能呈现给读者的，给人留下的印象是语言能力就是这些项目的叠加，而使人难以明白这些项目之间是何种关系。

这种通用语言能力标准的设计模式已无法满足科技英语能力标准设计的需求。英文科技学术话语能力是科学素养的有机组成部分，是科学教育首先要解决的问题(Martin，1998)[3]，关注的是科学知识如何在持有对抗观点的群体中共同生产协商的手段——语言和修辞。科技英语能力标准设计有必要揭示其构成能力之间的关系，以便科学学术新手能分辨出能力发展的规律。

3.3 层级意识

已有的国内外英语语言能力标准/量表设计模式基本上都是以等级的形式把英语能力发展分割成不同的阶段，如中国英语能力等级量表把英语能力发展分成 9 个等级，篇幅长达 100 多页。这样的设计虽然很精细，但未免也很烦琐，给英语学习者、教学者和测评者带来诸多烦恼。

我国第一个朝向学术英语能力标准的语言能力量表是 2013 年颁布实施的《上海高校大学英语教学参考框架》，并于 2017 年进行了修订。修订后的框架对学术英语课程的目标与定位、教学内容与要求、课程体系与安排、教学评价与测试、教材设计与开发和教师能力与发展做出了详细的规定与解释。教学内容与要求明确了学术英语能力包括通用学术英语技能、专业领域语类知识、跨学科科学素养和 21 世纪人才能力，并据此建立了学术英语等级能力量表，包括听、说、读、写、词汇和学习 6 个能力维度和 A、B 两个等级。这个框架兼顾了为教学与测评服务的目的，是专门用途英语语言能力标准的先头兵，为我国大学英语教学走出囿于一隅的通用英语做出了榜样。但这个框架除了“专业领域语类知识”能够显出学术英语的专门性特征外，能力量表的等级设计及技能维度还是没有摆脱通用语言能力量表的影响。

英文科技学术话语能力标准规定的是科学学术新手对英语在科学语域内的变体的

使用能力，即对变体意义的理解与表达能力。科技英语作为一个独特的变体存在的理由就是其具有“专用特征(special feature)”(Halliday，1993)[137]。那么，这个专用特征存在于语言系统的哪个层级？词汇语法层？话语层？文化语境层？Halliday(1993)[137]认为，科技语言涉及这三个层面。科技英语能力标准设计需要对这三个层级做出相应回应。

按照层级原则设计的能力标准对语言使用的三个层面做出回应的同时，也不需要按照等级来描述能力表现。培养学术英语能力的目的是能参与国际学术交流，获得国际学术研究人员的身份。因此，得到话语社团的认可是检验的唯一标准。鉴于此，建构英文科技学术话语能力标准的主要精力应放在界定其能力构成和达成能力的语言资源与环境上，而不是把心思和精力花费在细腻抽象的文字描述上，如“能理解、能准确透彻地理解”等。

3.4 开放意识

开放意识是指英文科技学术话语能力标准设计不能是一个封闭的系统，应该留有豁口，方便新浮现的学术活动、话语模式和词汇加盟。

科技英语从其诞生之日起就在不断地演变，尤其以语篇类型的变化尤为显著，新的语类不断涌现。根据Swales(1990)[110]的考察，科学研究文章萌芽于1665年创刊的《英国皇家学会哲学学报》刊登的信息信函(informative letter)。该刊被认为是世界第一家科学杂志，稿件采用第一人称描述性叙事的信函样式。经历了300多年的发展，科研论文的信函样式特征已消失殆尽，而新的语篇类型、技术词汇、语法结构随着科技发展与交流的需要不断出现。我们考察了20本高影响因子的化学学科学术杂志上明确标明的语篇类型，发现化学学术杂志用近40个标签来标识语篇类型，并对每一类语篇类型进行了详细的界定与解释，以表明各语篇类型之间的细微差别，并要求投稿者按照要求撰写相应的语篇。这些数据告诉我们，科技英语语言能力标准需要一个开放的设计模式，以便新的成员能随时加入到这个标准体系中来。

4 设计模式

依据对英文科技学术话语本质属性和其教学地位的讨论，并遵循以上四个设计原则，本文提出用树形图呈现英文科技学术话语能力标准(见图1)。

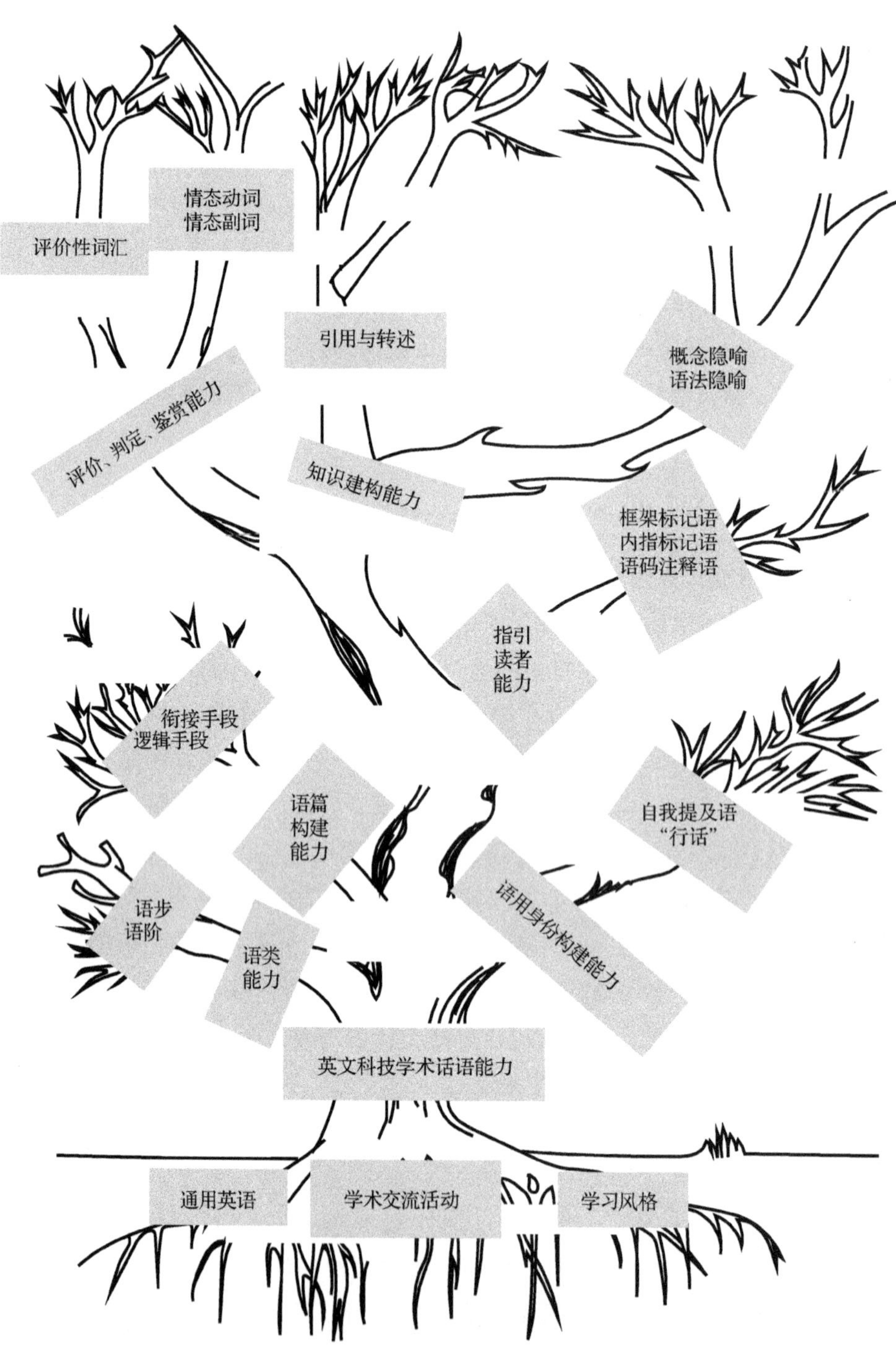

图 1　英文科技学术话语能力标准树形结构图

这个树形图不仅可视化英文科技学术话语能力的构成及其之间的关系，而且可视化了给其提供丰富给养的因素，也可说是其发展的影响因素。土壤之下的“学术交流活动”是学术话语能力发展的平台，也是检验学术话语能力的手段，因此，不需要特别设计测评试卷或活动来评估学术话语能力。有学术话语能力发展需求的学术新手基本上都具备了通用英语的能力，且学习风格已基本定型。通用英语水平和学习风格如果得不到适当的引导，会在一定程度上影响学术话语能力的发展，因而，发展学术话语能力要充分考虑这三个因素。

英文科技学术话语能力是在科学文化的大环境中培养发展起来的能力，由语类能力、语用身份建构能力、语篇构建能力、指引读者能力、知识构建能力和评价、判定、鉴赏能力构成，这些能力在语言系统中属于话语语义(discourse semantics)层。每一个构成能力都可以在词汇语法(lexicogrammar)层找到达成这个能力的语言资源。能力的发展路径逐步从抽象走向具体，为学术新手和专门用途英语老师提供了可操作的发展模块，解决了他们关于学术话语能力发展什么能力的问题和怎么发展的问题。

在这个树形图中，树干被比作英语科技学术话语能力，主叉被比作构成能力，分叉被比作实现构成能力的词汇语法资源，树叶被比作表达形式，树根被比作话语能力发展的环境。这样的结构模式明确表明了各构成能力之间互相独立又彼此照应的关系。这说明，只要在环境许可的情况下，学术话语教学者可以从任何一个能力模块开始实施能力培养，直到把所有能力模块都完成。只有这样，才能完成较完整的学术话语能力培养。这与通用英语的教学规律如从简单到复杂、遵守二语习得顺序等有所不同。科技英语教师面临的挑战在于我国英语教师大多是人文社科背景，对科学文化不熟悉，也就对在此文化中运用的话语模式及话语语义产生了陌生感。但这不代表我国英语教师不能胜任科技英语教学，因为话语语义层、词汇语法层、表达层都是语言系统的不同层面，只要老师们加强对科技英语的本体学习和研究，掌握描述科技英语的能力，能够在科学文化意识形态的大环境下理解、解释科技英语的语言使用特征和话语模式，就一定能够成为一名合格的科技英语教师。

5 结语

英文科技学术话语能力标准不同于通用语言能力标准，它是专门用途领域内的英语能力标准，其描述的对象、服务的对象和解决的问题都不同于通用语言能力标准，因而其设计原则与模式必然不能照搬照套通用语言能力标准的设计原则与模式，而是依据科技英语的本质属性、教学地位以及服务对象的需求，规定自己的设计原则和构思自己的设计模式，这样才能更好地达成目标。本文提出了英文科技学术话语能力标准设计的四原则——问题意识、关系意识、层级意识、开放意识和树形设计模式，以期能更好地解决目前大学英语教学的困境，为大学英语教学服务。

参考文献

蔡基刚，2015. 我国大学英语教学史上四次定位争论综述及其启示[J]. 中国大学教学(10)：36-42.

韩宝成，2006. 国外语言能力量表述评[J]. 外语教学与研究(6)：443-450+480.

张蔚磊，2016. 发达国家外语能力标准比较研究与我国外语能力标准构建[J]. 外语界(6)：71-76.

HALLIDAY M A K，1993. The analysis of scientific texts in English and Chinese [M]//HALLIDAY M A K，MARTIN J R. Writing science：Literacy and discursive power. London：The Falmer Press：137-146.

HUTCHINSON T，WATERS A，1987. English for specific purposes：A learning-centred approach[M]. Cambridge：Cambridge University Press.

MARTIN J R，1998. Discourse of science：Recontextualisation，genesis，intertextuality and hegemony[M]//MARTIN J R，VEEL R. Reading science：Critical and functional perspectives on discourses of science. London：Routledge.

REEVES C，2005. The language of science[M]. London：Routledge.

SCHIFFRIN D，1994. Approaches to discourse analysis[M]. Cambridge：Blackwell Publishers.

SUSAN H，1989. Evaluation in experimental research articles[D]. Birmingham：The University of Birmingham.

SWALES J M，1990. Genre analysis：English in academic settings[M]. Cambridge：Cambridge University Press.

致　谢

首先，诚挚地感谢江苏大学外国语学院一流英语专业负责人李崇月院长为本书的出版所做的种种努力和慷慨解囊，如果没有他的资助，本书是不可能出版的。

其次，我们衷心感谢江苏大学“三国三校国际联合学术研讨会”组委会（中文简称“三国三校”，英文是“Tri-U International Joint Seminar & Symposium”，简称“Tri-U IJSS”）。其秘书处（常设在国际合作与交流处）为课题组收集学生作者语料提供了极大的方便。在秘书处的帮助下，我们持续收集了 2011 年到 2017 年 7 年间参会的中国学生的语料。本书中所提及的学生语料均出自这 7 年参会的中国学生笔下。“三国三校国际学术研讨会”首届会议于 1994 年举办，由日本三重大学、泰国清迈大学和中国江苏大学共同发起，商定此后一年一届，由三个国家的三所大学轮流主办，因此得名。每届研讨会设立 5 个主题，其中 4 个为常设主题：人口、粮食、能源、环境，第 5 个主题由当年的主办高校设立。研讨会旨在开拓青年师生国际视野，提升国际学术交流和合作能力。印尼茂物农业大学、中国广西大学和泰国梅州大学分别由 2011 年、2018 年、2022 年的团长会议表决决定有权申请主办“三国三校国际学术研讨会”。截至目前，该研讨会已连续成功举办了 29 届，吸引了亚洲 10 余所高校参加，总参会人数近 3000 人，现已成为培养国际化青年人才的重要平台。本书的选题及创作灵感均来自编著者参与点评参加“三国三校国际学术研讨会”的江苏大学中国学生撰写的英语学术论文及 PPT 汇报，没有这一丰富的实践经历与体悟，是不可能取得这么丰硕而又具有实践价值的成果的。

最后，我要感谢论文的作者同意把他们的论文收录到这本书中，并为了能合法出版及为了保证出版质量而付出的辛勤劳动。同时，感谢东南大学出版社的编辑们为本书的编排、封面设计等付出的不懈努力和耐心。

2024 年 9 月 6 日